안재홍의 민족운동 연구 1

안재홍의 민족운동 연구 1

초판 1쇄 발행   2021년 10월 30일

저　자 ｜ 김명구 · 윤대식 · 이철주 · 이지원 · 김인식 · 김정기
편　자 ｜ 민세안재홍선생기념사업회
발행인 ｜ 윤관백
발행처 ｜ 〓 돌섬출판 선인

등록 ｜ 제5-77호(1998.11.4)
주소 ｜ 서울시 마포구 마포동 324-1 곳마루 B/D 1층
전화 ｜ 02)718-6252 / 6257　　팩스 ｜ 02)718-6253
E-mail ｜ sunin72@chol.com

정가　21,000원
ISBN　979-11-6068-625-8　94900
　　　 978-89-5933-496-4　（세트）

· 잘못된 책은 바꿔 드립니다.

※이 책은 평택시의 후원으로 제작하였습니다.

민세학술연구총서 011

안재홍의 민족운동 연구 1

김명구 · 윤대식 · 이철주 · 이지원 · 김인식 · 김정기 지음
민세안재홍선생기념사업회

 도서출판 선인

책머리에

올해는 민족지도자 안재홍이 태어난 지 130주년이 되는 해이다. 안재홍은 1891년 11월 경기도 평택에서 태어나 황성기독교청년회(현 서울YMCA 전신) 학관을 졸업하고 일본에 유학, 동경와세다대 정경학부를 졸업했다. 유학 후 돌아와 국내 민족운동을 이끌며 1919년 대한민국 청년외교단 사건을 시작으로 조선일보 필화, 신간회운동, 군관학교 사건, 조선어학회 사건 등으로 9차례 걸쳐 7년 3개월 옥고를 치른 독립 운동가였다. 또한 시대일보 논설기자, 조선일보 주필·사장, 해방 후 한성일보 사장을 지낸 언론인이자, 일제 식민사관에 맞서 한국고대사와 단군연구에 몰두하고 다산 정약용의 『여유당전서』를 교열·간행한 사학자였고 해방 후에는 건준 부위원장, 좌우합작 우측대표, 미 군정청 민정장관, 2대 국회의원 등으로 통일민족국가 수립에 헌신했던 정치가였다. 민세는 1950년 한국전쟁 중에 북한군에 납북돼 1965년 3월 1일 평양에서 별세했다. 대한민국 정부는 1989년 3월 1일 사후 22년만에 대한민국 건국훈장 대통령장을 추서했고 1991년 국립묘지에 위패를 모셔놓았다.

이 책에 게재되는 논문들은 2020년 '광복 75주년'과 '안재홍 백두산등척 90주년'을 맞아, (사)민세안재홍선생기념사업회가 주관하고 평택시가 후원한 「제14회 민세학술대회」와 「백두산미래포럼」의 연구 결과를 정리한 것이다.

이 책에 수록된 6편의 논문들을 요약하면 다음과 같다. 김명구는 「안재홍의 1920년대 구미(歐美) 정세 인식」에서, 비타협민족주의자이자 중도 민족주의 노선을 표방한 안재홍 사유의 저변에는 국제인식이 바탕이 되어 있으며 민세는 1920년대 국제정세에 대해 제국주의 열강과 소련 및 동방 민족운동이 상호 교차 대립하는 것으로 이해했다고 분석하고 있다.

윤대식은 「1924-25년 식민지 정치지성의 대외인식에 드러난 자주와 사대의 교차」에서 안재홍의 대외인식은 밖에서 진행되는 국제정치 변동과정이 식민지배라는 현상과 맞물려 있고, 이로부터 한국의 독립과 해방이라는 궁극적인 목표실현 여부는 우리 자신의 정체성을 각성하여 민족으로의 결집과 식민으로부터 해방, 독립되었을 경우 민주주의의 방향으로 향해야 한다는 당위성을 강조한다고 주장했다.

이철주는 「『백두산 등척기』에 나타난 숭고체험의 양상과 그 의미」에서, 민세의 백두산 답사는 식민지 현실이라는 비진정한 삶의 공간을 부정하고 훼손된 민족성을 되찾는 진정성 회복의 상징적 과정을 매개하고 있다는 점에서 식민지적 근대성에 대한 나름의 중요한 저항의 형식들을 보여주고 있다고 평가하고 있다.

이지원은 「안재홍의 조선학연구에서 근대정체성 서사와 다산 정약용」에서, 안재홍은 1930년대 중반 정치적 차선책으로서 '문화운동'에 의미를 두고 조선학연구운동을 전개하는 가운데 다산 정약용에 주목하였고, 안재홍에게 있어서 조선학은 '자아창건' - 근대적인 정체성(modern identity) 만들기 서사를 갖는 근대 계몽의 담론이었고, 다산은 그러한 역사적 의의를 부각시키는 의도 속에서 탐구와 기억의 대상이었다고 분석하고 있다.

김인식은「조선건국준비위원회의 건국 구도」에서, 안재홍이 부위원장으로 참여했던 건준(建準)은 해방 후 치안과 민생을 비롯하여 국내질서를 유지하면서, 한국민의 역량을 신국가 건설에 총동원하는 토대를 마련했으나 미·소의 38도선 분할 점령과 내부의 주도권 다툼으로 인해 인공(人共)으로 좌편향하여 좌익 연합으로 축소되었고, 통일전선체로서 건준은 자신의 성격을 상실한 채 와해되어 버렸다고 주장했다.

김정기는「민세 안재홍의 중도정치 담론」에서 해방공간의 남한 정치의 갈등을 풀 수 있는 방안으로 핸더슨의 중간지대의 정치합작론을 분석하고 이는 민세가 주장한 다사리 정치이념, 곧 '모든 사람이 제 말을 하고 함께 어울려 사는' 중간지대의 응집력을 갖춘 이상향과 맥을 같이하는 것으로 현재의 한국정치에도 성찰적 과제를 제시한다고 강조하고 있다.

안재홍기념사업회는 2000년 창립 이후 꾸준하게 민세 관련 학술대회를 지속적으로 개최하고 관련 연구내용을 정리해 민세학술총서로 발간해왔다. 30여 회 넘는 학술대회와 20여종 이상의 학술서 출간은 국내항일운동가 기념사업활동에서도 모범적인 실천 사례이다. 이러한 놀라운 학술 연구의 축적 노력은 20세기 대표적인 민족지성 안재홍이 추구했던 '일생을 일하고 일생을 읽으라'는 가치를 우리 시대에 다시 일깨우고자 힘쓰는 안재홍기념사업회 강지원 회장님과 이사님과 유족의 한결같은 뜻이 모아져서 가능했다.

아울러 민세 학술연구총서의 꾸준한 발간은 '민세 정신'의 선양과 재조명 사업에 애정을 아끼지 않는 평택시의 한결같은 후원에 힘입었다. 본 발간사업을 지원해주신 정장선 평택시장님과 묵묵히 보훈정신 선양에 힘써온 복지정책과 보훈팀 담당자들께도 거듭 고맙다는 말씀을 드리고 싶다. 도서출판 선인의 윤관백 사장님은 2011년부터 사업회와 좋은 인연을 맺고 매년 민세학

술연구 총서를 꾸준히 발간해 주셨다. 사장님과 편집기획자 여러분께도 깊
은 감사의 뜻을 전한다.

2021년 10월 9일 한글날에

민세 선생 탄생 130주년을 기억하며

민세학술연구 총서 11권 편집위원 일동

차례 | 안재홍의 민족운동 연구 1

안재홍의 1920년대
구미(歐美) 정세 인식

김명구 (전 고려대학교 세종캠퍼스 강사)

안재홍의 1920년대
구미(歐美) 정세 인식

김명구 (전 고려대학교 세종캠퍼스 강사)

1. 머리말

안재홍은 일제시기와 해방정국기 중도민족주의 노선을 표방하며 활약한 대표적인 지식인이자 정치인이었다. 그에 대한 연구는 거의 일제하 좌우합작 단체인 신간회운동, 조선학운동 그리고 해방 전후 신민족주의 사상의 형성과 해방이후 '순정우익' 활동 등을 중심으로 이루어졌다.[1] 그런데 안재홍은 1924년 시대일보 논설기자로, 이후 조선일보 주필로서 다수의 국제정세 관련 사설 내지 논단류의 글을 남겼다. 이러한 국제정세 인식은 안재홍의 사상형성이나 운동 노선에도 커다란 영향을 미쳤지만, 안재홍의 국제정세 인식에 대하여는 연구가 거의 없는 실정이다.

---

[1] 이들 주제와 관련 연구는 방대하여 소개를 생략한다. 연구 목록은 김인식,『안재홍의 신국가건설운동』, 선인, 2005 및 윤대식,『안재홍, 전통과 근대 그리고 민족과 이념의 경계인-건국을 위한 변명』, 신서원, 2018의 참고문헌을 참조할 수 있다.

일제시기에 대한 연구는 주로 일제의 식민통치나 국내외 민족운동을 중심
으로 이루어져 왔고, 국제정세에 대한 연구는 1차 대전 혹은 파리강화회의와
관련된 연구, 1차 대전 직후 국내 지식인들의 국제협조주의 인식관련 연구,[2]
세계대공황기의 정세 혹은 1930년대 동아일보 계열의 파시즘 인식 관련 연구[3]
가 있지만, 1920년대 국제정세 인식에 대한 연구는 거의 이루어지지 않았다.

안재홍의 국제정세 인식 관련 연구로서는 이지원과 김경미의 연구를 참조
할 수 있다.[4] 이지원의 연구는 안재홍의 민족해방운동론의 사상적 배경의
일단으로 식민지 조선의 경제현실에 대한 인식과 함께 국제정세에 대한 인
식을 두루 살펴보았다. 김경미의 연구 역시 안재홍의 국제정세 인식 프레임
을 '진취와 반동'의 교차·대립으로 분석하고 이로부터 안재홍의 '초계급적
민족론'과 신간회 활동을 연계 분석하였다. 이 시기 비타협민족주의자이자
민족협동전선을 추구한 안재홍의 사상적 배경과 관련해 국제정세 인식을 분
석하는 시도는 의미가 있다. 그러나 이들의 연구는 자료적 한계로 인해 안재

2) 전상숙, 「제1차 세계대전 이후 국제질서의 재편과 민족지도자들의 대외인식」, 『한국
    정치외교사논총』 26(1), 2005; 전상숙, 「파리강화회의와 약소민족의 독립문제」, 『한
    국근현대사연구』 50, 2009 가을; 권민주, 「1920년대 식민지조선의 국제협조주의 비판
    -워싱턴체제논쟁」, 서울대 외교학과 석사논문, 2012; 이태훈, 「1910~20년대 초 제1차
    대전의 소개양상과 논의 지형」, 『사학연구』 105, 2012; 류시현, 「1910~20년대 일본유
    학출신 지식인의 국제정세 및 일본인식」, 『한국사학보』 7, 1999 등 참조.
3) 임경석, 「세계대공황기 사회주의 민족주의 세력의 정세인식」, 『역사와현실』 11, 1994;
    이준식, 「파시즘기 국제정세의 변화와 전쟁인식-중일전쟁기 내선일체론자들을 중심
    으로」, 방기중 편, 『일제하 지식인의 파시즘체제 인식과 대응』, 혜안, 2005; 이태훈,
    「1930년대 전반 민족주의 세력의 국제정세인식과 파시즘 논의」, 『역사문제연구』 19,
    2008; 홍종욱, 「1930년대 동아일보의 국제정세 인식」, 『한국민족운동사연구』 58,
    2009; 윤덕영, 「1930년대 동아일보계열의 정세인식 변화와 배경」, 『사학연구』 108,
    2012 등 참조.
4) 이지원, 「일제하 안재홍의 현실인식과 민족해방운동론」, 『역사와현실』 6, 1991.12;
    김경미, 「1920년대 민세안재홍의 민족론과 그 추이」, 『동양정치사상사』 9-2, 2010.

홍의 국제정세 인식 자체는 충분히 해명하지 못하였다. 최근 안재홍의 국제정세 인식 자료가 다수 발굴되었기 때문에 이들 자료에 기초해 좀 더 구체적이고 체계적인 국제정세 인식 연구가 필요하다.[5]

본고에서는 1920년대 구미(서구·미국) 지역에 한정하여 안재홍의 국제정세 인식을 파악하고자 한다. 1930년대가 세계공황을 배경으로 나치즘(파시즘)이 발호하고, 베르사이유조약체제가 붕괴되었던 시기라면, 1920년대는 베르사이유조약체제를 준수·보완하려던 시기였다. 안재홍은 1920년대 국제정세에 대해 제국주의 열강과 소련 및 동방 민족운동이 상호 교차 대립하는 것으로 이해하였다. 즉, 제국주의 열강은 전쟁을 피하기 위해 안보협조를 모색하였고, 동시에 소련 및 동방 민족에 대하여는 공동 대응의 입장에 있었지만 한편으로 열강 내부에는 헤게모니를 둘러싼 대립관계가 존재했던 것으로 보았다.

따라서 본고에서는 구미 열강의 안보협조체계의 형성과 열강내부의 대립 관련 인식을 검토하고, 이어 구미 열강의 소련 및 식민지 혹은 약소국가들의 대응 관련 인식을 다루고자 한다. 다만 안재홍은 구미 정세는 물론 극동 및 중국 국민혁명 등에도 지대한 관심을 기울였지만 이 글에서는 지면 관계로

5) 안재홍 관련 자료는 종래 안재홍선집간행위원회 편,『민세안재홍 선집 1~5』, 지식산업사, 1981~1999; 고려대학교박물관 편,『민세안재홍선집 6~8』, 지식산업사, 2004~2008)이 주자료였는데 최근「민세 안재홍전집 자료집성 및 DB화 사업」팀(2012~2014, 한국학진흥사업단 지원 사업)에서 안재홍의 국제정세 인식 관련 자료를 다수 발굴하였다. 기존 자료집에 수록되지 않은, 구미 정세 인식 관련 자료는 다음과 같다. 안재홍,「적로동침종횡관 (1)~(4)」,『조선일보』, 1924년 11월 22~26일; 안재홍,「영국정쟁 측면관」,『조선일보』, 1924년 11월 3일; 안재홍,「1925년의 최대 현안-미국사관 (1)~(5)」,『조선일보』, 1925년 1월 4~8일; 안재홍,「정간중의 세계사정-가조인된 보장조약 (1)~(4)」,『조선일보』, 1925년 10월 20~23일; 안재홍,「1925년의 세계형세 대관 (1)~(7)」,『조선일보』, 1925년 12월 23~30일; 안재홍,「1929년의 국제정세 대관 (1)~(10)」,『조선일보』, 1930년 1월 1~11일.

구미 정세에 한정하여 살펴보고자 한다.

2. 구미열강의 '안보협조체계' 형성 및 대립관계에 대한 인식

1) '안보협조체계'[6] 형성에 대한 인식

1차 대전으로 미증유의 참사를 겪은 구미열강에게 주어진 과제는 전쟁 책임과 배상문제 처리, 전쟁방지와 공존을 위한 안보체계의 구축, 신생 소비에트 러시아에 대한 공동 대응 및 식민지 종속국들에 대한 기득권 체제 유지라 할 수 있다.[7] 이 가운데서 우선 시급한 사안은 열강들 간의 전쟁을 회피하기 위한 안보협조체계를 확립하는 문제라 할 수 있다.

안재홍은 일본 유학을 통해 서구 근대 학문과 국제정세에 대한 기초 소양을 쌓았고, 귀국 후 중앙학교와 중앙기독교청년회에서 활동하다 1919년 대한민국청년외교단 사건으로 옥고를 치렀다. 그는 출옥 이후 1924년 시대일보 논설이사로 잠시 있다가 조선일보의 주필로 자리를 옮겨 본격적으로 국제정세 관련 인식을 표출하기 시작하였다. 그는 오늘날의 조선 문제는 이미 조선인만의 문제가 아니라 전(全) 동아시아의 문제이며, 동아시아는 세계 열강의 각축장이어서 조선 문제는 전세계의 대세와 연동되어 있다고 하여 국제정세

---

[6] 1차 대전 후 구미 열강은 전쟁 방지와 평화로운 국제질서 확립이 시급한 과제였고, 이에 따라 국제연맹이라는 집단안보제도, 로카르노조약과 같은 지역적 집단안보제도, 개별국가들 간의 상호보장 조약 등 안보 확립을 위해 다양한 안보협조체계를 모색하였다. 여기서 '안보협조체계'란 이같이 다양한 형태의 안보 제도의 도입을 포괄적으로 지칭하려는 용어이다.

[7] 柴田三千雄・木谷勤, 김현철 옮김, 『세계현대사』, 지평, 1987, 154쪽.

를 중시하였다.[8]

안재홍이 국제정세에 관한 인식을 표명하기 시작한 1924·1925년 시기는 베르사이유조약의 체결 이래 갈등이 심화되었던 구미 열강이 안보협조체계 형성에 적극 나서기 시작한 때였다. 안재홍의 구미 열강 간의 안보협조 활동에 대한 인식을 파악하기 위해선 먼저 안재홍의 1920년대 국제질서 구조에 대한 기본 인식을 살펴볼 필요가 있다. 안재홍은 열강의 안보협조 활동을 국제질서 구조와의 관련 아래 분석하고 있기 때문이다.

안재홍은 1920년대 국제정세의 기본 구조에 대해, 현재의 세계에는 국제정국을 지배하는 3개의 조류가 있는데, 하나는 자본적 자유주의들로 형성된 열강의 지배계급이 헤게모니를 쥐고 있는 국제연맹의 운동이며, 로카르노의 안전보장조약 같은 것은 이 조류에 의한 최대의 성과라 하였다. 다음은 러시아를 중추로 한 공산당운동이며, 마지막으로는 약소 제국민의 민족적 자각에 의한 반항운동이라 하였다.[9]

이같이 안재홍은 제국주의 열강의 기득권 수호 정책, 약소국의 민족해방운동, 소련의 세계혁명운동이 국제정세를 움직이는 세 동력이라 보았다. 그는 사회주의자들의 세계혁명론에 대해, 민족해방을 위하여 싸우는 예속국민은 전(全) 노동계급의 목적이 되는 사회혁명 그것은 아니지만 압박된 민족의 대두는 인류의 심대한 진보이며, 민족운동이 제국에 대하여 승리를 얻는 것은 노동계급의 해방을 용이케 한다는 입장이라 파악했다.[10] 그가 보기에 사회주의자들의 논리는 약소국의 민족해방운동은 계급운동으로 환원될 수는 없는 것이지만, 사회주의 세계혁명운동에 중요한 역할을 하고 있다는 것이다.

---

8) 안재홍, 「반동선상의 세계와 그 추세」, 『개벽』 55, 1925.1, 28쪽.
9) 안재홍, 「1925년의 세계형세대관 (7)」, 『조선일보』, 1925년 12월 30일.
10) 안재홍, 위의 글.

따라서 안재홍은 민족해방운동과 사회주의 운동은 반제국주의 운동이라
는 교집합을 공유하고 협력의 여지가 있다고 보았다. 즉, 그는 "민족적 해방
에 백열한 감격 및 의욕을 가진 자 필경은 계급적 해방의 감격 및 이념과
공명하는 바 있고 계급적 해방에 지대한 간원을 가진 자도 결국은 민족적
의식에 눈뜨고 그에 들어가지 않을 수 없게 되는 것이 많은 경우에 필연적
사세라 하고, 방법적 견지로서만 본다 하더라도 합치 또는 협조는 또한 당연
한 요구가 되는 것"[11]이라 하여 민족운동과 사회운동의 협력이 필요하다고
보았다. 그가 이 시기 사회주의 계열과 민족협동전선을 추구한 것도 이러한
국제정세 인식과 관련이 있는 것으로 볼 수 있다.

이러한 맥락에서 안재홍은 구미 열강의 안보협조체계 확립 활동도 사회주
의 러시아, 약소국의 민족운동과의 관련하에 파악하였다. 전후 구미 열강에
있어 우선 과제는 전쟁방지를 위한 새로운 국제질서의 창출이었다. 1차 대전
이전 국제평화 보장은 '세력균형론'에 기초해 있었다. 윌슨은 이를 비판하고
집단안전보장 구상의 일환으로 국제연맹을 결성하였지만, 온전한 집단안전
보장체계를 확립하지 못하였다.[12] 이후 열강들은 국제연맹 틀 내에서 혹은
국제연맹 밖에서 안보 협조체계의 확립을 위한 협의를 지속하여 왔지만 성
과를 내지 못하고 있었던 상태였다.[13]

이러한 정세에 대해, 안재홍은 '1923년 제4회 국제연맹총회에서 영국 외교
차관에 의하여 제출된 상호원조조약안, 1924년 제5회 국제연맹 총회에서 가
결된 제네바 평화의정서 등은 모두 국제연맹에 기초하여 해결을 꾀하였'[14]던

---

11) 안재홍, 위의 글.
12) 윌슨의 국제연맹 구상에 관하여는 박현숙, 「윌슨 평화주의의 모순」, 『대구사학』 98,
2010; 박현숙, 「윌슨의 민족자결주의와 세계평화」, 『미국사연구』 33, 2011 참조.
13) 오기평, 『세계외교사』, 박영사, 2007, 370~377쪽 참조.
14) 안재홍, 「1925년의 세계형세대관 (3)」, 『조선일보』, 1925년 12월 24일.

것이나 실패로 돌아갔다고 보았다. 그 이유에 대해 1차 대전 종결 무렵 프랑
스의 푸앵카레 수상 등은 독일에 대한 복수심으로 영국 미국 일본과 연합하
여 국제상비군, 국제참모본부의 설치, 혹은 영·프, 영·미 등의 동맹조약을
통해 프랑스의 안보를 구축하고자 하였으나 결국 모두 수포로 돌아갔고, 그
뒤 칸회의, 제노아회의, 헤이그, 로잔느회의 등을 통해 평화를 모색하였으나
역시 실패하였다고 지적했다. 그리고, 안보체계의 구축에 실패한 프랑스는
독일로부터의 위협에 대처하고자 1920년 9월의 프랑스·벨기에의 군사협정,
1921년 2월 프랑스·폴란드의 정치협정 및 1924년 3월 프랑스·체코동맹조약
등을 체결하여 독일을 포위하려 하였지만, 영국은 프랑스의 옆에서 냉정한
이해타산에 의한 자국본위의 안정책을 강구하였다고 하였다.[15]

　이와 같이 안재홍은 베르사이유조약 체결 직후 구미 열강은 안보협조체계
의 성과를 내지 못하였으나, 1924·1925년경 동방에 대한 제국주의적 기득권
유지와 소련에 대한 공동대응의 필요성이 대두하여 타협하기 시작하였다고
생각했다. 즉, 안재홍에 의하면, 열강은 1차 대전의 발발 이후 또는 1919년
강화회의가 종결된 이후 최근까지 오직 노골적인 유럽대륙에서의 패권다툼
에 열중하였지만, 이전과 같이 동방 국가들에 '巡廻劇'을 단행키 위하여 서로
타협하게 되었다고 한 것이다.[16]

　또 안재홍은 유럽 열강의 안보 조약 체결의 필요성은 러시아에 대한 공동
대응의 필요성에서도 대두되었다고 파악했다. 즉, 그는 유럽의 평화는 독·
불의 갈등뿐 아니라 한편으로 전(全) 제국주의국가 대 소비에트 러시아의
길항으로 위협받게 되었는데, 세계의 현상유지를 최대이익으로 하는 영국의
보수당 정부의 외상 체임벌린이 프랑스와 호응하여 독일과의 상호양보의 최

---

15) 안재홍, 위의 글.
16) 안재홍, 「1925년의 세계형세대관 (4)」, 『조선일보』, 1925년 12월 27일.

대공약을 의미하는 유럽안전보장조약(로카르노조약-필자)을 체결하기에 이
르렀다는 것이다.[17]

　1924년 구미 열강이 타협을 모색하기 직전의 상황은 독일의 전쟁 배상금
지급이 이루어지지 않아 프랑스와 벨기에가 루르 탄광지대를 군사 점령하여
독일은 물론 영국, 미국도 프랑스에 대해 불만을 제기하고 있던 상태였다.
이에 대해 안재홍은 배상문제로 인한 유럽 열강의 갈등은 피폐한 유럽 경제
의 회복을 더욱 더디게 하여 전후의 '광란적인 감정상태'에서 '이지적 타산'을
강구케 하였다 하고, 그 결과 체결된 것이 1924년 8월 런던회의에서 타결된
도스안(案)[18]이라 하였다.[19] 그리고, 런던회의 개최 배경으로 에리오, 맥도
날드 등 영국, 프랑스의 정치가의 노력이 있었고, 미국이 유럽정치에 참여한
것이 결정적 요소가 되었다고 보았다.[20]

──────────

[17] 안재홍, 「1925년의 세계형세대관 (2)」, 『조선일보』, 1925년 12월 23일.
[18] 베르사이유조약에서는 독일에 대한 배상문제를 종결짓지 못하고 배상위원회에서 추
후 결정토록 하였고, 1921년 배상위원회에서는 배상액을 1,320억 금마르크로 확정하
였다. 1924년 8월 미국인 도스를 위원장으로 하는 도스위원회에서 도스안을 채택하
였다. 이에 따르면 독일은 앞으로 5년 동안 매년 10~25억 금마르크를 지불하며 또한
8억 금마르크의 외채를 얻을 수 있도록 하였다. 그런데 도스안은 배상총액을 정하지
않고 일단 5년간의 실행을 전제로 한 잠정적 계획이었다. 그리하여 1927년 말부터
그 후속조치를 논의, 1929년 6월 영案을 만들었고, 1932년 6~7월 로잔느회의에서 30억
금마르크의 지불로 독일의 배상문제를 청산하도록 최종 정리하였다(김용구, 『전정판
세계외교사』, 서울대출판부, 1999, 588~589쪽 참조).
[19] 안재홍, 「1925년의 세계형세대관 (3)」, 『조선일보』, 1925년 12월 24일.
[20] 안재홍, 「금년의 세계-미국사(私)관 (1)」, 『조선일보』, 1925년 1월 4일. 이러한 갈등
국면이 타협국면으로 전환되기 시작한 것은 1923, 1924 각 국에서 온건 정부가 들
어서면서였다. 독일에서는 1923년 슈트레제만 외상이 등장하여 베르사이유조약의
준수와 타협외교를 지향하였고, 프랑스에서도 강경정권인 푸앵카레 수상이 퇴진하
고 에리오 내각에 온건파 브리앙 외상이 등장하여 타협을 진척시켰고, 영국에서도
1924년 초 노동당 내각이 등장했다가 다시 보수당 정권이 들어섰는데 독일·프랑스
의 해빙을 수용하였다. 또한 미국도 정권교체가 이루어지고 이제까지의 고립노선에
서 탈피, 도스안을 제시하였고, 이를 서방 열강이 수용하면서 유럽정세가 타협의 국

안재홍은 '도스안이 성립된 이후 열강들의 타협이 가속화되어 1925년 2월 독일의 안보조약의 제안과 6월 프랑스의 회답, 7월 독일의 각서와 프랑스의 각서가 있어 10월 스위스 로카르노회의가 개최되었고, 12월 런던에서 정식 조인에 따라 로카르노조약이 체결되었다. 그리고 로카르노조약은 '라인지방에 관한 안전보장조약'을 필두로 프랑스·폴란드 간, 프랑스·체코 간 2개의 보장조약, 독일·프랑스, 독일·벨기에, 독일·폴란드 간의 중재조약 및 의정서 및 통신의 선언서 등으로 이루어졌다고 언급하였다.[21]

로카르노조약의 체결로 구미 열강은 베르사이유조약 체제의 안보 불안 문제를 일단 봉합하였다. 로카르노조약의 결과 독일은 국제연맹에 가입하여 상임이사국이 되었고, 모든 국제적 분쟁은 평화적 방법으로 해결하기로 하였다. 1차 세계대전은 로카르노조약의 성립으로 비로소 완전히 종식된 셈이었다.[22] 안재홍도 유럽안전보장조약(로카르노조약-필자)의 성립이 베르사이유조약 이래 최대사업으로 유럽의 평화, 세계평화를 합법적으로 초래한 최대의 사건이라 평가하였다.[23]

그러나 안재홍은 열강들의 이러한 타협과 안보협조체계의 강화는 "일시적 타협이며, 영구적 평화의 보장이라 하기 힘들다"고 하고, 이는 "1차 대전이 종료된 지 7년으로 유럽의 지배계급은 전쟁의 병적 심리상태에서 벗어나 자신의 체감되는 수익을 지키기 위해 타협을 하기에 이른 것"[24]이라 판단했다.

안재홍은 유럽 열강들의 타협은 안으로는 피압박 민중들의 계급적 봉기

면으로 들어섰고 1925년 12월 로카르노 조약의 체결에까지 이른 것이다(김용구, 앞의 책, 602~607쪽; 오기평, 앞의 책, 403~423쪽 참조.

[21] 안재홍, 「1925년의 세계형세대관 (3)」, 『조선일보』, 1925년 12월 24일.
[22] 김진웅·손영호·정성화, 『서양사의 이해』, 학지사, 1998, 433~434쪽.
[23] 안재홍, 「1925년의 세계형세대관 (2)」, 『조선일보』, 1925년 12월 23일.
[24] 안재홍, 「1925년의 세계형세대관 (4)」, 『조선일보』, 1925년 12월 27일.

밖으로는 예속된 약소민족들의 민족적 자각 및 반항으로 제국주의 열강의 지배계급들은 부득이 적전 타협으로 상호안전을 보장하는 게 절실히 필요하였고, 소비에트 러시아가 전세계피압박민중 및 약소국민들 사이에 서서 세계적 현상파괴의 일대동력이 되려 하고 있었기 때문에 이루어진 것으로 긍정적으로 평가하지 않았으며 반동적이라 보았다.[25] 그는 현 정세의 반동적 추세는 국내적으로 각 국에서 좌익계열에 대한 억압이 있고, 국제적인 면에서는 약소민족에 대한 억압이나 군비확장의 추세로 나타난다고 하였다.[26]

그에 의하면 "로카르노 조약은 영국의 대륙정책을 기준으로 동방 국민들에 대한 정복책의 촉진 또 완성을 위함이며 또 프랑스의 중유럽의 평원으로부터 다시 북아프리카 및 아시아의 서부에 그 침략의 맹화를 집중하려는 저의에서 나왔다"[27]는 것이다.

구미 열강은 로카르노조약의 체결 이후 1927 · 1930년 제네바 및 런던 군축회담, 1928년 부전조약의 체결, 1929년 독일 배상문제 관련 영안의 타결 등 안보협력체계의 형성을 위해 노력하였다. 안재홍은 구미 열강의 안보협조체계의 강화가 반동적인 것으로 보았기 때문에 이러한 구미 열강의 일련의 안보협조체계의 모색에 대하여도 긍정적으로 평가하지 않고 자체 모순으로 결국 강대국 간의 전쟁을 초래하리라 보았다.

그는 "로카르노회의는 베르사이유회의 이래의 중대한 회의로서 유럽에 처음으로 평화를 불러 올 것이라 하지만 과연 진실로 평화가 도래할 수 있을 것인지"[28]는 의문이라 보았으며, "부전(不戰)조약과 군축회의는 신흥하는 미

25) 안재홍, 「1925년의 세계형세대관 (2)」, 『조선일보』, 1925년 12월 23일.
26) 안재홍, 「반동선상의 세계와 그 추세」, 『개벽』 55, 1925.1, 33쪽.
27) 안재홍, 「1925년의 세계형세대관 (3)」, 『조선일보』, 1925년 12월 24일.
28) 안재홍, 「정간중의 세계사정-가조인된 보장조약 (1)」, 『조선일보』, 1925년 10월 20일.

국의 금융통제적 세계지배를 위한 전주곡이라 할 수 있으며, 이는 결국 소위 새로운 세계전쟁이 생장되는 일 과정으로 볼 수 있다"[29]고 하였다. 즉, 안재홍은 구미열강이 안보협조체계를 위해 다양한 시도를 하였지만, 결국 실패로 돌아갈 것으로 보았다. 그는 안보협력 체계의 시도가 진정한 집단안전보장 체제의 구축이 아니라 소련이나 동방에의 대응의 필요성에서 대두된 것이라 보았고, 또한 여전히 구미열강 내부에 헤게모니를 둘러싼 대립관계가 존재하고 있기 때문이라는 것이다.

2) 대립관계 및 군축 관련 인식

전후 국제질서를 규정한 베르사이유조약 체제는 기본적으로 승전국인 연합국이 패전국에만 일방적으로 전쟁 책임을 물어 배상, 영토 할양, 군비 축소 등을 강요한 것이었다. 이는 독일의 불만을 야기했을 뿐 아니라 회의를 주도한 미국·영국·프랑스도 자신의 이해관계에 얽혀 전후 유럽의 안보질서를 확립하지 못한 불안한 체제였다. 프랑스는 전쟁의 책임을 전적으로 독일에게 귀속시켜 전후 배상과 대독일 안전보장 체제를 확립하고자 하였고, 영국의 경우, 유럽대륙의 세력균형과 반소 대응의 일환으로 독일의 국력을 어느 정도 유지하고자 하였다. 미국은 고립주의와 경제적 실리주의에 초점을 두고 있었다.[30]

안재홍은 구미 열강 간의 상호 대립적 양상에 대해, "영국 프랑스는 1차 대전 이후 동맹관계가 대체로 파기되어, 발칸과 근동에서 충돌하였고 … 독일문제에서도 영국은 독일을 어느 정도 부활케 하여 프랑스의 발호를 견제

29) 안재홍, 「1929년 국제정세대관 (1)」, 『조선일보』, 1930년 1월 1일.
30) 김용구, 앞의 책, 556~568쪽; 오기평, 앞의 책, 349~359쪽 참조.

하게 하려 하였다. 로카르노 조약도 열강의 이해타산의 소산이지만 영국의
절박한 요구가 근본원인이었다"³¹⁾고 생각했다.

안재홍은 특히 영·미 간의 경제와 군비 문제에서 대립 양상을 주목하였
다. 안재홍에 의하면, 영국경제는 1차 대전 이전 석탄과 강철의 우수한 생산,
각종 제조공업의 선진성, 금융자본의 우월 및 세계적 통제력을 지녔고, 식민
지, 반식민지로부터의 수출무역에 의한 풍부한 이윤에 기반하여 식민지 잉여
이윤으로 노동계급에게까지 '신사적인 할애'를 하여 모범적인 노자협조를 해
왔다 하고, 그 모든 것의 수호신으로 초강대한 해군력이 있었다고 지적했
다.³²⁾

안재홍은 이같이 전전 영국은 '세계 최대의 공업력, 식민지 무역, 해군력에
기초하여 최강국의 위치에 있었지만, 전후 미국 제국주의가 비약하여 영국
제국주의를 침식하고, 그 존립을 중대하게 위협하게 되었다'고 주장하였다.
그리고 전후 '영국의 석탄업과 철강업은 쇠퇴하여 미국은커녕 독일 프랑스의
석탄업과 철강 트러스트에 대항하기에도 힘이 부치게 되었다'고 하였다. 나
아가 '캐나다 호주 남아프리카공화국 또는 인도까지를 포함한 자치령·식민
지의 공업화 등이 영국 공업을 일층 위축케 하였다'고 판단했다.³³⁾ 또, '기술
적 향상, 노동통제의 개신, 기업집중, 노동시간의 연장 등 방침에 의해 어느
정도 회복된 독일의 자본주의도 영국에 새로운 위협요인이 되었다'고 '1926년
탄광 파업과 노동총파업의 틈을 타서 독일의 석탄 및 기타 수출품이 영국
시장을 침식하였다'고 보았다.³⁴⁾

31) 안재홍, 「1927년의 세계대세 (5)」, 『조선일보』, 1928년 1월 6일.
32) 안재홍, 「1929년 국제정세 대관 (2)」, 『조선일보』, 1930년 1월 2일.
33) 안재홍, 위의 글.
34) 안재홍, 「1927년의 세계대세 (5)」, 『조선일보』, 1928년 1월 6일.

그는 자본주의 열강의 상호대립 가운데 가장 중요한 부분은 영미 대립이
라 주장했다.[35] 그는 "영국과 미국은 자본주의 진영의 2대 강국이지만 1차
대전 이후 영국은 국력이 위축 쇠퇴되고 있"[36]으며, 또 금융·무역 면에서도
영·미관계가 역전되었다고 강조하였다. 즉, "영국의 대미 전채(戰債) 백억
원의 부담은 지금까지 금융자본국이었던 영국의 지위를 역전케 하였"[37]고,
'런던에서 뉴욕으로 세계금융시장의 중심이 이동되었다는 것은 정치적 경제
적 패권이 영국에서 미국으로 옮아갔다는 것을 의미한다고 생각하였다.[38]
또한 무역 면에서도 아시아 아프리카의 각국 더욱이 영국의 자유식민지와의
무역액은 미국이 빠른 속도로 영국의 그것을 압도하고 있다고 하였다.[39]

안재홍은 이같이 영국은 물론 유럽은 현재 전후 피폐한 상태이고 내부 알
력, 재정 경제면에서도 공황상태여서 세계 중심으로서의 권위가 떨어졌지만,
현재 미국이 세계적 패권을 장악하고 서서히 고답적인 미국 제일주의를 내
걸면서 세계적 대풍운을 일으킬 의사와 실력을 지니고 있기 때문에 현재 세
계정세에서 미국의 국정을 등한시하고서는 정국의 추이를 이해하기 어렵다
고 생각하였다.[40]

안재홍은 이시기 세계 최강으로 부상한 미국의 동향에 대하여 많은 관심
을 기울였다. 그에 의하면, "미국은 황금만능의 나라, 산업제일의 나라이며,
실리본위 능률본위의 나라이다. 그들은 기독교를 깊이 믿고, 인도주의를 고
창하고 있으나, 미국민과 그 정치가들의 행동은 프래그머티즘에 기반하고

35) 안재홍, 「1929년 국제정세 대관 (2)」, 『조선일보』, 1930년 1월 2일.
36) 안재홍, 「1927년의 세계대세 (5)」, 『조선일보』, 1928년 1월 6일.
37) 안재홍, 「1929년 국제정세 대관 (2)」, 『조선일보』, 1930년 1월 2일.
38) 안재홍, 「1927년의 세계대세 (5)」, 『조선일보』, 1928년 1월 6일.
39) 안재홍, 위의 글.
40) 안재홍, 「금년의 세계-미국사(私)관 (1)」, 『조선일보』, 1925년 1월 4일.

있다고 하고, 미국에서 프래그머티즘이란 인간의 심리는 오직 이해관계에
의해 대상을 파악한다는 것이 요점이며, 이런 점에서 미국은 국제적 체면이
나 예의에 구애되지 않고 오직 냉정한 이해관념에서 따라 생각하는 경향이
있"는데,[41] 미·스페인 전쟁과 필리핀 영유 또는 베르사이유조약과 국제연맹
에 대한 태도 등은 미국의 실용주의를 잘 대표한 것이라 보았다.[42]

그는 "미국은 세계 황금의 반, 4할의 철도망, 3/4의 자동차를 소유하고 또
언제든지 대규모의 군수공장으로 변환할 수 있는 거대한 공업조직을 가졌
다"[43] 하고, 미국의 최근 금보유액은 45억불의 거액에 달하며 세계총액의
55%에 상당하고 전전 유럽에 다액의 부채가 있었으나 1924년에 132억 6,400만
불의 채권을 가졌고 해마다 거대한 신 투자를 각 국에 하며, 이는 특히 영국의
제국적 운명에 막대한 위협이 된다'고 하였다. 나아가 멕시코 파나마 니카라
과 등 카리비안해의 여러나라 및 남미제국에 대하여도 제국주의적 공세를
노골화하고 있다고 언급하였다.[44]

미국의 정치에 대하여는, 공화·민주 양대 정당의 명사들이 모두 천하국가
를 운운하고 정의·인도를 주장하여 범속에서 벗어난 듯하지만, 그 이면에는
모두 월가 혹은 중서부주의 상공도시를 본거로 한 모건의 금융자본벌과 록
펠러를 비롯한 석유업 및 상공업 자본벌의 이익을 대표하고 있다고 하여 독
점 대자본이 미국의 정치를 지배하고 있다고 생각하였다.[45]

전후 구미 열강 간 경제 패권은 점차 미국 중심으로 변동되었고, 더불어
열강 간 군비 문제도 갈등이 심화되었다. 파리강화회의에서는 패전국에게만

[41] 안재홍, 「금년의 세계-미국사(私)관 (3)」, 『조선일보』, 1925년 1월 6일.
[42] 안재홍, 「금년의 세계-미국사(私)관 (4)」, 『조선일보』, 1925년 1월 7일.
[43] 안재홍, 위의 글.
[44] 안재홍, 「1927년의 세계대세 (6)」, 『조선일보』, 1928년 1월 7일.
[45] 안재홍, 「금년의 세계-미국사(私)관 (2)」, 『조선일보』, 1925년 1월 5일.

일방적으로 군축을 강요하였고, 국제연맹 규약에서 일반군축을 수행토록 하였으나 어떤 진전도 없었다. 이런 상황에서 우월한 경제력을 바탕으로 미국은 워싱턴 회의를 소집하여 향후 10년간 미·영·일·프·이가 1만톤급 이상의 주력함의 비율을 미·영 - 5, 일본 - 3, 프랑스·이태리 - 1.67의 비율로 유지하기로 하였다. 이는 종래 해군력에 있어 절대 우위로 있던 영국으로서 커다란 양보였다. 그러나 워싱턴회담에서의 문제점은 보조함의 건조경쟁에 대한 합의를 이루지 못하였고, 때문에 각국은 재정의 문제에도 불구하고 군비 경쟁이 심화되었다.[46]

안재홍은 이와 관련, 프랑스의 경우 대독 경계심과 두려움으로 80만 육군을 유지하느라 재정적 파탄을 초래하여 미국의 1억불의 응채로 겨우 그 위기를 벗어났고, 그로 인해 푸앵카레 내각이 무너지고 에리오 내각이 등장하여 비로소 군비 축소를 실행케 되었다고 언급하였다. 또 폴란드를 비롯한 신생 '소협상체제'[47]의 국가들도 국세에 걸맞지 않은 과다한 군비를 유지하여 재정난에 빠졌으며, 영국이 프랑스의 우월한 항공대에 대응코자 18대의 항공대를 52대로 확장코자 하였고, 프랑스도 영국에 대항하여 백억 프랑의 예산으로 각종 함정 77만톤으로 대확장 계획을 지녔으며, 미국은 2억 2천 수백만 원의 경비로 6척의 전함과 8척의 輕순양함과 6척의 하천포함을 건조를 결정하고, 12척 1만 통의 순양함 건조를 역설하고 있다는 것이다.[48]

---

46) 오기평, 앞의 책, 385쪽; 이정용, 「런던군축회의와 일본해군」, 『한일군사문화연구』 9, 2010 참조.

47) '소협상체제'란 1차 대전 후 오스트리아·헝가리 제국 붕괴이후 탄생한 체코슬로바키아·유고슬라비아 및 루마니아 3국의 우호관계를 말하며, 이들은 베르사이유조약에서 확정된 국경을 지지하며, 독일을 견제하기 위해 프랑스와 폴란드가 이들과 연대하고 있다(김용구, 앞의 책, 593~594쪽 참조).

48) 안재홍, 「반동선상의 세계와 그 추세」, 『개벽』, 1925.1, 33쪽.

구미 열강의 군비확장은 각 국의 재정에 심각한 위기를 불러 왔고, 열강의 안보협조체계의 구축에도 걸림돌이 되었다. 이에 열강은 로카르노 조약 이후 1927년 및 1930년 제네바 및 런던 군축회담을 개최하게 되었다. 그런데 제네바 회담에서는 영국의 소함다수주의와 미국의 대함소수주의가 대립하여 결렬되었다. 세계에 산재해 있는 식민지와 해군기지를 갖고 있는 영국은 광대한 해상교통로의 안전 확보를 위해 다수의 소형 순양함이 필요하였으나 미국은 대서양과 태평양의 광대한 연안방어와 해군기지의 부족으로 행동반경이 넓은 대형 순양함이 필요했기 때문이었다. 이후 1929년 미국 후버 정부와 영국의 2차 맥도날드 노동당 내각이 발족하면서 1930년 1~4월 런던군축회의가 개최되어 합의에 이르렀다.[49]

안재홍은 런던군축 회담을 앞둔 시점에서, 영·미 간의 군축 회담이 제네바 회담에서와 같이 타협하기 어려울 것으로 전망하였다. 안재홍은 워싱턴 회의 당시 주력함의 비율에 두말없이 미국의 주장에 굴종하던 영제국이 1927년 제네바회의와 런던회담에서 완강한 정면 항쟁으로 "발악적 대 노력"을 하였다고 파악하였다.[50] 즉, 보수당의 영국은 제네바회담에서 미국과 정면충돌을 사양치 않았었고 당시 영·미·일의 보조함정 보유 규모를 보면, 영해군이 여전히 우세하고 미국의 순양함은 열세이지만 미국은 막대한 재력으로 급속히 군비를 확장하려 하였다는 것이다. 그리고 런던 해군군축회담에서 맥도날드 수상도 상응한 항쟁을 보이어서 결코 평순한 양보가 없을 것

---

[49] 김진웅·손영호·정성화,『서양사의 이해』, 학지사, 1998, 436쪽. 1927년 제네바 해군축회의가 결렬되자 열강의 건함 경쟁은 더욱 격화되었다. 1929년 미국에서 미·영의 화해를 주장해 온 후버 대통령이 등장하고 영국에서 맥도널드 노동당 내각이 성립되어 양국 대립 완화하여 1930년 1~4월 런던해군회의를 개최하였다. 여기서 미·영·일은 대략 10:10:7의 비율로 보조함을 보유하기로 결정하였다.

[50] 안재홍,「1929년 국제정세 대관 (6)」,『조선일보』, 1930년 1월 7일.

이 분명하다고 보았다. 왜냐하면, 주력함 문제 이외 순양함 문제에 대하여 영국의 소위 小巡多艦主義와 미국의 大巡多艦主義의 완전한 타협은 우선 쉽지 않을 것이기 때문이라는 것이다.[51]

다시 말해 안재홍이 보기에, 영국은 전세계의 영토 중에 무수한 기항지를 가진 국가이기 때문에 소형다함으로 충분하지만 이와 전혀 반대인 미국은 당연히 원양 항해에 필요한 대형다함을 필요로 한다. 영국은 전세계에 널려 있는 영토를 수호하기에 해군력의 분할을 피할 수 없지만, 파나마운하로 대서양·태평양의 집중이동을 쉽게 할 수 있는 미국으로서는 영국과 균등한 함대만으로도 훨씬 우월한 위력을 발휘할 수 있기 때문이라는 것이다.[52]

1930년 4월에 최종 타결된 런던군축회담은 안재홍의 전망과 달리 미·영·일간 해군축 합의에 이르렀다. 이는 국제적 협정에 의하여 해군의 규모를 제한한 마지막 성공적 시도였다. 1932년 2월에는 제네바에서 국제연맹의 주도하에 세계적인 일반군축회의가 개최되었으나, 아무런 결말도 맺지 못했다. 나치 독일은 군비에 있어서 연합국과 완전한 평등권을 부여받지 못한데 불만을 품고 1933년 10월 일반군축회의에서 탈퇴하였다. 이후 군비축소가 아니라 군비확장이 각국의 주요 관심사가 되어 버렸고 세계는 또다시 전쟁 위기를 맞이하였다.[53]

안재홍은 열강 간의 군축을 둘러싼 각축을 목격하면서, 국제경제회의가 아무런 성과 없이 막을 내리고, 해군군축회의가 군확회의로 역이용되고 국제연맹이 고급한 유희장으로 변질되어 결정적 성과를 기대하기 어렵다고 보았다. 그는 열강 사이에서 촉성되는 신군비의 확장의 경향은 자본주의 국가의

51) 안재홍, 「1929년 국제정세 대관 (5)」, 『조선일보』, 1930년 1월 6일.
52) 안재홍, 위의 글.
53) 김진웅·손영호·정성화, 『서양사의 이해』, 학지사, 1998, 436쪽.

자체의 충돌을 준비하는 듯 더욱 세계적 화란이 가까워 옴을 직감케 한다고 전망하였다.[54] 즉, 그는 '세계대전의 촉발계기는 우선 자본적 제국주의 국가 간의 반동화에 따른 신군비 확장에 있을 것'[55]이라 하고, 제국주의 열강의 상호모순에 의하여 새로이 성장하고 있는 신전쟁의 위협에 대하여 주의를 기울일 필요가 있다고 주장하였다.[56]

3. 구미 열강의 소련 및 동방 문제 관련 인식

1) 소련 관련 인식

1920년대 국제정세에서 새로운 세력으로 부상한 국가는 소비에트 러시아였다. 러시아혁명 직후 구미 열강은 볼세비키 정권을 붕괴시키고자 무력간섭을 시도하였고, 러시아는 간섭전쟁에 대응하는 한편 독일, 헝가리 등에서 공산주의 혁명을 기대하고 지원하였다. 이후 서방세력이 시베리아 간섭전쟁에서 철수하고, 독일 혁명의 실패, 폴란드와의 전쟁[57]이 종결되면서 러시아는 안으로 신경제정책을 실시하고 대외적으로 동진정책을 적극 강구하는 한

[54] 안재홍, 「보보 전진의 신일년」, 『조선일보』, 1928년 1월 1일.
[55] 이지원, 앞의 글, 39쪽.
[56] 안재홍, 「1929년 국제정세 대관 (7)」, 『조선일보』, 1930년 1월 8일.
[57] 볼세비키 세력은 1919~1921년 러시아·폴란드 전쟁을 통해 혁명을 수출하여 하였지만, 전쟁에 패배하면서, 러시아의 안보가 우선이며, 현실적으로 자본주의 열강과 공존하기 위한 외교적 노력을 기울일 수밖에 없다고 판단하였다. 이후 1921년 영국과 통상조약, 1922년 독일과 라팔로 조약을 체결하였다(고광열, 「소비에트-폴란드전쟁(1919~1921)과 볼세비키의 세계혁명관 변화」, 서울대 대학원 서양사학과 석사논문, 2015.2 참조).

편 서방국가들과의 외교관계 수립을 모색하였다.[58]

안재홍은 러시아에 대해 국제정세의 3대 세력 중 하나로 주목하였다. 그는 '현하 세계 정국에는 3대 중심이 있으며, 첫째는 수백년래 노대(老大)한 구제 국으로 세계의 태반을 점령하고, 2차 대전에서 독일을 격파한 후 오직 그 제국적 융성을 유지하고자 수단을 가리지 않고 노력하는 영국이며, 둘째는 신대륙에 고립적으로 존재하며 광대한 토지와 무궁한 부원, 그리고 1차 대전 후 세계 금화의 반을 점유한 미국이다. 셋째는 1차 대전 말엽 전제를 무너뜨리고 소비에트 체제를 구축하여 무산자 본위의 세계혁명 운동을 하여 자본주의 열국으로 하여금 악몽에 시달리게 하는 러시아'라 하고, '영·미 양국은 사방의 약소국민을 지배하려는 파괴적 건설자'임에 비해 '러시아는 피압박 민중의 해방을 추구하는 건설적 파괴자'라 하였다.[59]

안재홍은 소비에트 러시아의 출현에 대해 '서방 자본주의 열강은 내적으로 갈등 모순이 존재하지만, 열강 상호간의 갈등을 초월하여 러시아에 대한 '자본가적 포위'를 하였다'고 보고, 이는 마치 1819년대 프랑스혁명에 대한 탄압으로 신성동맹이 결성된 바 있듯이 러시아혁명에 대한 탄압을 위해 국제연맹과 혹은 여러 형태의 협상·협약이 그 역할을 하고 있다는 것이다.[60]

안재홍에 의하면, 1917년의 러시아 혁명은 주의·사상의 공명 혹은 배치 여하를 떠나 세계사상 하나의 중대 사항이며, 레닌으로 대표되는 소비에트 러시아는 전세계 신흥계급을 그의 동지로서 현상타파·사회변혁의 강력한 원천이라 보았다.[61] 그러나 그는 동시에, "러시아인의 세계혁명운동이 단지

58) V.알랙산드로프 지음, 홍성곤·박용민 옮김, 『세계현대사』, 태암, 1990, 35~54쪽; E.H. 카, 유강은 옮김, 『러시아혁명 1917~1929』, 이데아, 2017, 131~145쪽 참조.
59) 안재홍, 「반동선상의 세계와 그 추세」, 『개벽』 55, 1925.1, 30~31쪽.
60) 안재홍, 「1927년의 세계대세 (4)」, 『조선일보』, 1928년 1월 5일.
61) 안재홍, 「1927년의 세계대세 (1)」, 『조선일보』, 1928년 1월 1일.

주의를 위하고 이념에 살자는 단순한 낭만적 운동이 아니라 러시아 국민이
중심세력이 되고자 하는 팽배한 민족적 기백의 본능적 충동에 기인하고 있
다"[62]라고 하여 러시아의 사회주의 이념에는 민족주의적 팽창욕구가 동시에
복합되어 있다는 점을 간과해서는 안 된다고 지적하였다.

안재홍은 최근 국제정세는 많든 적든 모두 각각 노농러시아 존재 및 활동
에 관련된 바가 많으며, 현재 국제정국은 노농연합을 핵심으로 항쟁하는 공
산주의 체계와 국제연맹을 중심으로 책동하는 자본주의의 체계가 암암리 혹
은 노골적으로 대치하고 있는 국면이라 주장하였다. 그리고 '최근 수년래 빈
번하게 되풀이되는 구주 열강의 정쟁은 거의 공산주의 발흥에 대한 자본주
의의 반동적 대응'[63]이며, '도스안의 성립과 로카르노 조약의 체결 등도 자본
주의 열강 각 국의 이익을 위한 것이긴 하지만 한편으로는 러시아에 의한
적색 공포가 영향을 준 것이 분명하며' 또한 '자본주의 열강의 동양의 약소국
민에 대한 각종 정책도 러시아의 적색공포에서 비롯된 것'이라 강조하였
다.[64]

구미 열강의 대 소련 외교 관계는 타협과 배제·봉쇄가 교차하였다. 러시
아와 열강 간의 관계는 러시아 혁명 이후 구 러시아의 부채와 서방에서 투자
한 구미 열강 자본을 국유화 한 문제, 서방 국가들의 러시아와의 교역의 필요
성 등의 문제로 타협이 필요하였고, 1921년에는 영·러 간, 독·러 간 무역협
정을 체결하기도 하였다. 하지만 러시아의 구미 국가내 공산당이나 노동계
급에 대한 지원과 사회주의 선전에 대하여는 대립·갈등을 노정하고 있었
다.[65]

[62] 안재홍, 「적로동침종횡관 (2)」, 『조선일보』, 1924년 11월 23일.
[63] 안재홍, 「노농로국의 동진정책 (3)」, 『조선일보』, 1926년 2월 14일.
[64] 안재홍, 앞의 글.

구미 열강과 러시아의 외교수립 문제가 본격화된 것은 영국에서 맥도날드
노동당 정권이 수립되어 1924년 2월 영·러 외교관계가 수립되면서부터였다.
이후 2월엔 이탈리아와 5월엔 프랑스 좌익연합 에리오 정권과 그 외 노르웨
이, 오스트리아, 스위스, 이탈리아, 멕시코 등과 1925년에는 일본과 외교관계
를 수립하였다.[66] 하지만 영국 보수당은 러시아와의 국교수립에 반대하였
고, 급기야 '지노비에프 서간 사건'까지 일으켜 노동당 정권을 붕괴시키고
보수당 정권이 들어선 뒤, 러시아와의 조약 비준을 거부하고 반소 반공정책
을 강행하였다.[67]

이러한 정세에 대해 안재홍은 1924년 2월 (노동당 정권이-필자) 러시아를
승인하였지만, 아직 실제문제를 완결치 못하고 이제 다시 러시아와 영국 간
조약파기를 예상하게 된다고 지적하였다.[68] 즉, "영국에는 맥도날드 노동당
내각이 해산하고 볼드윈, 체임벌린, 처칠 등 보수당 정권이 등장하고 … 영국
의 '지노비에프 서간 사건'시 맥도날드 수상이 공산당과 절연 선포한 일, 프랑
스 좌익연합정권인 에리오 내각에서 공산당원을 압박하고 점진적 개혁을 주
장한 것, 에스토니아에서 반란을 일으킨 공산당원 100여 인에 대한 사형집행,
독일의 총선거에서 공산당이 참패하고, 동구와 발칸반도의 여러 나라에서도
좌익계열이 배척당하고, 일본무산계급의 단결운동에서도 좌익이 배제되는
등"[69] 반공 반소 정책이 강화되었다고 판단했다.

65) V.알랙산드로프 지음, 홍성곤·박용민 옮김, 앞의 책, 46~47쪽.
66) 니콜라스 V. 라쟈놉스키, 마크 D. 스타인버그, 조호연 옮김, 『러시아의 역사 하』, 까
    치, 2011, 777~778쪽.
67) 김용구, 앞의 책, 625쪽; V.알랙산드로프 지음, 홍성곤·박용민 옮김, 앞의 책, 49~50쪽.
    '지노비에프 서간 사건'이란 코민테른이 영국공산당에게 군대를 비롯한 여러 분야에서
    선전활동을 수행하라고 지침을 내린 편지를 말하는데 날조라 알려져 있다(E.H. 카·
    유강은 옮김, 앞의 책, 133쪽 참조).
68) 안재홍, 「일주일별-영국정쟁 측면관」, 『조선일보』, 1924년 11월 3일.

한편, 안재홍은 프랑스 좌익연합정권인 에리오 내각도 영국 노동당 정권이 러시아와 국교를 수립하자, 영국의 정쟁이 격심한 중에 에리오 내각이 1924년 봄 이래 현안이던 러시아 외교관계 수립을 정식 승인을 발표한 것은 우의가 깊은 맥도날드 내각을 성원하려 한 것이라 하였다.[70]

안재홍은 영·러와 프·러의 관계는 서로 다른 바가 있다고 보았다. 즉 프·러 관계는 오히려 쉬울 것이지만, 영·러 관계는 중동 방면에서 페르시아만의 남하나 인도의 위협 등 1907년의 영·러협상으로도 완전히 해결된 바가 아니오, 소비에트 러시아로 변화된 오늘날에도 여전히 영국의 위협이며, 해양으로 진출코자 하는 러시아의 희망은 또한 今古가 一般이라 보았다. 그리고 이런 점이 3억 원 국채 대부의 가부 문제와 함께 영·러 관계를 쉽게 해결되지 않게 하는 원인이며, 반면 러·프 관계는 오직 10월 29일 발표된 프·러 조약 및 프랑스의 채권 유지와 각자의 내정불간섭에 그치는 것이어서 에리오 내각의 와해를 보지 않는 한에는 조속 귀결될 것이라 지적하였다.[71]

영·러 관계는 1926년 영국의 총파업에서 러시아가 이를 지원하고, 1927년 중국 국민혁명이 영국의 조차지인 상해 남경까지 이르자 영국은 그 배후에 러시아가 있다고 판단하여 러시아와 국교를 단절하고 런던 주재 소련무역대표부 소속의 한 支社인 아르코스사를 경찰이 불시 수색하는 등 파국상태에 이르렀다.[72]

이와 관련, 안재홍은 "영제국은 장강 유역을 중심으로 대소 30억 원의 투자가 있고, 여기서 흡취하는 이윤이 거대하니만큼 만일 중국에서 패배하면 절

[69] 안재홍, 「반동선상의 세계와 그 추세」, 『개벽』, 1925.1, 31~32쪽.
[70] 안재홍, 「일주일별-영국정쟁 측면관」, 『조선일보』, 1924년 11월 3일.
[71] 안재홍, 「일주일별-영국정쟁 측면관」, 『조선일보』, 1924년 11월 3일.
[72] 김용구, 앞의 책, 625~626쪽; E.H.카·유강은 옮김, 앞의 책, 143~144쪽.

대적 타격이 될 뿐 아니라 인도에서도 철퇴할 것을 각오해야 한다"73)고 할
정도로 영국은 중국에 이해관계가 깊다고 판단하였다. 안재홍은 이와 같은
상황에서 영국에서 일련의 반소 활동이 일어났다고 하였다. 그는 나아가 러
시아와 영국의 대립 형세는 1927년의 시점에서 일층 명백하고 또 위험성이
증대케 되었다. "강고하여진 자본주의 국가와 강고하여진 무산계급의 대립
상태의 첨예화 이것이 당시 국제정세의 본질적 특징을 이루고 있다"고 보았
다.74)

　안재홍은 러시아와 영국의 직간접 충돌을 시간적으로 배열하면, 1927년
3월 25일 남경포격사건, 4월 6일 북경 러시아 대사관 침입사건, '아르코스 하
우스' 침입사건, 5월 24일 영국 수상의 영·러 국교단절 성명, 6월 7일 폴란드
주재 러시아공사 암살사건, 6월 17~18일 영·러노동조합위원회 결렬, 12월
하순 광동 공산당 소탕 및 러시아 영사 체포사건을 들 수 있다고 하고, 이들
사건만 보아도 영·러 양국의 관계가 얼마나 위급한 상태에 놓여 있는지 알
수 있고, 중국의 국민해방운동을 사이에 두고 첨예한 대립을 지속하고 있는
지 말해준다고 강조하였다.75)

　안재홍은 전(全) 동방 피압박민족의 반제국주의 운동을 통해 자본주의국
가와 무산계급국가의 대립형태는 모든 순간에 파열될 위험을 안고 있으며,
중국국민혁명운동에 대한 열강의 무력간섭의 기세가 농후하여 국제정세는
불안한 상태라 하였다.76)

　러시아는 이같이 서방과의 외교적 갈등을 겪으며, 1924년 레닌 사망 이후

73) 안재홍, 「1927년의 세계대세 (7)」, 『조선일보』, 1928년 1월 8일.
74) 안재홍, 「1927년의 세계대세 (1)」, 『조선일보』, 1928년 1월 1일.
75) 안재홍, 「1927년의 세계대세 (2)」, 『조선일보』, 1928년 1월 3일.
76) 안재홍, 「1927년의 세계대세 (1)」, 『조선일보』, 1928년 1월 1일.

엔 스탈린·트로츠키의 권력투쟁에서 승리한 스탈린이 일국사회주의론에 기초하여 1928년부터 제1차 5개년 계획을 추진하며 국력을 강화시켜 갔다. 안재홍은 러시아(소련)에서 1927년 5개년계획 사업이 추진되면서 경제력과 군사력이 강화되고 있다고 인지하였다. 즉, 러시아의 경제는 반대파의 비관적 예언과는 달리 전체로서 향상의 방향으로 국유산업화의 방향으로 자본주의의 극복과 사회주의 실현으로 점점 전진하고 있다. 이러한 기초 위에 건설한 정치적 권력은 더욱 무산계급 국가로서 강고해졌다. 1927년 1년 동안 혁명군사위원회를 중심으로 적의 포위 및 추격에 대응하고자 국방 전체계를 완성해 가고 있는 실정이며, 또 작년 8월 중앙통제위원회의 경제적 지령과 동 9월 계획경제위원회에서 발표한 통계 숫자는 러시아의 국력강화를 입증할 만한 것이었다고 평가하였다.[77]

러시아는 국제정세의 악화에 대응하여 군축 옹호를 적극 표명하며 1927년 국제연맹 차원에서 소집한 군축준비위원회에 참석하였다. 러시아는 완전한 군축의 실현을 주장하였지만 서방에서는 이를 받아들이지 않았다. 이후 러시아는 1928년 8월 부전조약에 합류하였고, 1929년 2월에는 부전조약의 즉시 실시를 내용으로 하는 리트비노프 의정서를 체결하였다.[78]

이러한 상황에서 안재홍은 지난번 제네바군축회의에서 군축폐기 및 군축안을 제창한 노농노국의 수뇌자들은 부르주아국가로서 군폐(軍廢)를 단행치 않는 이상 그의 포위 공격에는 항상 완전한 방비가 있어야 하겠다고 언명하고 또는 조만간 전쟁이 있을 것을 지적하여 1929년 10억 루불의 국방비를 예산할 것을 발표하였으며, 열강의 군확경쟁, 노농노국의 혁명군사준비의 확대가 역사적 중대현상인 것을 또 유념할 필요가 있다고 강조하였다.[79]

---

[77] 안재홍,「1927년의 세계대세 (4)」,『조선일보』, 1928년 1월 5일.

[78] 김용구, 앞의 책, 627쪽.

영·러 관계는 1929년 9월 제2차 맥도날드 노동당 정권에서 다시 회복되었다. 이에 대하여 안재홍은 영국은 소비에트 러시아 정권이 동방 제 민족을 부추겨서 영제국의 존립을 위태롭게 함에 분노하여 '아르코스 하우스' 침입 이래 국교 단절하였으나, 항상 25만 이상의 실업자, 세계 1/7의 영토를 차지하고 있던 1차 대전 이전 자신의 상품시장으로 여겼던 제정 러시아를 생각해 볼 때, 러시아의 정복은 이미 불가능한 상태에서 자신의 경제적 손실이 심상치 않은 데에 불안을 느낀 영국민들은 다시 대러 친화를 가져 올 진보적인 노동당에 투표하였다고 보았다. 하지만 소비에트 러시아 치하의 공업화와 기획 경제시설은 영국의 공산품을 무한정 수입할 것이라는 예상을 수포로 할 것이라 판단하였다.[80]

2) 동방 문제 관련 인식

1차 대전은 제국주의 열강의 식민지 재분할과정에서 발발했다. 열강은 1차 대전이 총력전으로 진행되어 감에 따라 식민지·보호령 등지로부터 식민통치의 개선이나 자치를 약속하고 인적 물적 지원을 받았지만, 전후 약속을 어기고 억압을 강화하였다. 또 영국 프랑스 등 전승국들은 전후 독일의 식민지 분배, 중동 등 터키 지배영역에서 새로이 창출된 위임통치령의 증대로 오히려 제국주의적 지배력을 확대하고 있었던 상황이었다. 동방의 약소국가들은 전쟁을 겪으며 자본주의의 발전과 민족의식이 성장하였으며 러시아 혁명이나 윌슨의 민족자결주의에 고무되었다. 하지만 전후 파리강화회의에서 식민지문제는 배제되어 이들 지역의 민중의 반발을 사게 되었다. 1919년에는

79) 안재홍, 「일주일별(一周一瞥)」, 『조선일보』, 1928년 4월 16일.
80) 안재홍, 「1929년 국제정세 대관 (2)」, 『조선일보』, 1930년 1월 2일.

조선의 3·1운동과 이집트에서 3·9반영운동, 인도에서 4·6반영운동, 중국에서는 반제 5·4민족운동이 일어났다.[81]

안재홍은 중동, 유럽의 구 러시아와 오스트리아로부터 독립한 신흥국민들은 물론이고, 터키와 이집트 등 회교계의 민족적 각성 및 국민적 부활운동, 모로코의 반란, 중앙아시아의 소민족들, 인도, 중국, 몽골 등은 모두 이후 국제정세에 대파란을 일으킬 요소들이다. 특히 중국의 시위동란(국민혁명 - 필자)은 동방국민의 민족적 각성의 상징으로 가장 열강의 지배계급의 간담을 서늘케 한다고 하여 전후 반제 민족운동이 광범히 출현하고 있다고 주장하였다.[82]

안재홍은 약소민족의 민족운동에 대해, "동방의 반역, 즉 민족운동은 유럽 백인에 대한 동방 유색인의 불평이라는 막연한 종족적 감정은 아니며 유럽의 제국주의 열강의 지배에 대한 많은 식민지 인민들의 확고한 반항이며. 이는 결코 서양에 대한 지역적 문제가 아니요 모든 제국주의 국가에 대한 민족적 및 계급적 반항을 의미한다"고 역사적 의미를 부여하였다.[83]

안재홍은 이러한 식민지 약속민족의 도전에 대해 제국주의 국가들의 지배계급은 이를 억누르고 기득권을 유지하고자 필사적 노력을 경주하고 있다고 보았다.

> 그들은(서구열강 - 필자, 이하 띄어쓰기는 현대문법) 5개년의 대전란에 소모된 국민적 정력과 파괴된 물자와 균열이 생긴 국가적 기반을 모두 아프리카로부터 및 동아세아의 열약한 국민들로부터 섭취하여 그 보충과 부흥과

---

81) 柴田三千雄·木谷勤, 김현철 옮김, 앞의 책, 158~161쪽.
82) 안재홍, 「동방제국민의 각성-침략국가의 심장한 번민」(사설), 『조선일보』, 1925년 6월 28일.
83) 안재홍, 「1929년 국제정세 대관 (7)」, 『조선일보』, 1930년 1월 8일.

재거를 꾀하려 한다. 그의 심사인즉 맹한하고 그 계책인 즉 험독하다 그러나
동방의 물자가 그들을 도와서 미진한 華奢와 逸樂과 驕傲를 만족케 하는
동안에 그들은 또한 독주를 빚은 嗜飮家와 같이 필경은 陶然히 長醉하야
朦朧하게 耽溺하고 있는 동안에 어느덧인지 자기에게 親隨하든 僮僕들이
그를 반역하고 家財를 분배하는 공포의 국면을 당할 것이요 그를 效嚬하고
또는 師述하면서 면치 못할 필연의 충돌 속에 부지럽이 정력과 물력을 낭비
하는 제국민도 또한 그와 함께 覆轍을 밟을 것이다.[84]

1차 대전 후 약소민족의 반제민족운동은 세계 각지에서 발생하였다. 안재
홍에 의하면, 특히 영국은 19세기 최대의 제국주의 국가였는데, 트란스요르
단, 이집트가 독립을 요구하고, 인도와 중국의 혁명운동으로 '말할 수 없이
골병이 드는 등 전(全) 동방 제민족의 이반·항쟁에 의해 갈수록 번민하고
있다고 하였다.[85] 그리고 이러한 형세는 영국에 국한된 일은 아니며, 1차 대
전의 상처로부터 겨우 숨을 돌리기 시작한 서구 여러 나라의 지배계급이 모
두 생각하고 있는 바라 강조하였다.[86] 즉, 이탈리아가 동양 함대의 파견을
계획하는 것과 네델란드의 위정가들이 태평양 전쟁의 경우를 예상하고 네델
란드령 동인도의 보호를 위하려 함대의 건조를 항상 계획하고 있다는 것은
반동선상에 있는 유럽 열강이 모두 동아시아의 화란을 위한 대비를 하고 있
다는 것이다.[87]

안재홍은 특히 세계 각지에서 일어나고 있는 반영 운동을 주목하였다. 영
국에게 있어 가장 중요한 식민지는 인도였다. 영국은 1857년 세포이항쟁을

---

84) 안재홍, 「반동선상의 세계와 그 추세」, 『개벽』, 1925.1, 36쪽.
85) 안재홍, 「일주일별(一周一瞥)」, 『조선일보』, 1928년 4월 9일.
86) 안재홍, 「1925년의 세계형세대관 (2)」, 『조선일보』, 1925년 12월 23일.
87) 안재홍, 「반동선상의 세계와 그 추세」, 『개벽』 55, 1925.1, 35쪽.

진압한 이래 정부가 직접 인도를 통치하였고, 인도의 민족주의 지도층은 1차 대전기 인도의 자치를 기대하면서 막대한 병력과 물자를 지원하였지만, 영국 은 오히려 로울라트법을 제정하여 인도의 민족운동을 탄압하고, 한편으로는 유화책으로 1919년 인도통치법을 개정하였다. 이에 1919년 4월 전국적인 반 영 민족운동이 전개되었다. 1927년에는 1919년의 인도통치법에서 10년 후 인 도통치법을 개정하기로 한 규정에 따라 존 사이몬 위원장과 7명의 영국인 위원으로 사이몬위원회를 구성하여 인도와 협의하기로 하였으나, 인도의 민 족운동은 이를 거부하고 인도 총독 어윈에게 폭탄을 투척하는 등 즉각적인 독립을 주장하였다.[88]

　이러한 상황에 대하여 안재홍은 "1919년 인도통치법 즉 영국인의 인도 자 치를 부흥하려는 헌법제정안에 의하여 사이몬 위원회가 구성되고 … 인도총 독 어윈이 인도자치안 토의를 위하여 전인도 회의를 소집하였으나 … 간디 는 영국 정부를 불신하고 1927년 12월 즉시 비협동운동을 개시할 것을 주장 하고 … 12월 23일 어윈총독이 탄 기차에 폭탄 투척하는 등 인도인으로서 최후의 일각까지 투쟁할 것을 결의하고 독립을 요구"하였다고 인지하였 다.[89]

　안재홍은 1차 대전 이전에는 인도병의 출전을 지지하던 타협경향을 가진 자치파들도 1920년대 중후반 이래 독립을 주장하고, 좌익적인 인도의 혁명운 동자도 모두 자치파와 협동을 아끼지 않게 되었다고 하였다. 즉, 인도는 그야 말로 전 인도의 최대 역량을 집중하려 있고, 인도의 민족운동은 동방 제 민족

---

[88] 조길태, 『인도사』, 민음사, 1994, 516~521쪽; 김용필, 「인도의 국민회의파에 관하여」, 『교육논총』 3, 1972, 95~99쪽; 강경선, 「인도헌법의 형성과 전개」, 서울대 대학원 법학 과 박사논문, 1999.4 등 참조.

[89] 안재홍, 「1929년 국제정세대관 (8)」, 『조선일보』, 1930년 1월 9일.

을 위하여 얼마나 중대한 위력이 될는지 깊은 흥미를 보여주고 있다고 지적
하였다.[90]

영국은 수에즈 운하에 대한 가치를 주목하고 이집트를 지배하였고, 전후
자치를 약속하며 전쟁협력을 요구하였다. 하지만 전후 영국이 약속을 어기
자 이집트에서 1919년 3월 9일 대규모 반영운동이 일어났고 영국은 1922년
독립을 허용하였지만 여전히 군대를 주둔시키고 이집트의 국방 외교를 지배
하고 사실상의 보호령으로 두었다. 그리하여 이집트에서는 전면적 독립요구
가 나왔다.[91]

이러한 상황에 대해, 안재홍은 이집트의 주장은 영국 주둔군의 철퇴 이외
모든 "臨監政治"의 배제를 주장한 것인데 반해, 영국은 소위 1922년의 선언
유지를 주장하여, 수에즈운하 방비권의 보류, 외적의 이집트 침입의 방비,
이집트에 있는 외국인의 생명 재산의 보호, 수단의 지배권을 요구를 주장하
고 있는 상황이라 하였다. 반면 이집트는 이 모든 조건에 반대하고 겸하여
수단지배권을 다투고 있다고 하였다. 이에 영국은 노동당까지 이집트의 해
방을 반대하고 국제연맹에 위임하기를 주장하고 있다고 하였다. 안재홍이
보기에, 국제연맹은 이를 해결할 힘이 없는 것은 물론 이집트의 희망을 고려
할지조차 전혀 의문이라 지적하였다.[92]

남아프리카연방공화국에서는 흑인들의 저항운동이 일어났다. 영국은
1899년 보어 전쟁의 승리로 1910년 남아연방을 건립하고 식민지 지배를 하였
는데, 1934년 영국 의회에서 남아프리카 지위법을 통과하여 영연방의 자치령
으로 편입하였다. 그런데 남아프리카 공화국의 정치에서는 흑인은 철저히

----

90) 안재홍, 위의 글.
91) 송영근, 「이집트의 대영 독립투쟁(1914~1922)」, 『한국중동학회논총』 25-2, 2005 참조.
92) 안재홍, 「일주일별(一周一瞥)」, 『조선일보』, 1928년 4월 9일.

배제되고 차별하였고 이에 흑인들의 저항운동이 있었다.[93]

이점에 대해, 안재홍은 1902년에 정복된 남아연방은 1909년에 영국정부의 자치령으로 편입되었지만, 네델란드계 백인의 자손이라는 점에서 1차대전 이후 경제적으로 성장하여 가는 각 '자유식민지'의 예와 같이 남아연방도 독립화하고 있다고 하였다.[94] 하지만 1929년 말 전(全) 남아연방의 트란스발 요하네스버그, 나탈, 오렌지 각 지에서의 백만의 흑인이 결사적인 단호한 반항운동에 나온 것은 그들의 세력이 아직 결정적인 위력으로 되기 어려움을 생각할지라도 오히려 반역과정에 있는 약소민족을 위하여 기염을 토한 것이라 주장하였다.[95]

안재홍은 이같이 세계 최다수의 예속민족을 누르고 있는 영제국은 자연적 쇠퇴 붕괴 중에 있다고 보았다.[96] 안재홍은 자본주의 안정을 파괴하고 "新禍亂"을 촉발하는 3대 요인은 소비에트 러시아의 강고화와 피압박 민족 특히 중국민의 반제국주의적 혁명운동과 더불어 "영제국 자체 붕괴의 촉진"이라 강조하였다.[97] 그리고 영국은 공업의 쇠퇴, 자유 식민지의 경제 발달 및 그로 인한 정치적 원심의 경향, 중국 및 기타 동방의 식민지 반식민지의 반항, 그로 인한 이윤의 저하 및 무역의 쇠퇴, 미합중국의 적극적 공세 등으로 붕괴하고 있다는 것이다.[98] 이로 인해 세계의 대세는 도도하게 다만 신전쟁의 위기 사회적 기초의 재동요의 길로 매진하고 있다고 판단하였다.[99]

93) 박희정, 「남아프리카공화국-아프리카대륙에서 유일한 백인의 정치적 지배」, 『한국아프리카학회지』 6, 1993, 80~84쪽.
94) 안재홍, 「1929년 국제정세대관 (8)」, 『조선일보』, 1930년 1월 9일.
95) 안재홍, 「1929년 국제정세 대관 (7)」, 『조선일보』, 1930년 1월 8일.
96) 안재홍, 「1929년 국제정세 대관 (6)」, 『조선일보』, 1930년 1월 7일.
97) 안재홍, 「1927년의 세계대세 (7)」, 『조선일보』, 1928년 1월 8일.
98) 안재홍, 「1927년의 세계대세 (5)」, 『조선일보』, 1928년 1월 6일.
99) 안재홍, 위의 글.

안재홍은 구미 열강이 세계를 지배하여 영국의 보수당과 노동당의 성패 및 정책 변동이 바로 전(全) 구주로부터 아프리카 제국민에까지 영향을 미치고, 미국이 또 이와 길항하고 연결하여 세계적으로 큰 파동을 일으킨다고 하겠지만, 아시아와 아프리카의 전 동방의 제국민이 세계개조의 기본적 역량으로 될 수 있다고 주장했다. 따라서 "후진적인 예속된 국민들의 지배 및 흡취에 의존하는 열강국은 혹 이르거나 늦을 수 있지만, 쇠미 붕괴의 날이 닥쳐오고 있다"고 강조하였다.[100]

4. 맺음말

비타협민족주의자이자 중도 민족주의 노선을 표방한 안재홍 사유의 저변에 국제인식이 바탕이 되어 있다. 안재홍은 1920년대 국제정세에 대해 제국주의 열강과 소련 및 동방 민족운동이 상호 교차 대립하는 것으로 이해하였다. 즉, 제국주의 열강은 전쟁을 피하기 위해 안보협조를 모색하였고, 동시에 소련 및 동방 민족에 대하여는 공동 대응의 입장에 있었지만 한편으로 열강 내부에는 헤게모니를 둘러싼 길항관계가 존재했던 것으로 파악했다.

안재홍이 국제정세에 관한 인식을 표명하기 시작한 1924·1925년 시기는 베르사이유조약의 체결 이래 갈등이 심화되었던 구미 열강이 안보협조체계 형성에 적극 나서기 시작한 때였다. 안재홍은 1924·1925년경 동방에 대한 제국주의적 기득권 유지와 소련에 대한 공동대응의 필요성에서 구미열강이 타협하여 로카르노 조약을 체결하였다고 하였다. 그러나 안재홍은 이를 일시

---

[100] 안재홍, 「1929년 국제정세대관 (1)」, 『조선일보』, 1930년 1월 1일.

적 타협이며, 영구적 평화의 보장이라 하기 힘들다고 하였다. 여전히 구미열
강 내부에 헤게모니를 둘러싼 대립관계가 존재하고 있기 때문이라는 것이다.

안재홍은 1차 대전 이전 영국은 세계 최대의 공업력, 식민지 무역, 해군력
에 기초하여 최강국의 위치에 있었지만, 전후 미국 제국주의가 비약하여 영
국 제국주의를 침식하고, 군비도 충돌을 야기하고 있다고 판단하였다. 안재
홍은 런던군축 회담을 앞둔 시점에서, 영·미간의 군축 회담이 제네바 회담
에서와 같이 타협하기 어려울 것으로 전망하였다. 안재홍은 열강 간의 군축
을 둘러싼 각축을 목격하면서, 세계대전의 촉발계기는 제국주의 국가 간의
반동화에 따른 신군비 확장에 있을 것이라 생각하였다.

안재홍은 러시아에 대해 국제정세의 3대 세력 중 하나로 주목하였다. 그러
나 러시아의 사회주의 이념에는 민족주의적 팽창욕구가 동시에 복합되어 있
다는 점을 간과해서는 안 된다고 지적하였다. 영·러 관계는 1926년 영국의
총파업에서 러시아가 이를 지원하고, 1927년 중국 국민혁명으로 파국상태에
이르렀다고 보았다. 그리하여 1927년의 시점에서 강고하여진 자본주의 국가
와 강고하여진 무산계급의 대립상태의 첨예화가 당시 국제정세의 본질적 특
징이라 주장하였다.

안재홍은 약소민족의 민족운동에 대해, 유럽 백인에 대한 동방 유색인의
불평이라는 막연한 종족적 감정은 아니며 유럽의 제국주의 열강의 지배에
대한 많은 식민지 인민들의 확고한 반항이라 보았다. 이러한 식민지 약속민
족의 도전에 대해 제국주의 국가들의 지배계급은 이를 억누르고 기득권을
유지하고자 필사적 노력을 경주하고 있다고 보았다. 그는 후진적인 예속된
국민들의 지배 및 흡취에 의존하는 열강국은 혹 이르거나 늦을 수 있지만,
쇠미 붕괴의 날이 닥쳐오고 있다고 보았다.

참고문헌

안재홍선집간행위원회 편, 『민세안재홍 선집 1~5』, 지식산업사, 1981~1999.

고려대학교박물관 편, 『민세안재홍선집 6~8』, 지식산업사, 2004~2008.

안재홍, 「적로동침종횡관 (1)~(4)」, 『조선일보』, 1924년 11월 22~26일.

안재홍, 「영국정쟁 측면관」, 『조선일보』, 1924년 11월 3일.

안재홍, 「1925년의 최대 현안-미국사관 (1)~(5)」, 『조선일보』, 1925년 1월 4~8일.

안재홍, 「정간중의 세계사정-가조인된 보장조약 (1)~(4)」, 『조선일보』, 1925년 10월 20~23일.

안재홍, 「1925년의 세계형세 대관 (1)~(7)」, 『조선일보』, 1925년 12월 23~30일.

안재홍, 「1929년의 국제정세 대관 (1)~(10)」, 『조선일보』, 1930년 1월 1~11일.

이지원, 「일제하 안재홍의 현실인식과 민족해방운동론」, 『역사와현실』 6, 1991.12.

김경미, 「1920년대 민세안재홍의 민족론과 그 추이」, 『동양정치사상사』 9-2, 2010.

柴田三千雄·木谷勤, 김현철 옮김, 『세계현대사』, 지평, 1987.

김용구, 『전정판 세계외교사』, 서울대출판부, 1999.

오기평, 『세계외교사』, 박영사, 2007.

이정용, 「런던군축회의와 일본해군」, 『한일군사문화연구』 9.

V.알랙산드로프 지음, 홍성곤·박용민 옮김, 『세계현대사』, 태암, 1990.

E.H.카, 유강은 옮김, 『러시아혁명 1917~1929』, 이데아.

니콜라스 V. 라쟈놉스키·마크 D. 스타인버그, 조호연 옮김, 『러시아의 역사 하』, 까치, 2011.

조길태, 『인도사』, 민음사, 1994.

김용필, 「인도의 국민회의파에 관하여」, 『교육논총』 3, 1972.

강경선, 「인도헌법의 형성과 전개」, 서울대 대학원 법학과 박사논문, 1999.

박희정, 「남아프리카공화국-아프리카대륙에서 유일한 백인의 정치적 지배」, 『한국아프리카학회지』 6, 1993.

1924-25년 식민지 정치지성의
대외인식에 드러난 자주와 사대의 교차
중국혁명을 바라보는 안재홍의 시각과 태도

윤대식 (한국외국어대학교 미네르바교양대학 조교수)

1924-25년 식민지 정치지성의 대외인식에 드러난 자주와 사대의 교차*

중국혁명을 바라보는 안재홍의 시각과 태도

윤대식 (한국외국어대학교 미네르바교양대학 조교수)

1. 들어가며

한나 아렌트(Hannah Arendt)는 『예루살렘의 아이히만: 악의 평범성에 대한 보고서』에서 유대인들이 비극적 죽음에 직면해서 왜 저항하지 않고 그 명령에 순응했는지 묻는 검사(檢事)의 질문을 소개하고 당시 수용소에 있었던 다비드 루세(David Rousset)의 "고문당한 희생자들이 저항 없이 스스로 교수대에 목을 매고, 그가 자신의 정체성에 대해서 더 이상 긍정하지 못할 정도로 자기 자신을 부정하고 포기하도록 요구되었다. 그런데 이런 일들이 그저 일어난 것은 아니다 … 교수대로 올라가기 전에 희생자를 이미 파괴하는 데 성공한 체제가 … 한 민족을 노예 상태로 만드는, 다른 것에 비교할 수 없을

* 이 글은 2018년 『현대정치연구』 겨울호(제11권 제3호)에 게재된 필자의 동명논문을 수정 보완한 것입니다. 논문의 인용을 허락해 준 서강대학교 현대정치연구소에 깊은 감사를 드리는 바입니다.

만큼 최상의 것이라는 점을 그들은 안다. 복종하는 가운데, 바보처럼 자신의 죽음을 향해 걸어가는 이 인간의 행진보다도 더 무서운 것은 없다"[1]라는 증언을 인용하며, 전체주의의 공포와 어둠이 가해자와 피해자 모두로 하여금 자신이 무엇을 하고 있는지 깨닫지 못하게 생각 없는(thoughtless) 존재로 전락시켰음을 밝혔다. 왜냐하면 공포감은 자신의 정치적 의견을 표출할 용기를 갖기 어렵게 하고 순응적 태도를 결과하기 때문이다. 따라서 아렌트는 전체주의가 세계를 공포, 무질서, 혼돈으로 몰아넣었던 1930년대를 '어두운 시대'(Dark Times)라는 정치적 은유로 표현했다.[2] 그것은 역설적으로 자치를 위한 공적 영역이 빛을 잃은 시대 또는 부재했던 시대이기도 하다.

우리의 근현대사도 '어두운 시대'로 규정될 수 있다.[3] 특히 식민지로 전락한 일본 제국주의하에 우리는 공적 영역을 박탈당하고 빛을 잃은 채, 근대 편입 이후 지상과제였던 자주적 근대화(modernization on self - reliance)를 이끌 주체들마저 실종된 상태였다. 동시에 공적 영역의 부재 = 정치주체의 실종이라는 상황은 '누가 어떻게 근대를 이끌 것인가'에 대한 집단적 성찰(collective reflection)이라는 새로운 지적 · 정신적 모색과 성찰의 주체들을 출현시키는 계기로 작용했다. 그 결과 근대 한국의 지식인들은 식민지 지식인이 갖는 정신적 종속성과 정치적 삶의 부재라는 이중적 정체성을 지성적 담론의 형태로 표출할 수밖에 없었을 것이며, 그들의 고민과 행동 역시 '자주적 근대화'를 위한 지속적인 성찰과 노력인 동시에 '독립'과 '해방'의 목표성취를 위한 모티브의 이중성 - 공적 동기의 빛과 사적 욕망의 그림자 - 을 드러내는

---

1) 한나 아렌트 지음, 김선욱 옮김, 『예루살렘의 아이히만: 악의 평범성에 대한 보고서』, 한길사, 2006, 60~61쪽.
2) 한나 아렌트 지음, 홍원표 옮김, 『어두운 시대의 사람들』, 한길사, 2019, 36~39쪽.
3) 홍원표, 『한나 아렌트 정치철학: 행위, 전통, 인물』, 인간사랑, 2013, 321쪽.

것일지도 모른다.

만약 상기한 문제의식이 전제될 수 있다면, '어두운 시대'였던 식민지 시기 지성적 투쟁을 전개한 누구의 무엇을 통해 그 이중적 정체성을 입증할 수 있을까? 정말 자치의 공적 영역이 사라진 식민지 상황에서 과연 '정치적' 문제제기나 담론형성이 가능이나 했던 것일까? 이러한 이율배반적 과제실행이 가능했다면 어떤 방식으로 무슨 내용을 전개할 수 있었던 것일까? 이 점에서 1919년 3・1운동을 겪은 후 식민당국이 10년의 무단통치로도 한국인들의 독립 의지를 제거하지 못했음을 확인하고 이른바 '문화정치'로 선회하면서 1920년 1월 8일 "언론의 자유도 다소 용인하여 몇 개의 신문과 잡지를 許하게 되었으니 신문으로는 東亞, 朝鮮 外 국민협회의 기관지 時事新聞이 생기고 잡지로는 開闢이 그 代表的이"[4]되었던 식민정책 변화에 주목할 필요가 있다. 이 시점부터 식민지 지식인의 문제의식은 언론을 통해 담론으로 제기되었고, 한국의 공적 영역 회복이야말로 일본의 제국주의적 침탈에 대한 당위적인 권리인 동시에 보편사의 맥락에서도 발전의 필연성을 담보하는 것임을 주장함으로써 한국역사의 흐름과 국제정세의 흐름이 접점을 이루는 지점에서 한국의 독립과 해방의 필연성을 강조할 수 있었다. 바로 이러한 지성적 담론을 통해 언론투쟁을 주도한 대표적 인물 중 하나로 안재홍(安在鴻)을 거론할 수 있다.

왜 안재홍인가? 그리고 비록 안재홍의 항일투쟁이 언론을 통한 지성적 투쟁이라고 평가받을 수 있다 할지라도, 한국사의 흐름과 국제정세의 흐름 간 접점이라는 시공간적 맥락에서 그의 언론투쟁을 주목해야 하는 이유는 무엇인가? 우선 그것은 안재홍이 언론에 투신한 동기에서 찾아진다. 안재홍은

---

4) 車相瓚, 「朝鮮新聞發達史」, 『개벽』 신간 4호, 1935.12.15, 9쪽.

1914년 와세다 대학 졸업 후 귀국하여 중앙학교 학감을 거치면서 1919년 3·1 운동에 소극적인 태도를 취했던 나약한 무력함을 자책했다. 그리고 "아무것도 못하고 상심만 하던 내가 나서면서 징역살이를 하기에는 자기가 너무 가엾어서 나는 언론진(言論陣)을 베풀고 운동 단락 후의 민중이나 계몽하겠다"[5]는 소극적인 자기애를 토로하는데, 이런 소극성과 달리 1920년 대한민국 애국청년단 사건으로 3년간 복역한다. 출옥 후 1924년 안재홍은 최남선의 시대일보 논설반에 참여한다.

  그렇다면 안재홍이 언론이라는 경로를 통해 담론의 형태로 투쟁할 결정을 내리고 투사로의 정체성을 확립하도록 했던 성립 선행조건은 무엇일까? 이에 주목할 사항은 1914년 일본 유학을 마치기 전 떠난 중국여행에서 안재홍 개인이 목도한 중국 제2혁명의 실패과정, 그 결과 언론 투신 이후 안재홍의 지성적 담론의 빈번한 주제이자 관심사항이었던 중국혁명에 대한 관점이 형성되었다는 사실일 것이다.[6] 왜 그랬던 것일까? 당장 국내로 복귀하면 식민

---

[5] 이정식, 「민세 안재홍의 『자서전』」, 『신동아』, 1976.11, 300쪽.

[6] 현재까지 안재홍에 대한 학문적 연구는 양질의 면에서 상당히 방대한 편이다. 1978년 겨울 천관우가 안재홍의 「연보」를 정리하면서 출발한 안재홍 연구는 정치학 분야에서 1980년대 정윤재를 시작으로 본격적으로 이루어졌다. 정윤재(정윤재 1991; 1993; 1999; 2002; Chung 1988)는 안재홍의 신민족주의에서 '조선정치철학'이 차지하는 중요성을 강조하면서 '다사리주의'를 집중 조명하였는데, 이로써 신민족주의론의 핵심과 실체를 상당 부분 해명하였다. 또한 안재홍 연구의 주류를 이루고 있는 역사학계의 연구업적으로 한영우(1987), 김인식(1997; 1998a; 1998b; 1998c; 1998d; 2000a; 2000b; 2003; 2005; 2007; 2011; 2012; 2015), 김수태(2003)의 연구는 안재홍의 신민족주의 사상과 이에 기초한 민족사학의 특징을 소개하고 있고, 윤대식(2005)의 연구는 신민족주의론에 내재한 정치적 의무의 내용을 추출했으며, 이상익(2011)은 전통사상의 맥락에서 다사리주의를 접근하고 있다. 반면 신민족주의론이라는 각론에 집중된 연구와 달리 안재홍의 국제정세관을 주제로 다루거나 그 핵심적인 용어와 개념정의를 단독으로 다룬 연구는 없다. 최근 이 부분에 대한 연구가 나오고 있다는 점은 주목할 만하며, 김명구(2018), 윤대식(2013b; 2018)에서 안재홍의 구미 인식, 중국 인식에 대한 소개가 이루어져 있다.

당국과 결전을 진행하는데 진력해야 할 상황임에도 불구하고, 무슨 이유로 한가한 듯 제3자인 안재홍이 중국내부의 혁명전개 과정으로 관심을 분산시켰던 것일까? 혹시 여전히 한국의 해방과 독립은 과거 동아시아 질서의 패권자로서 중국 왕조의 후원과 원조에 기대어야 한다는 습속화 된 사대주의 때문이었을까?[7] 아니면 최신 트렌드를 정확히 간파하고 동아시아 질서의 구조적 변동을 가져온 일본 제국주의 침탈로부터 중국-한국이 서로 독립과 해방의 불가분적 관계성을 가졌다고 판단했기 때문일까? 그렇다 할지라도 중국 내부의 혁명은 일본 제국주의 침탈과 접점을 이루기에 아직 시기상조 아니었을까?

본 연구는 한 식민지 지식인이 언론을 통해 전개한 담론에 투영된 대외인식의 자주성과 사대성을 찾아봄으로써 그의 정신이 자신의 정체성을 각성하여 정치지성으로 재탄생하는 단서를 보여주었는지 아니면 현실적인 체념과 순응에 의해 생각 없는 노예상태에 머물렀는지를 타진하는 것이다. 그것은 역설적으로 대한민국의 정체성을 정확히 알기 위한 성립 선행조건에 대한 이해인 동시에, 여전히 계속되고 있는 대한민국을 둘러싼 패권적 배경에 대

---

[7] 1920년대는 3·1운동 이후 무단정치에서 문화정치로의 전략적 선회를 가져왔지만, 그 실질은 문화적 식민지화를 공고히 하는 것이었다. 이에 따라 1920년대 식민지 지식인들의 투쟁노선 역시 역사 문화적 수단을 채택하는 동시에 합법적인 정치투쟁을 병행함으로써 정치적 재탄생을 모색하고 있었음을 주목할 필요가 있다. 그것은 일본의 제국주의 침탈에 대한 논리적 분석과 예측을 통해 패망의 필연성과 동시에 한국 독립의 필연성 간 상관성을 역사법칙과 현실정국의 흐름을 통해 실증하는 양상으로 전개된다. 그 과정에서 일본의 패망을 전제로 해방과 함께 이루어져야 할 조국 재건의 모델은 동아시아에서 가장 먼저 공화제를 수립했던 중국혁명에 대한 강렬한 인상으로 말미암아 중국 내부에서 전개되는 공화정의 변질과 혁명노정에 대한 관심의 증폭으로 나타났다. 그러나 이러한 중국 인식이 '독립'의 개념화와 결부하여 기존 중화적 질서의 사대의 모습에서 국제질서의 호혜적 관계로의 대등함을 보다 드러내는 한편 중국과의 문화적 친화성과 유사성에 대한 심정적 의존이라는 그림자를 내포한 것 일 수도 있다.

한 적절한 이해와 역사발전 방향에 대한 좌표설정의 단서를 제공한다.

2. 현실진단의 청진기로서 대외인식
: 측면관(側面觀)에서 종횡관(縱橫觀)으로

1920년대 식민지 지식인들은 현실인식을 위한 이론적 기제로 역사를 채택하고, 극동정세를 대상으로 해서 세계사부터 극동정세 그리고 자국 역사의 고유성을 조망하는 방식으로 환원하며 동시에 정반대로 자국의 식민 상황 타파라는 과제부터 동아시아 질서의 과제로, 그리고 세계질서의 과제로 확장하는 방식을 취했다. 왜냐하면 이미 19세기말 청일전쟁 이후 동아시아의 패권 이동을 경험하고 20세기 들어 러일전쟁을 거치면서 일본의 성공과 실패, 구미열강의 개입과 선의에 따라 동아시아 질서와 평화의 구축여부가 결정되며 그 여부야말로 세계질서의 보존여부와 직결되고 있다는 사실을 파악했기 때문이다.[8] 안재홍 역시 동일한 태도를 취한다. 즉 안재홍은 "오인은 우리의 동포 - 아니 타인에게 의탁할 곳 없는 조선인들의 운명을 개척하여 보고자 생평(生平)의 노력을 다하여야겠다. 여기에서 오인은 일래(日來)로 주장하는 구제적 성충(救濟的 誠忠), 순도자적 정열(殉道者的 情熱), 희생, 노동 등을 또 다시 말하는 것"[9]으로 조선인의 정치적 각성과 재탄생을 우선적인 목표로 설정하고 민중계몽을 자신의 책무로 규정했지만 그 단서를 식민지 내부에서뿐만 아니라 동아시아와 세계질서라는 외부에서도 찾으려고 했던 것이다.

[8] 윤대식, 『건국을 위한 변명: 안재홍, 전통과 근대 그리고 민족과 이념의 경계인』, 신서원, 2018, 191쪽.
[9] 안재홍, 「아아 그러나 그대는 朝鮮사람이다」, 『시대일보』, 1924년 5월 20일, 2면 1단.

　왜 안재홍은 조선인의 정치적 각성과 재탄생을 외부에서도 찾으려고 했을까? 그 단서는 한국인들의 정신적 각성을 보여주는 3·1운동과 그 이후 전개과정에서 찾아진다. 1919년 3·1운동부터 파리강화회의 종결 시기까지 국내외 독립운동세력은 만세시위운동-무력양성운동-외교활동을 전개했음에도 불구하고 파리강화회의에서 한국의 독립문제가 상정조차 되지 못하고 종결되었으며, 국제연맹 결성이 연기됨에 따라 외교활동에 의존한 독립의 기대가 좌절되었다.[10] 이로 인해 안재홍은 현실의 객관적 이해를 위해 자국의 내부 정세와 역사를 세계정세의 흐름 및 역사와 교차시킨다. 안재홍은 "20세기의 미해결 문제도 아세아주가 가장 그 대부(大部)를 가지고 있는 것"이라고 전제하고, "『베르사이유』의 강화회의나 그의 유일의 산물인 국제연맹에 대하여 얼마나 믿고 기뻐하는 낙천가가 있었던지 오인은 알 바 아니어니와, 대전란 이후의 세계가 여전히 구세력의 타성과 구제도의 결함의 위에 그 불합리한 추태를 지속하고 있는 것은 이 현상타파를 열망하는 예속적 종족이나 또는 어떠한 광명을 추구하는 신흥계급의 비상히 분노불평할 바"라고 지적한다.[11] 그것은 1차 세계대전 종결에 따른 국제질서 재편과정에서 동아시아 질서 재편이라는 과제가 민족자결주의 같은 이상론과 달리 제국주의적 예종의 길로 진행되었다는 현실인식을 반영한다.[12]

　안재홍은 조선일보로 막 옮긴 이 시기부터 국제동향의 글을 연이어 쓰는데, 이를 측면관(側面觀)으로 명명한다. 1924년의 국제정세에서 가장 관심을 끄는 부분은 영국총선이었는데, 노동당의 맥도널드 내각이 스탠리 볼드윈의

10) 반병률, 「일제초기 독립운동노선논쟁-급진론과 완진론」, 『동양정치사상사』 5권 2호, 2006, 109~118쪽.
11) 안재홍, 「우드 齊藤 멜란」, 『시대일보』, 1924년 5월 31일; 안재홍선집간행위원회 편, 『민세안재홍선집 I』, 지식산업사, 1981(이하 『선집 I』로 약칭), 49~50쪽에서 재인용.
12) 윤대식, 「실천지로서 안재홍의 벽상관」, 『한국정치연구』 22집 3호, 2013b, 222쪽.

보수당에 의해 실각되자 노동당 집권으로 공산화될 것을 우려한 자유당 지지자들의 표 이탈과 보수당 지지로 인해 허버트 애스퀴스의 자유당이 더 이상 영국 의정사에서 그 독립적 지위를 유지할 수 없게 된 사건에 주목했던 것이다.[13] 안재홍은 영국총선을 "금번의 영국정쟁에 관하여 오인은 다만 보수당과 노동당의 대전이라고 보았다. 자유당이 보수당과 연합하여 노동당 격파의 공동전선을 꾸몄지마는 자유당으로서는 무의미 또 무용한 일이었다. 전통적으로 세계적 대정당의 성세를 유지하여 오든 자유당이 근년에 점점 쇠멸에 돌아가서 이제는 사십인 내외의 최소정당으로 된 것은 시세의 시키는바 인위적으로 어찌하지 못함"[14]이라고 진단했다.

  물론 결과론적으로 안재홍의 진단은 정확했지만, 정말 그가 국제정세의 전반적인 흐름에 대한 분석능력과 통찰력을 가졌던 것일까? 안재홍은 영국 총선결과를 검토하면서 "『리버럴리즘』을 그의 기본원리로 한 자유당의 대표적 정강인 네덜란드 자치, 자유무역 등이 전자는 이미 과거의 일에 속하였고 후자는 또한 아담 스미스 이래의 진부한 설로써 그의 실체가 다만 대자본 옹호의 대편법(大便法)임에 불과한바 그들이 오늘날에 진퇴양난한 중간당(中間黨)의 비애로서 다만 몰락의 길을 가지는 대로 갈 밖에 없는 것은 운명의 법칙 또한 어찌하지 못할 것"으로 예단하는 동시에 "볼세비키와 담쌓은 영국민을 충동하여서 압도적 대승리를 얻은 보수당 측들의 솜씨는 과연 누백년 간 자유와 정의를 자가의 전유물과 같이 생색을 내가며 어느 틈에 전 세계의 권리를 도거리하기에 구기는 구석이 없는 영 제국 대표적 노회가들

---

[13] 총선 결과 보수당은 총 7,418,983표를 득표해 득표율 46.8%로 412석을 획득했고 5,281,626표를 획득해 33.3%의 득표율에 머물러 151석에 그친 노동당에 압승을 거두었던 반면, 우려했던 공산당은 단 0.2%의 득표율로 1석에 그쳤고 자유당은 2,818,717표로 17.8%의 득표율로 40석에 불과할 정도로 크게 축소되었다.

[14] 안재홍, 「英國政爭 側面觀」, 『조선일보』, 1924년 11월 3일, 1면 5단 석간.

의 본색이라 할 것"이라고 분석함으로써 영국총선의 최대 승부처가 영국민의 레드 콤플렉스를 어떻게 활용했느냐의 여부였음을 밝힌다.[15]

　더 나아가 안재홍은 영국 총선결과가 프랑스 - 러시아 관계와 깊이 연계되어 있음을 지적한다. 안재홍은 혁명 러시아를 정식 승인한 프랑스의 결정이 사실 "정의(情誼)가 깊은 맥도널드 내각을 성원코저 함"에서 비롯했지만, 결과적으로 영국 보수당의 압승으로 인해 "좌경연합의 에리오 내각에 불리한 태도로 나오리라고 불 정계(佛政界)에서는 우려중이라 하며 향자(向者) 제네바의 평화의정서는 비준거절이 되고 명년의 군축회의도 유회(流會)될 것을 기우(杞憂)"하는 결과를 가져왔다고 상기하며 "오인의 심려하는바 용이치 않은 반동이 구주정국에 미친다하면 그는 용허(容許)치 못할 일"이라고 우려를 표명한다.[16]

　왜 안재홍은 당대 유럽 열강 간 얽혀있는 관계성에 주목했던 것일까? 사실 그 저변에는 영국-프랑스 관계와 프랑스-혁명 러시아 관계의 경위로 말미암아 영국이 혁명 러시아를 승인할 수밖에 없는 난처한 상황과 함께 "중동방면에 있어 노국(露國)의 페르시아만의 남하나 인도의 위협 등은 1907년의 영러협약으로도 완전히 해결된바가 아니오 혁명 러시아(赤露)로 변화된 오늘에도 의전히 영 제국의 위협이며 해양으로 진출하고자 하는 노국의 희망은 또한 금고(今古)가 일반"[17]이라는 안재홍의 통찰력이 깔려 있다. 아무리 그렇다 할지라도 자신들의 삶과 공적 영역조차 박탈당한 식민지 지식인의 처지에서 안재홍이 유럽 열강의 정국운영에 관심 갖는 것 자체가 아직은 경험한 적도 없고 눈과 귀로만 알았던 유럽에 대한 관념적 유희이거나 강대국에 대

---

15) 안재홍, 「英國政爭 側面觀」.

16) 안재홍, 위의 글.

17) 안재홍, 위의 글.

한 동경에 불과했던 것 아닐까?

이제 안재홍의 시각은 혁명 러시아(赤露)가 다시 재개한 동방정책의 의미를 분석하는 데 초점을 맞춘 종횡관(縱橫觀)으로 전환된다. 안재홍은 "노농노국정부최고위원회는 블라디보스토크(海蔘威)로써 자유항을 삼고 명년 1월부터 시행하기로 하다 … 전란 이래 오래 두색(杜塞)된 감이 있던 구아(歐亞)의 교통이 다시 긴밀해질 것과 및 상항(商港)으로서 블라디보스토크가 일층 번화해질 것을 상상하게 할 것이오 또는 조선해안에 있는 우리의 제항구가 따라서 발전될 가망이 있는 것을 기뻐할만할 뿐일 것"이라고 전망하면서, 러시아의 동방진출 재개가 곧 "일본 대륙정책의 일대 근거지가 되는 대련 여순에 관계되는 바와 및 남만주 철도에 타격되는 바를 고찰함은 한 필요한 일일 것"이라고 상호관련성을 제기한다.[18]

이러한 종횡관은 안재홍이 "조선은 현하 각반 사회의 현상이 가장 우려할 경지에 있다. 그리고 그는 북으로 노국(露國)을 접하고 서로 중국을 연하여 그들의 안위휴척(安危休戚)은 시시각각으로 절대한 영향을 감수케 되는 바 … 금일의 일본이 그 타성적 평정의 시기에 있어서 그의 국제적 우월한 지위로써 엄연히 동양의 『맹주』를 긍요(矜耀)하는 것은 피등의 자처할 바이라 오인의 간섭할 바 아니거니와 만일 일조(一朝)에 차국(次局)이 번복되어 수합치 못할 경우이면 일일본(一日本)이 또한 어찌(奈何)하랴?"[19]라고 러시아의 전통적인 대외정책이 혁명 러시아에서도 그대로 계승될 경우 유럽열강의 혁명 러시아 공식승인이 결국 러시아의 동방정책을 재개시킴으로써 중국과 일본 그리고 한국과도 밀접히 연관되어 있을 것으로 전망하는 정세인식을

---

[18] 民世, 「赤露東侵 縱橫觀(一)」, 『조선일보』, 1924년 11월 22일, 1면 5단.

[19] 民世, 「露中大陸을 縱觀하면서: 東亞의 將來를 思함」, 『시대일보』, 1924년 4월 3일, 2면 1단.

드러낸다. 이 점에서 러시아 문제를 바라보는 시각을 종횡관으로 규정했던 것으로 이해할 수 있다.

1925년 첫날부터 안재홍은 가장 첨예한 국제문제였던 워싱턴 군축회의 결과를 "진정한 역사견지로 보아서 오인에게 동경하고 아무 것도 남겨주지 않았다"고 평가하면서 "실제의 국제사에 있어서 오인의 유의할 2대 관목(關目)이 있다. 그 1은 일영동맹의 폐기에 의한 일본고립의 완성 및 영미협조의 촉진이요, 그 2는 일본군비의 차별적 제한 및 중국에 대한 우월의 포기 그것"이라고 동아시아 질서변동을 가져올 수 있는 단서로 일본의 군비제한을 위한 영미협력에 초점을 맞춘다.[20] 특히 안재홍은 "일미의 갈등은 20세기의 중대한 현안이오 현실이 주는 인류의 일대 번민(煩悶)이다 … 전후 20년에 미국의 배일(排日)운동은 혹은 선량한 풍속을 장해(戕害)하고 그의 저렴한 노은(勞銀)으로 백인노동자의 생활을 위협한다는 사회적 이유로서도 출현하고 혹은 일본의 서부 제주(諸州)의 토지와 및 그 기타 특권을 점탈한다는 경제적 이유로써 토지의 소유를 금지하고 회사의 기업을 제한하게 되며 혹은 다시 일본인은 동화치 않는 침략적 국민이오 공화정치와 합치되지 않는 특종국민으로서 그들의 존재와 번식 및 그 세력의 발전은 곧 미국의 국민적 통일을 방해하고 그의 존립을 위혁(威嚇)한다는 정치적 이유로써 하여 … 항상 무진한 침략의 야심을 품는 『반갑지 않은 인민』이라고 생각되는 까닭"[21]이라고 미국 - 일본 간 과거와 현재(今昔)가 일본인의 미국이민이 전개된 역사적 배경과 현재까지의 정치적, 경제적, 사회적 관계에서 비롯했음을 분석함으로써 "워싱턴 회의의 결과로 전쟁의 원인이 감소되었다고 생각하는

---

20) 民世學人, 「一九二五年의 最大懸案: 日米關係의 今昔觀(上)」, 『조선일보』, 1925년 1월 1일, 5면 1단 신년호.
21) 民世學人, 위의 글.

것은 매우 분반(噴飯)할 일"22)이라고 미-일 간 갈등 폭발을 예단한다.

이와 같이 1925년 시작과 함께 국제정세의 과거와 현재(今昔)를 조망하는 안재홍의 종횡관은 미국과 이탈리아에 대한 추가적인 소개를 통해 국제정세 변화를 추동하는 유럽 열강에 대한 포괄적인 진단과 분석으로 종결된다. 안재홍은 "오인이 먼저 1924년의 중요사관을 기술하여 구주 제국의 정국의 추이를 논할 새 … 현재 피폐한 구주의 열국민이 더구나 그의 불행한 집단적 전락으로 인하여 이미 그의 세계의 중심으로서의 권위가 떨어졌고 또는 그의 영속적인 공황상태에 있는 재정, 경제의 사정은 더욱이 황금의 홍수를 만난 세계적 자본벌인 미합중국의 기식(氣息)을 승접(承接)하기에 급급한 형세"23)라고 1925년을 기점으로 경제대국으로서 미국의 유럽 개입을 바라보며 미국으로의 패권이동 현상을 지적한다. 그리고 안재홍은 "현재 미국이 세계적 패권을 장악하고 서서히 그 고답적인 미국제일주의를 내두르면서 자못 세계적 대풍운을 일으킬 의사와 및 그 실력을 가진 것은 부인할 수 없는 사실"임을 전제로 "금후 얼마동안 세계정국의 기축이 되리라고 생각되는 미국의 정정은 다만 대일관계의 특수한 기술로써 그의 전표를 표명할 수 없는 바이요 더구나 현하의 세계 대세에 있어서 미국의 국정을 등외시하고서는 그 정국의 추이를 이해키 어려운 점이 있을 것"임을 환기시키면서도 미국의 패권이 최소저항선로(最少抵抗線路)를 따르고 있음을 높이 평가한다.24)

더불어 안재홍의 눈길은 "이탈리아의 현하의 국정은 비록 세계적 대파동을 미칠 처지는 아니되나 개조국(改造國)의 도정에 있는 열국민의 사태에 돌아보아 또한 오인의 일중요한 관조를 요할 바"25)라고 혁명적 과정을 거치

22) 民世學人, 「今年의 世界 米國私觀(五)」, 『조선일보』, 1925년 1월 8일, 1면 4단.
23) 民世學人, 「今年의 世界 米國私觀(一)」, 『조선일보』, 1925년 1월 4일, 1면 4단.
24) 民世學人, 위의 글.

고 있는 이탈리아까지 포괄한다. 흥미로운 점은 안재홍이 이탈리아에서 전개되는 혁명과정의 원인으로 "감정적인 남국인(南國人)은 반발적(反撥的)의 파쇄가 아니면 맹목적인 귀복을 즐기는 기습이 있다고 할 것"이라고 전제하면서 "자기발전의 본능과 자기폄하의 본능을 어떠한 개인이나 국민에도 그의 병존한 사실을 발견하겠지마는 남국인의 기습(氣習)은 더욱 이 양극 사이에 분방하기 쉬운 감정적 천분(天分)을 많이 가진 것 같다"고 이탈리아인의 기질을 분석한다는 사실이다.[26] 이로부터 안재홍은 "뭇솔리니씨의 주장하는 '잘못된 데모크라시의 사상'에 대하여 '항상 그를 해결하는 힘을 거침없이 사용하는 그의 독재적 수단은 언제든지 항상 승리의 개선만 물을는지? 자기폄하의 본능을 자못 전형적으로 발휘하는 이 남국인의 태도는 자못 해방운동 사상의 일(一)중요유형이 될 것'"이라고 이탈리아 내부혼란에 대한 방향을 관조하면서, "이 동요된 이탈리아의 정국 상디칼리즘과 아나키즘의 한조(寒潮)가 자못 도도하게 그 사회의 하층에 잠류하는 이탈리아의 정국은 과연 언제까지 그 역(力)의 파지자 뭇솔리니씨로 하여금 사보아 왕가를 그의 '뇌호(牢乎)한 근저(根柢)'로서 군대를 그의 '표현하는 국민향상의 기관'으로써 능한 민중혁명사상에 일제외례(一除外例)'를 열을 수 있을는지 자못 확고한 의문"이라고 흥미진진한 태도를 보여준다.[27]

상기한 바 국제정세를 바라보는 안재홍의 개인적인 시각과 태도(私觀)는 "오늘날의 조선문제는 이미 조선인만의 조선문제가 아니라 전동아인의 조선문제이요, 현하의 동아는 또한 세계 열국의 국제적 각축장이요, 침략주의 예봉(銳鋒)의 집중지인즉, 조선문제는 문득 전 세계의 대세와 함께 천동(遷動)

25) 民世學人, 「今年의 世界 伊國私觀(一)」, 『조선일보』, 1925년 1월 9일, 1면 5단 조간.
26) 民世學人, 위의 글.
27) 民世學人, 「今年의 世界 伊國私觀(二)」, 『조선일보』, 1925년 1월 10일, 1면 6단 석간.

됨을 부인치 못할 형세"[28]라고 한국의 내부문제로부터 동아시아 정세인식으로, 다시 동아시아 정세변화가 보편적 세계사와 조응한다는 측면관 - 종횡관 - 금석관으로 확장되었던 것이다.

그렇다면 유럽정세에 대한 국외자의 시각으로서 측면관 - 종횡관 - 금석관을 식민지 내부 진단으로 환원할 경우, 안재홍의 진단수준은 식민지 한국을 둘러싼 동아시아의 정세에 초점을 맞추게 되는 것이 논리적 수순일 것이다. 왜 그런 것일까? 앞서 지적했듯 그것은 극동정세에 대한 식민지 지식인들의 관심 자체가 그들이 가진 태생적 한계조건에 기인했기 때문이다. 즉 여전히 식민지 지식인으로서 안재홍에게 식민지 상황은 공적 영역의 실종상태인 동시에 식민당국에 의해 구축된 사이비 공적 영역에 대해 국외자의 입장에 놓여 있었던 셈이다. 이로 인해 안재홍에게 내부 상황을 진단하는 방법은 여전히 측면관일 수밖에 없는 한계조건을 지니며, 식민지 밖의 외부조건으로서 동아시아 정세변동을 바라보는 관점이었음을 엿볼 수 있다. 이미 동아시아 정세는 서구열강의 유럽 내 각축과 별도로 과거 동아시아 질서의 구심점이었던 중국의 상황과 현재 동아시아 질서의 구심점으로 작동하는 일본의 상황이 교차한 결과였다. 더욱이 안재홍은 일본 유학 중 개인적으로 1911년 신해혁명으로 공화정을 수립한 중국의 근대화와 자주독립의 열망이 손문과 원세개의 정치적 타협에 따른 권위주의 체제로 변질되었던 현실을 목도하고 실망했기에 손문 사후 본격화 한 중국내부의 권력투쟁에 주목하게 되었던 것이다.

여기에서 생각해야 할 문제는 과연 조선인의 정치적 각성과 재탄생을 통해 독립과 해방을 성취하려는 본연의 목표에 초점을 맞추어 중국의 근대화

---

[28] 안재홍, 「反動線上의 世界와 그 趨勢」, 『개벽』 55호, 1925.1.1; 고려대학교박물관 편, 『민세안재홍선집 6』, 지식산업사, 2005, 267쪽에서 재인용.

에서 그 단서를 찾는 안재홍의 인식과 태도가 자연스러운 것인지의 여부이다. 혹시 와세다 대학에서 학습하고 중국혁명에 대한 동경과 선망을 가졌던 20대 초반의 젊은 지식인이 빠질 수 있는 일종의 사대주의적 경외심은 아닐까? 만약 안재홍의 동아시아 정세인식이 강대국의 잠재력을 과대평가하고, 일본조차 이에 대응할 수 없는 존재에 불과하다고 전망한 것이라면, 안재홍의 현실진단과 서구열강에 대한 인식은 또 다른 제국주의적 시각의 변용이자 사대주의의 그림자라는 의심을 벗기 어려울지 모른다. 반면 만약 국제정세와 보편사의 흐름이 한국의 독립과 해방에 간접적인 인과관계를 가졌다고 판단했기 때문에 국제정세에 대한 관심과 전망을 표출한 것이라면, 그것 또한 여전히 과거의 사대-조공의 그림자에서 벗어나지 못한 방증은 아닐까? 훗날 안재홍은 중국문제에 대한 자신의 관심을 "중국문제를 좋아하느니보다는 그것이 극동대세의 변전되는 도정에 있어서 관계되는바 많은 까닭"[29]이라고 환기시키며 "중국문제는 모든 국제문제 중에 가장 우리에게 긴절한 관계가 있는 바"[30]라고 조선의 '해방'과 '독립'의 리트머스로서 중국의 정국추이가 밀접히 연계되어 있음을 강조했다. 하지만 중국혁명에 대한 동경과 실제 여행을 통해 체험을 했던 안재홍 입장에서 중국정세의 변화에 보다 더 큰 관심을 가졌던 것일지라도, 그것은 오히려 또 다른 사대주의의 그림자를 보여주는 것은 아닐까? 이에 대한 해답을 찾기 위해서는 당시 중국 정국추이에 대한 안재홍의 시선과 역사적 사실을 같이 따라가야 할 필요가 있다.

---

29) 안재홍, 「中國形勢와 日本의 地位」, 『조선일보』, 1926년 12월 9일; 『선집 1』, 184쪽에서 재인용.
30) 안재홍, 「危難中國의 壁上大觀」, 『신조선』 3권 7호, 1934.12.15, 11쪽.

3. 중국혁명을 바라보는 시각과 태도: 벽상관(壁上觀)의 방관에서 면면관(面面觀)에 내재한 자주성으로?

1911년 신해혁명 이후 중국혁명은 손문과 원세개의 정치적 타협으로 원세개를 통령으로 하는 권위주의 체제 수립으로 진행되면서 제2혁명의 좌절, 1916년 7월 원세개의 사망과 함께 단기서(段祺瑞)와 풍국장(馮國璋)의 권력투쟁으로 변질되었고, 단기서가 북경정부를 장악하자 1917년 남방토벌을 위한 대안으로 장작림의 봉천군벌을 관내에 진출시키는 방향으로 왜곡되었다.[31] 그것은 이후 중국의 정치변동을 권력투쟁으로 변질된 '병란'(兵亂)으로 보게 하는 원인으로 작용한다.

1923년 소련대표로 중국을 방문한 요페(Adolf Abramovich Joffe)는 손문과 상해에서 회담하고 손문의 영도 하에 중국혁명사업을 원조할 용의를 표명하면서, 특히 손문이 열망한 혁명군대의 조직 강화를 원조할 것임을 제의한다. 그 결과 장개석이 소련에 파견되어 군사시찰을 하고 민족혁명 성공을 위해 국민당의 조직개편과 대중적 기반구축을 위한 공산당원의 가입을 적극적으로 전개한다. 이로부터 국민당 일전대회(一全大會)에 각 성 대표 6명, 해외지부 대표를 합한 165명으로 회의를 개최하고 이대조·진독수·가평산·모택동·임백거 등 공산당원이 포함된 대표를 선출함으로써 민족혁명당으로서 국민당의 실질적 역량을 일신했다.[32] 1924년 1월에 이르면 정식으로 국공합작이 성립되었고 손문은 삼민주의 이념하에 국민당을 개조하면서 북경정부 및 각 지역의 군벌을 타도하는 반(反)군벌과 반(反)제국주의의 기치를 내세

---

[31] 송한용, 「直皖전쟁과 봉천군벌의 관내진출」, 『중국사연구』 28집, 2004, 229~230쪽.
[32] 박상우, 「제1차 국공합작과 코민테른의 역할」, 『법학연구』 23권 1호, 부산대학교, 1981, 471쪽.

우며 국민혁명을 선언한다.[33]

측면관 - 종횡관 - 금석관으로 확장되었던 안재홍의 시각도 종횡관의 연장선상에서 중국의 국민혁명 과정을 집중적으로 해부한다. 그것은 중국혁명에 대한 개인적 호승심에서 비롯한 것이 아니었다. 한국의 근대 편입을 가져온 환경과 변수로 서세동진이라는 세계사를 조망할 때, 개항에 따른 근대 편입 과정이 문명전환 또는 정신의 위기로 인지될 정도로 충격적인 경험이었지만, 이후 폭압적인 식민지배의 기제 하에서 민족적 저항의지와 민족의식을 발현하려고 했던 최초의 경험에서 비롯한 일관된 태도였다. 즉 서양적 근대의 도전에 대한 정신적 충격과 응전이라는 맥락에서 일관된 정치적 성찰과 실천이었던 것이다. 따라서 안재홍의 목표 역시 '자주적 근대화'(Modernization on self - reliance)를 통한 근대 국민국가 건설이었음을 시사한다.

우선 안재홍은 "오인의 가장 요해치 못할 바는 중국 각파의 수령들이다. 그들은 오히려 지금도 열국지적 전국책적의 미몽한 구몽을 깨지 못하였다. 금번에 러중 교섭의 전말을 보건대 혹은 봉천 · 직예(奉直) 양벌의 군권적 갈등의 희생으로서 혹은 고 · 왕(顧王) 양인의 정파적 각축의 대상으로서 형제가 장혁(墻閱)을 일삼는 동안에 국가의 권위와 정국의 안정은 드디어 허망에 들어갔도다. 근착한 외전은 빈번히 북경정국의 동요와 러중 교섭의 파열을 전하니 직예파의 군정으로 일시의 소강을 근보(僅保)하던 중국의 정국은 그 장래의 분규를 어찌 역도(逆睹)할 수 있으랴! … 광동의 손문씨 노농정부 계획설을 전하니 오인은 그 무계(無稽)함을 믿거니와 또한 가장 흥미 있는 어떠한 암시를 주는 바"[34]라고 군벌 간 합종연횡하는 혁명의 변질을 실망했지만,

33) 손승희, 「1920년대 국가주의파의 군벌에 대한 인식 변화」, 『중국학보』 50집, 2004, 240쪽.
34) 民世, 「露中大陸을 縱觀하면서 東亞의 將來를 思함」, 『시대일보』, 1924년 4월 3일,

국공합작 이후 손문의 북벌계획에 기대를 표명한다.

이제 1924년 9월 국민정부가 군사회의에서 북벌을 결정하고 10월 북벌을 위해 건국군(建國軍)으로 명명한 군제통일을 시도하는데, 손문은 당을 중심으로 한 군권통합작업을 강화하고 북벌을 진행한다. 안재홍의 시각은 동아시아 정세로 환원되어 보다 세밀한 분석을 보여준다. 이것은 안재홍이 1924년 9월 조선일보에 합류하던 것과 때를 같이한다는 점에서, 1924년 11월 4~9일까지 6차례에 걸쳐 <中國兵亂 面面觀>을 기고하며 면면관(面面觀)으로 명명하게 된다. "방금 각처의 군장들은 대부가 아직도 형세를 관망하는 모양이요 풍옥상(馮玉祥)과 함께 거사하였다는 왕회경(王懷慶)은 지금도 직파(直派)를 위하여 고전하는 형적이 있고 오패부(吳佩孚)의 퇴로를 끊고 있다는 왕승빈(王承斌)도 일향냉락(一向冷落)한 감이 없지 않다"는 관망으로부터 출발하는 안재홍의 중국정세 분석은 오패부의 패퇴와 잠적 소문을 거론하며 "웬만한 일에 천명 민의를 들추어가며 토역(討逆)의 군(軍)을 잘 일으키는 것도 중국인이지마는 형세가 기울어지면 후일의 재거(再擧)를 기하고 일신의 안전부터 꾀하기에 용한 것도 중국인이다. 구례를 들 것 없이 상해에서 패한 노영상(盧永祥)이 아직 최후의 혈전도 하기 전에 일본 쇼오킨 은행(正金銀行)의 삼백만원 예금증서를 끌어안고 허둥지둥 일본에 가서 기회만 바라보고 있던 것 같은 것이 그 적절한 사례(適例)"[35]라고 냉소적인 태도를 보여준다. 바로 이 점에서 과거 중국혁명에 대한 안재홍의 기대와 전망이 단순히 식민지 청년의 경외감에서 비롯한 것이 아니었다는 사실을 확인할 수 있다.

이제 안재홍의 시선은 단기서와 오패부의 패퇴에 따라 남북각지에 있는 군벌 두목들의 태도에 집중된다. 우선 풍국장의 직예파가 장강일대를 근거

2면 1단.

[35] 民世, 「中國兵亂 面面觀(一)」, 『조선일보』, 1924년 11월 4일, 1면 5단 석간.

지로 "장작림, 노영상의 영란(逞亂)한 죄와 역도 풍옥상의 정권 강탈한 죄악을 규탄하여 선구가 되어 역적 풍옥상을 토벌하겠다고 통고"[36]했다는 점을 전제로, 직예파 군벌들에 대한 장래를 추론한다. 예를 들어 오패부의 심복인 장복래(張福來), 소요남(蕭耀南), 손전방(孫傳芳) 등과 장작림의 수하인 마연갑(馬聯甲), 장문생(張文生), 그리고 장작림의 부하인 16사단장 추분(鄒芬)의 직예파와 내통사건이 있은 뒤 오패부에게 가담한 채성훈(蔡成勳), 육금(陸錦), 왕회경(王懷慶) 등을 직예파의 승리 이후 조곤(曹錕)에게 귀순하는 수서양단(首鼠兩端)의 태도를 갖는 기회주의자들로 평가한다.[37]

반면 안재홍은 직예파의 폭정에 따른 반직예파의 반격을 크게 7가지로 구별한다. 보경안민(保境安民)을 기치로 해서 단기서에게 가담한 정사기(鄭士琦), 복건회복운동을 주도한 허숭지(許崇智)의 부하 정흥방(鄭興邦), 노도(盧燾)의 손전방 축출계획, 오패부의 악정을 좌시할 수 없다고 손문과 함께 무한에서 출병한 당계요(唐繼堯), 광동군정부부흥과 함께 손문의 독재에 불평을 품고 오패부를 성원했지만 다시 손문과 연합한 진형명(陳炯明), 강소성·절강성·복건성·안휘성·호북성·강서성 등의 민당(民黨) 유력자들, 염석산(閻錫山)의 출병, 강만(江灣)에 있는 주성광(朱聲廣), 하조린(夏兆麟) 등 일선 사단장들의 관망적 태도 등을 거론하면서 손문을 중심으로 국민당이 천하통일의 가능성을 보여주고 있다고 진단하면서도 북벌의 성공이 과연 혁명의 완성을 가져올 것인지에 대해 의문을 제기한다.[38]

안재홍은 이미 "법통의 회복과 및 국민대회의 개최로써 폐독재병(廢督裁兵)을 실행하고 화평통일을 초래케 한다는 열렬한 주장으로써 일시 천하의

---

36) 民世, 「中國兵亂 面面觀(二)」, 『조선일보』, 1924년 11월 5일, 1면 5단.
37) 民世, 위의 글.
38) 民世, 위의 글.

인심을 집중하였던 오패부씨가 직예파에 대한 인심의 이반과 함께 점점 불리한 지위에 빠졌던 것은 사실 … 산해관과 북경으로부터 남하하는 풍·장양군의 협격 중에 들은 오패부는 이미 퇴세를 만회할 수 없음을 깨닫고 수병(手兵)을 거느려서 해로로 남방에 향하였다 하니 봉직전선(奉直戰線)이 이로써 무너진 것은 사실"이라고 소개하면서 "소진, 장의류의 종횡책으로써 수년래 결합된 唐孫段張(당계요, 손전방, 단기서, 장작림)의 과거를 검토하고 금후 형세의 추이를 췌마(揣摩)함이 또한 무용한 일이 아닌 것을 믿는다"고 전망한다.[39]

　결과적으로 안재홍은 "아직도 공업이 완성치 못한 손중산은 언제나 같이 되풀이 하는 병란, 정변, 통전, 추대의 속에서 어찌 또 되풀이 하는 화평통일의 건국의 대업을 실현할 수 있을까?'라고 반문하면서 "중국 금일의 화인(禍因)은 병마형정의 대권을 한손에 잡고 각각 일방에 할거한 세단(勢團)의 수령들에게 있다. 아직도 봉건제후의 구시대의 유물을 보존한 사회사정에 있다"고 중국혁명의 후진성을 통박한다.[40] 이러한 혼란을 종횡으로 관찰하는 안재홍의 눈길은 이제 손문의 북벌성공 여부에 대한 조심스러운 예단으로 나아간다. 즉 신해혁명으로 출발한 중국혁명이 원세개와의 정치적 타협을 통해 권위주의 체제의 독재로 변질되었고 종국에 군벌 간 난립과 투쟁으로 왜곡되어 중국병란으로 명명될 정도로, "중국은 그 사람들의 행동을 단예(端倪)할 수 없는 것과 같이 그 국정(國情)도 매우 단예할 수 없도록 어수선하다 … 침략적 음모에 마취되어 있다. 이제 段, 孫, 張(단기서, 손문, 장작림) 3거두를 중심으로 신해혁명의 근본정신에 의하여 송두리째 다시 민국을 개조한다 하지마는 상술한 국정과 그 배후에서 준동하는 국제적 마수는 또 다시

[39] 民世, 「中國兵變 面面觀(三)」, 『조선일보』, 1924년 11월 6일, 1면 5단 석간.
[40] 民世, 「中國兵變 面面觀(四)」, 『조선일보』, 1924년 11월 7일, 1면 5단.

어떠한 탈을 쓰고 그 형세를 번복하려 할 것"[41]이라는 결론에 이르렀던 것이다. 이와 같이 안재홍의 면면관은 중국혁명이 동아시아 패권구조와 연관되어 있다는 외연의 이해와 함께 중국내부 분열과 통합의 과정을 여전히 자신들의 불안한 상태에 대한 식민지 지식인의 국제관으로 반영한 셈이다.[42]

1925년에 접어들면 안재홍의 면면관은 손문의 죽음 이후 북벌성공 여부를 면밀히 들여다보는데도 적용된다. 1925년 1월 시국수습을 위한 국민대표회의가 베이징에서 소집되었을 때, 손문은 베이징으로 향하는 도중 간암으로 쓰러진다. 안재홍은 『조선일보』 1월 28일자 사설에서 <孫中山 先生을 弔함>을 써서 "1927년 1월 26일 북경발 전은 중국의 혁명원훈 중산 손문씨의 서거를 보하니 오호 진(眞)이냐 비(非)이냐. 일편의 흉음은 이방의 청문자로 하여금 오히려 출연(怵然)히 경달(驚怛)함을 금치 못하는 바"[43]라고 애석해 한다.[44] 그리고 "무한의 혁명이 한번 벌어지매 세위는 400여 주(州)

41) 民世, 「中國兵亂 面面觀(六)」, 『조선일보』, 1924년 11월 9일, 1면 5단.

42) 그것은 식민지 지식인이라는 실존양상, 그리고 언론을 통한 논변의 투쟁수단이라는 조건의 조합으로 인해 국제정세에 대한 적극적인 진단과 처방이 원천적으로 곤란했던 안재홍의 한계조건을 보여주며, 그 결과 안재홍의 대외인식은 훗날 '직접 관여하지 않고 앉아서 성공과 실패를 구경만 한다'는 사전적 풀이대로 벽상관(壁上觀), 그리고 냉안관(冷眼觀)의 태도로 귀결된다. 윤대식(2013b), 앞의 글, 216쪽.

43) 안재홍, 「孫中山 先生을 弔함」, 『조선일보』, 1925년 1월 28일, 1면 1단.

44) 손문의 사망일은 1925년 3월 12일인데, 안재홍의 조사를 겸한 이 논설은 1월 28일자이다. 왜 이런 일이 발생한 것일까? 손문은 1월 베이징으로 가던 중 간암이 악화되어 쓰러지게 되었는데 2월 24일 손과, 송자문, 공상희 등을 증인으로 자신의 지도강령에 따라 국민혁명을 완수할 것으로 유언으로 남긴다. 그런데 왕정위가 구술한 유언에는 처인 송경령에 대한 언급이 없었다고 한다. 한 달 뒤 다시 증인들을 모아놓고 두 번째 유언으로 자신의 서적, 의복, 주택 등 일체를 송경령에게 주어 기념으로 삼도록 한 뒤 3월 12일 사망했다. 그렇게 보면 안재홍은 손문의 서거 소식을 듣고 조사를 쓴 것이지만, 아마도 간암으로 쓰러진 첫 소식을 서거소식으로 오인한 것으로 보인다. 왜냐하면 손문 사망 이틀 뒤인 3월 14일 『조선일보』 사설 「孫中山과 中國革命(一)」에서 "작년에 죽음을 전하고 객월(客月)에 죽음을 전하였고 이제 또 죽음을 전하니

를 진감하고 성문은 세계의 이목을 용동(聳動)케 하여 270년래 강대한 권력을 파악(把握)하였던 만청의 조정은 홀지(忽地)에 백기를 세우고 동방 오천재 전제의 고국(古國)으로 하여금 문득 만인공화의 신정체를 수립케 하니 오호! 씨(氏)는 어찌 그 만고의 위인이 아니냐?"라고 공화주의를 수립한 혁명가로 손문을 평가하고, "오족공화의 주장은 다시 그 혁명완성의 지도원리가 되었던 바이오 인민의 간곤(艱困)과 세계의 대국은 다시 그 혁명의 사업이 전도의 요원함을 보이는지라 이에 삼민(三民)의 주의와 오권(五權)의 헌법은 또 그의 개신하고 확충한 혁명의 대강으로 된 바"라고 손문의 오족공화론과 삼민주의를 국민혁명 완성을 위한 지도원리로 소개하며 손문의 죽음을 추도한다.[45]

앞서 중국에서 전개되는 정치변동을 '中國兵亂'으로 명명했지만, 안재홍은 이제 3월 12일 손문의 서거 이후 '中國革命'으로 재조명하면서 손문에 대한 자신의 단상을 드러낸다. 안재홍은 동학혁명을 반추하며 당시 전봉준을 지칭하던 녹두가의 '八王(靑)새' 가사를 손문의 이미지에 투영한다.[46] "소위 팔왕(八王)의 새 설자(說者)가 지칭하는 고부반란의 수령 전봉준 푸릇푸릇한 솔잎 댓잎 묶어서 봄철로만 짐작하고 아직 완실치 못한 부드러운 날개로서 감히 운소(雲宵)에 사무치도록 날아보고자 버둥거리다가 필경 휘날리는 백운(白雲) 몰아치는 모진 풍상에 무참히 패몰된 당시의 이탈리아 사람들을 말하지 말라. 난폭낭자(亂暴浪藉)한 오합의 중(衆)이였다고 경우와 시대가 이 미숙한 반역아들로 다만 가내하(可奈何)를 비가(悲歌)할 밖에 없도록 하

이번에는 확실히 죽었으리라"라고 거듭된 오보였음을 전하고 있기 때문이다.

[45] 안재홍, 위의 글.

[46] '八王새'라는 것은 이미 괄호 안에 들어가 있는 '파랑(靑)새'를 의미한다. 아마도 파랑새라는 가사의 발음대로 八王이라는 한자를 가차해서(아마도 한편으로 8도에서 봉기했던 동학교도들을 지칭하는 의미도 내포하는 듯) 사용한 것으로 보인다.

는 바"[47]라는 감정이입을 통해, 안재홍의 동학혁명 평가는 미성숙한 혁명의 필연적인 실패를 가져왔음에도 불구하고 그 과정에서 반역도로 내몰렸던 전봉준을 비롯한 혁명가들에 대한 연민을 보여준다. 그것은 시대를 앞서간 선구자들이 겪을 수밖에 없는 숙명적인 희생과 비애를 말하는 동시에 손문의 죽음이라는 현실 역시 이러한 혁명가들이 지닌 숙명을 벗어나지 못하는 보편성을 보여준다는 안재홍의 인식으로 전개된다. 즉 안재홍에게 "향산현 일개 한미한 가문의 소년으로 일찍 하와이에 유학하고 홍콩 오문(澳門)에서 의업(醫業)을 열었다가 개연히 사억 만인을 위하여 해방의 의전(義戰)에 일신을 바치고서 멸만흥한(滅滿興漢)의 표어로서 천하혈성의 남녀를 규합하여 흥중회(興中會)의 혁명적 비밀결사를 수창하던 손중산의 일도" '八王새가 시대와 경우의 희생이 된 것'이었다.[48]

왜 그렇게 평가한 것일까? 안재홍은 손문의 성공과 실패의 경로를 "멸만흥한의 성공자이다. 제정파괴의 승리자이다. 그는 1912년을 정점으로 전(前)세기가 낳은 민족혁명(民族革命)의 제일관(第一關)에서의 승리자로 최후의 개가를 불렀다. 그러나 그는 그 순간으로부터 다시 만민평등의 민권혁명(民權革命)이라는 금성철벽(金城鐵壁)인 제이관을 향하여 참패자의 행정을 시작할 밖에 없었다"[49]로 설명한다. 여기에서 안재홍이 성공과 실패로 등치하는 민족혁명과 민권혁명은 앞서 손문의 조사와 전봉준에게 보인 연민이 그대로 투영된 것이다. 즉 손문 자신이 설정한 목표로서 민족주의와 민주주의는 '멸만흥한의 백열(白熱)한 민족주의의 혁명가로서 만인공화(萬人共和)의 민권혁명의 이상을 겸하여 가지는 것'이었으며 민족주의를 고취하여 외부

47) 民世學人, 「孫中山과 中國革命(一)」, 『조선일보』, 1925년 3월 14일, 1면 5단 석간.
48) 民世學人, 위의 글.
49) 民世學人, 「孫中山과 中國革命(二)」, 『조선일보』, 1925년 3월 15일, 1면 5단 석간.

이민족 지배로부터 해방시키는데 성공한 반면, 민주주의로 가는 경로에서 독재와 군벌의 난립이라는 변질로 실패했던 사실에 기인한다. 민권혁명 실패라는 점에서 전봉준의 '파랑새'와 같은 운명으로 유비(類比)된 셈이다.

그렇기 때문에 안재홍은 "손중산의 사령(辭令)에 의함이거나 아니거나 그 혁명의 기운은 이미 남중국 일대로부터 깊이 장강 유역 중부중국 누십리의 지방에 넘치게 되었다 … 혁명의 남경점거와 함께 그 확고한 형세 자못 동요할 수 없는 바가 있어 권모재략 자못 단예할 수 없는 원세개가 한편으로 노대범용(老大凡庸)한 경친왕과 및 선통제실의 고아 과부를 통갈(恫喝)하고 한편으로 혁명의 수령들과 앙양반복의 절충을 거듭하여 필경은 혁명진압의 군령을 받고 조주(潮州)까지 진출하였던 제십이진통제 장소회의 국정변혁의 위혁적 제안과 함께 청 황실의 퇴위와 공화정치의 운을 보게 되니 이것이 중화민국탄생의 사정"이라고 중화민국 탄생과정을 소개하며, 손문이 1912년 남경에 제1차 임시정부를 조직하고 임시대통령으로 추대된 일을 '일생득의(一生得意)의 추(秋)'라고 찬탄하는 한편 타협혁명이라는 조롱과 군벌들에게 권력을 내주고 다시 망명의 길에 접어들었던 손문의 운명이 박행(薄倖)한 위인이었음을 보여주는 한계라고 아쉬워한다.[50]

그렇다면 민족혁명의 성공자라는 점에서 손문의 중국혁명을 높이 평가하는 이유가 이를 식민지 상태 우리에게 적용해서 이를 돌파할 단서로 채택하려는 기대 때문인 것인지, 아니면 실패한 민권혁명에 대한 아쉬움과 함께 우리 역사에서도 실패한 민권혁명으로 인해 식민 상태로 전락한 현재를 설명하려고 했던 것인지 안재홍의 진의를 구별해야 할 것이다. 우선 안재홍은 중국혁명의 실패를 손문의 우유부단함과 취약한 지지기반으로만 진단하지

---

50) 民世學人, 「孫中山과 中國革命(三)」, 『조선일보』, 1925년 3월 16일, 1면 5단 조간.

않는다. 그 대신 "중국의 혁명은 그 원(源)을 신흥한 혁명지사의 흉중에 발하였지마는 그 공은 대부가 군권의 두목들에 인하여 조성되었고 하물며 그 성과는 또 대부가 일세의 효웅 청조의 불충한 구신 북양군벌의 총수 원세개 기인(其人)의 만복야심(滿腹野心)과 혼신권모(渾身權謀)에 의하여 종결되었으니 팔삭동(八朔童)인 중국혁명이 홀지에 황패(荒悖)한 보모(媒母)에 의하여 돈연(頓然)히 발육의 불량을 보게 됨은 또한 당연치 아니한가? 그러나 그는 어찌 다만 보모의 죄책일 뿐이랴? 그 가족의 불민함이 모두 그 책임을 균분해야 할 것"[51]이라는 안재홍의 진단은 중국혁명의 변질을 원세개 같은 독재자와 손문 같은 혁명가의 책임만이 아닌 공동체 구성원 모두의 책임으로 직시한다는 점에서 의미심장하다.

더 주목해야 할 사항은 안재홍이 중국혁명을 민족혁명의 성공사례로 평가한 대목이다. 그것은 손문이 말한 '오족'의 의미가 얼마나 포용적이었는지 여부를 언급하지 않은 채 위기의 돌파주체로서 '민족'을 부각시키는 것이었다. 왜냐하면 민족주의자로서 안재홍에게 민족적 정체성을 아우를 수 있는 단서가 최우선적인 관심사항이었기 때문일 것이다. 하지만 '오족'이라는 다양하고 이질적인 구성원들을 하나의 '민족'으로 융화하려는 손문의 목적은 청 제국의 쇠락이라는 조건과 맞물려 있었는데,[52] 이 조건은 청 제국이 패권

51) 民世學人, 「孫中山과 中國革命(四)」, 『조선일보』, 1925년 3월 18일, 1면 5단 석간.
52) 손문의 오족공화론은 무창에서 의거할 당시만 해도 손문의 정치주장에는 전혀 보이지 않았던 것이다. 신해혁명으로 청 제국이 몰락하면서 몽골과 티베트와 같은 변방의 이탈 독립 요구가 일어나고 그것은 만주족의 지배로부터 한족의 독립을 요구한 종족의 혁명인 신해혁명과 목표가 같은 것이었다. 이로 인해 손문은 중화민국 임시정부 성립 이후 본격적으로 '오족공화론'을 제시했던 것이다. 즉 중국은 한족만의 단일 민족국가가 아니고 한족, 만주족, 몽골족, 회족, 티베트족으로 대표되는 다민족 국가이며 이들이 공화국의 국민으로 평등한 지위를 가진 것이라는 점이다. 이런 입장에서 볼 때 오족공화 주장의 제기는 몽골인이나 티베트인들과 같은 변방 소수민족들의 이탈을 방지하려는 목적에서 나온 것일 뿐 한족 중심의 민족융화를 우선하는 임시변

을 장악했던 시점에서 반청흥한의 슬로건을 제시했던 당대 중국 지식인들의
근대적 민족인식과 극히 대조된다.[53] 그것은 17세기 중국 실학(實學)의 대표
적 인물인 고염무(顧炎武)의 언명에서 확인된다. 고염무는 "백성은 나와 같
은 형제"(民, 吾同胞)라는 장재(張載)의 『서명』(西銘)을 전거로 삼아 "오늘날
의 백성은 나를 포함하여 윗자리에 있는 사람들이 함께 공유하는 것이다.
백성을 구제하는 일은 윗자리에 있는 사람의 책임이요, 백성을 구제하자는
말을 다하지 못하게 된 것은 아랫자리에 있는 사람의 책임"[54]이라고 지적함
으로써 '동포'라는 용어가 공동체 구성원 모두에게 정치적 책무의 각성을 가
져다주는 포괄적인 개념임을 주지시켰다.[55]

　물론 고염무와 손문 간 인식의 연계성 여부를 차치하더라도, 안재홍의 민
족 개념 역시 이러한 정치적 책무의 각성에 초점을 맞추었던 것이다. 안재홍
의 관심은 현재의 식민 상태 그리고 앞으로의 해방과 독립 모두가 구성원
모두에게 부과된 책무의 각성과 이행여부에 달려 있다는 사실을 앞서 혁명
을 겪는 중국으로부터 추출하려는 것일 수 있다. 왜냐하면 손문에 의해 출발
한 신해혁명이 민족혁명으로의 성공에도 불구하고 민권혁명 즉 공화주의로
나아가지 못하고 원세개에 의한 독재와 군벌들의 난립이라는 변질을 가져왔
기 때문이다. 그리고 제2혁명으로서 계축혁명(癸丑革命)도 "가석(可惜)한 것

통에 불과한 것이었다. 배경한, 「신해혁명 전후시기 손문의 아시아 인식」, 『중국근현
　대사연구』 52집, 2011, 8~13쪽.
[53] 근대 민족주의의 출현에 따라서 비로소 민족이 형성되고 주체화된다는 점에서 한국
　역사에서 현재의 민족 개념이 처음 등장한 것은 1904년을 기점으로 한다. 이황직,
　「초기 근대 유교 계열의 민족주의 서사에 대한 연구」, 『문화와 사회』 11권, 2011, 11쪽.
[54] 『日知錄』 卷19, 「直言」, "張子有云, 民, 吾同胞. 今日之民, 吾與達而在上位者之所共也.
　救民以事, 此達而在上位者之責也. 救民以言, 此亦窮而在下位者之責也."
[55] 윤대식, 「한국 민족주의의 쟁점: 민족주의를 바라보는 양가적 시선에 대한 자존적
　변명」, 『정신문화연구』 36권 2호, 2013a, 337쪽.

은 무자각한 중국의 군민(軍民) 오직 황백(黃白)의 다과(多寡)로써 그 거취를 수의(隨意)로 하니 제1차 혁명 이래 각 성에 부식되었던 혁명파 출신의 청년의 도독(都督) 등은 모두 자못 질풍황엽(疾風黃葉)을 흔드는 듯이 일시에 분산하는 액운을 보게 되고 인하여 난당추포(亂黨追浦)의 명령은 이 손중산 이외 무수한 혁명지사들로 하여금 다시 의구한 망명객의 궁도(窮途)에 방황하게 되었"[56]던 현실 때문이다.

최종적으로 중국혁명을 바라보는 국외자로서 안재홍은 또 다른 국외자의 시선을 인용하여 손문의 죽음으로 혁명이 실패했음을 반증한다. 그것은 "파리의 『두탄』지는 타협혁명을 조소하였다. 런던의 『타임쓰』는 '그들이 금일 흡연(翕然)히 공화(共和)의 선명(善名)하에 모여드는 것은 공화와 동무하는 책임은 자각치 않고 다만 호접(胡蝶)이 미장화(薇薔花)를 바라고 군집함과 같은 뿐이라' 하여 중국인의 무절제한 태도는 그 공화정체의 전도에 대하여 위구(危懼)의 념(念)을 품게 한다 하였다. 오직 워싱턴의 『스타』는 중국의 공화가 제정보담도 많은 곤액을 당하겠지마는 그 종극의 결과는 매우 선미한 바 있을 것을 예언하였다. 이 타협혁명의 말류는 금일까지 다만 그 곤액과 위구를 반복하여 원훈 손중산의 서거는 보되 오히려 그의 안정은 보지 못하게 되었다"[57]는 외부열강의 평가이다.

그렇다면 같은 국외자로서 안재홍 역시 손문을 현실정치의 실패라는 성적을 낸 경솔한 이상주의자로 보았을까? 안재홍은 손문 사후 북경과 광동에서 전해지는 국민당의 상황을 전하면서 "말하지 말라, 현대는 민중본위의 시대이라 일개인의 존망으로 사회의식의 흥폐를 대표할 수 없는 것이라고. 중국민당 금후의 운명이 어떠할 것을 별문으로 하고 중국의 파멸을 예기하지 않

---

56) 民世學人, 「孫中山과 中國革命(五)」, 『조선일보』, 1925년 3월 19일, 1면 5단 석간.
57) 民世學人, 「孫中山과 中國革命(四)」.

는 이상 손중산의 품었던바 이상이 진행하는 시대의 서막과 함께 필경 최후의 승리를 얻을 것은 명백한 일일 것"이라고 손문의 절대적인 영향력과 이상을 강조하면서도, "잡박한 각파 인물을 포용한 국민당이 금후 상당한 분해작용을 일으키어 그 순화(純化) 정화(淨化)의 길을 각각 임의로 나아가야 할 것은 필연한 형세요, 따라서 그 세력의 감살(減殺)을 보게 됨도 또한 면치 못할 이세(理勢)일 것"이라고 냉정한 판단을 내린다.[58] 이러한 태도는 사실 한국 내부 민족운동 노선에 대한 반성과 비판에 연유한다. 왜냐하면 문화정치로 인해 외형상 순화된 식민통치 구조가 실질적으로 더 폭압적이고 공포정치의 은폐임에도 불구하고 "민족운동자이나 사회운동자이나 또는 참우(僭遇)하게 지사의 반열에서 우유(優遊)하는 자이나 모두 색채선명·태도정확하게 분해하라. 분해할 터인데 분해치 않는 것은 오직 노마(駑馬)가 잔두(棧豆)를 그리워하는 것 같이 타성적인 허예(虛譽)에 못 믿어 할 일뿐인 까닭"[59]이었기 때문이다.

여기서 안재홍이 말하는 '분해'란 무슨 뜻이고 '노마가 잔두를 그리워하는 것 같은 타성적인 허예'라는 것이 무엇을 의미하는 것일까? 안재홍은 "재정리를 위한 분해"임을 전제로, "오직 정리, 즉 진정한 단합을 재현하여 그의 투력(鬪力)을 강대케 하기 위함으로서 … 다시 우경파에 인한 전선의 일대 분개(分開)를 보게 된 오늘날에 있어서는 더욱이 주의(主義)에 인한 진정한 신단합(新團合)이 하루라도 바쁘게 출현하기를 고조치 아니할 수 없다"[60]고 '분해'의 당사자를 명시한다. 그것은 최남선·김성수·이광수 등 식민당국과 정치적으로 타협하고 협력하여 민족이 독립할 수 있는 실력부터 길러야 한다

58) 民世學人,「孫中山과 中國革命(六)」,『조선일보』, 1925년 3월 20일, 1면 5단 석간.
59) 안재홍,「駑馬가 戀棧豆」,『조선일보』, 1926년 1월 15일;『선집 6』, 29쪽에서 재인용.
60) 안재홍,「駑馬가 戀棧豆」,『선집 6』, 29~30쪽에서 재인용.

는 입장을 제기한 지식인들이었다. 즉 민족성을 개조하고 조선인 각자가 근대 서구적 시민으로 다시 태어나야 할 것과 조선총독부의 정책에 더 적극적으로 참여할 것을 주장하는 민족개조론과 자치론자들이다.[61]

이미 그 단서는 1924년부터 나타나기 시작했다. 안재홍은 "오늘날 조선인은 이 절대한 위경(危境)에 있는 것을 어찌할 수 없는 일기회(一機會)로써 온갖 비수(悲愁)와 우탄(憂嘆)과 고난 가운데에서 다 각각 순교자적 통렬한 참회로써 피와 땀과 한숨으로써 그의 비싸고 비싼 속죄와 부활의 대가를 치르기로 하자. 오인은 주의(主義)와 주의(主義)의 충돌을 드디어 어찌할 수 없다. 그러나 '주의자 간의 싸움이 되고 또 동족 간에 일치할 가망이 없다'는 일어(一語)는 해내외 이천만 민중의 참으로 맹성(猛省) 심성(深省)할 바 아닌가 … 아아 심화(深化), 순화(純化), 정화(淨火)! 이는 금일 조선인 그 스스로를 부활케 할 정신생활의 일로(日路)"[62]라고 강조해야 할 정도로 식민 지배구조에 응전하는 민족운동 노선의 내부 분화가 곧 혼돈을 가져오는 이념적 충돌과 분열의 위험에 놓인 상태를 경고해야 했던 상황이었다.[63] 따라서 자신이 직면한 내부문제에 대한 냉철한 성찰의 연장선상에서 이루어진 손문 평가였지만, 성공과 실패 그리고 미완성의 혁명을 두고 세상을 떠난 노혁명가를 안타까워하는 안재홍의 시선은 오히려 연민을 표명한 것으로 보인다. 그래서인지 "오인은 그가 영웅인 것을 발견치 못하였다"[64]는 안재홍의 솔직한 진술은 손문을 혁명영웅으로 성화하지 않는다. 반면 공소한 이상주의자로도 폄하하지 않는다. 단지 안재홍은 "손중산은 또한 일절

61) 정윤재, 「일제강점기 민족생존의 정치사상」, 『동양정치사상사』 4권 1호, 2005, 3쪽.
62) 안재홍, 「深化 · 純化 · 淨火」, 『시대일보』, 1924년 5월 9일; 안재홍선집간행위원회 편, 『민세안재홍선집 5』, 지식산업사, 1999, 39쪽에서 재인용.
63) 윤대식, 앞의 책, 2018, 208쪽.
64) 民世學人, 「孫中山과 中國革命(七)」, 『조선일보』, 1925년 3월 21일, 1면 5단 석간.

중우에게 버린 바가 된 선구자의 고독 및 그 비애를 비상한 박행한 희생자인 것을 생각할 때 오인은 어찌 또한 만곡감개(萬斛感慨)와 함께 무쌍(無雙)한 경의를 그에게 표하지 않으랴'라고 반문하면서 "국민의 대부가 모두 무지한 문맹인 중국에 있어서 항상 황백의 다과에 따라서 향배를 수의로 하는 그 군민들을 토대로서 공화정치를 단시일에 완성코자 하는 것은 워낙 불가능의 일이었다"고 혁명실패의 결정적 원인으로 손문의 우유부단함과 이상주의보다 대중의 정치적 미성숙과 책무불이행을 거듭 강조한다.[65] 결국 안재홍에게 손문은 실패한 혁명가인 동시에 그 실패로 인해 민권혁명으로 나아가도록 대중의 정치적 각성과 책무의식을 불러일으키는데 성공한 혁명가였던 셈이다.

이렇듯 "손중산은 또한 현하 중국사회상의 충실한 영사기로 봄도 가할 것이다. 보라! 서구의 평원에서 일어난 혁명의 중심은 이제 서서히 동점(東漸)하지 않는가?"[66]라고 손문의 공헌이 무엇인지를 추출해냄으로써 손문의 죽음을 계기로 현재 진행형인 중국혁명과정을 반추하는 안재홍의 실질적인 의도는 서구 시민혁명에서 동진하여 중국혁명으로 또 동진하여 한국혁명으로의 진행을 기대하며 식민 지배를 받는 한국의 민족혁명을 통한 해방과 독립, 그리고 자주적 독립국가의 실질로서 민권혁명까지를 포석하기 위한 것이었음을 간접적으로 시사한다. 그것이야말로 안재홍이 중국혁명을 바라보는 시각과 태도가 사대주의적 순응성에서 비롯한 것인지 아니면 자주적 독립과 해방의 목표에 기초한 것인지를 구별하는 지표일 것이다.

---

[65] 民世學人,「孫中山과 中國革命(七)」.

[66] 民世學人,「孫中山과 中國革命(九)」,『조선일보』, 1925년 3월 23일, 1면 4단.

4. 맺으며

1925년 말 중국의 직예 - 봉천 군벌 간 경쟁이 격화되는 권력투쟁 과정을 바라보면서 "제국주의의 파괴를 목표로 돌진하려는 노농 노국이 있는 것과 및 만일의 경우에는 그의 특수한 권리를 옹호하기 위하여 만주출병의 결심을 표명한 일본의 태도를 생각할진대 중국의 전화(戰火)는 점차 그 국제적 화인을 확대하는 도정을 급진하고 있다 할 것"[67]이라고 관심을 집중했던 안재홍의 태도는 이제 그 명백한 이유를 드러낸다. 그것은 "피압박의 민중의 신음하는 소리 자못 여실한 표현도 불가능한 이 때 멀리 서구의 추이하는 정정을 운위하고 있는 것은 스스로 물어보아 매우 결연한 바 있는 바거니와 이 서구에서 추이되는 국제정국은 또한 극동의 일각 조선인 대중의 우탄번민(憂嘆煩悶)할 밖에 없는 정치적 사정과 전연 몰교섭한 사정이라고는 할 수 없다"[68]는 내부문제에 대한 절박한 인식이었다. 이렇게 대외인식의 대내인식으로의 환원적 성격을 강조하는 안재홍의 궁극적인 의도는 "현재의 세계에는 그 국제정국을 지배하는 3개의 조류가 있다. 즉 전술한 자본적 자유주의자들로 형성된 열국의 지배계급들에 의하여 우이(牛耳)를 잡게 되는 국제연맹의 운동이 그 일(一)이니 … 현실적 국제정치의 중추적 기괄(機括)을 지은 자이다 … 노국(露國)을 대본영으로 한 공산당의 운동이 그 이(二)이오 비록 범박하여 규범할 수 없으나 소위 『유색인종의 불평』 혹은 『동방의 반역』 등의 문구로써 설명된 열약(劣弱) 제국민의 민족적 각성에 의한 반항운동이 그 삼(三)이다"[69]라고 민족의 각성과 제국주의 침탈에 대한 저항의 의지가

67) 民世, 「中國戰火의 再燃(一)」, 『조선일보』, 1925년 11월 27일, 1면 4단.
68) 安民世, 「一九二五年의 世界形勢大觀(三)」, 『조선일보』, 1925년 12월 24일, 1면 4단.
69) 安民世, 「一九二五年의 世界形勢大觀(七)」, 『조선일보』, 1925년 12월 30일, 1면 5단.

역사발전의 필연적 흐름임을 상기시키려는 것이었다.

당대 동아시아 질서재편 과정은 안재홍의 개인적 경험과 결부되어 중국의 정치변동에 대해 관심가질 수밖에 없었다는 외연의 경계 내의 사안으로 볼 수 있지만, 사실상 그의 시선은 외연을 더 넓혀 보편적 역사흐름과 국제역학의 틀로까지 확대된 것이었다. 그것은 식민지 상태에 놓여 있어 자신들의 공적 영역을 박탈당하고 사적 영역에 침잠할 수밖에 없었던 한계 지식인으로의 약점이 아니라, 보다 냉정하고 객관적인 국외자의 입장을 취할 수 있는 장점으로 작동했다. 왜냐하면 국제질서의 재편과정이 사실상 보편사의 흐름과 맞물려 동아시아 질서재편으로 환원되었고, 동아시아 질서재편을 위한 변동은 곧 식민지배에 놓인 한국의 내부조건으로 환원될 수밖에 없다고 판단했기 때문이다. 이를 위한 일차 과제로 우리의 공적 영역이 어둠에 잠겨 있는 상황에서 그 빛의 단서로서 대외인식의 외연으로까지 시선을 넓힘으로써 다시 그 외부의 빛으로 내부의 어둠을 진단하고 밝히려는데 있다고 할 수 있다.

안재홍에게 그 교집합은 중국내부의 정치변동 즉 청 제국의 퇴장과 함께 제국주의 침탈에 맞서 자주적인 독립과 근대화를 목적으로 그 동력으로 민족주의와 민주주의를 성취하려고 했던 손문의 혁명과정이었다. 그렇게 보면 안재홍의 대외인식은 국외자로서 국제정세를 소개하고 이에 대한 대중의 이해를 증진시키려는데 우선적인 초점을 맞춘 것이 아니었다. 오히려 안재홍의 시선은 내부에 초점을 맞추고 환원되는 것이었다. 즉 밖에서 진행되는 국제정치 변동과정이 식민지배라는 현상과 맞물려 있고, 이로부터 한국의 독립과 해방이라는 궁극적인 목표실현 여부 역시 우리 자신의 정체성을 각성하여 민족으로의 결집과 식민으로부터 해방과 독립되었을 경우 민주주의의 방향으로 향해야 한다는 당위성을 시사한다. 결국 허용된 범위 내에서 자신들의 내부문제 해결책을 모색해야 했던 식민지 지식인들은 '대외문제'를 '담론'의 형태로 진행해 나갈 수밖에 없는 지성적 수단을 채택했을 뿐이다. 그래서 단지 그들이 보인 외형상의 모습만으로 고준담론의 비현실적이고 소극적인 저항에 불과했다고 평가절하 될 수 없고, 유럽열강과 중국의 문제를 중점적으로 다루고 바라보았던 모습에서 여전히 기존 사대주의적 중화관과 제국주의적 진화론에 순응했다는 평가를 받는 것 역시 공정하지 못하다. 오히려 그들은 자주를 위해 자신들이 할 수 있는 최선의 방법으로 지성적 담론을 선택한 것이고, 이것이 그들을 명실상부한 '정치지성'으로 재탄생시킨 것은 아닐까?

참고문헌

1. 『선집』 미수록 자료

民世, 「露中大陸을 縱觀하면서 東亞의 將來를 思함」, 『시대일보』, 1924년 4월 3일, 2면 1단.

民世, 「露中大陸을 縱觀하면서: 東亞의 將來를 思함」, 『시대일보』, 1924년 4월 3일, 2면 1단.

民世, 「中國兵亂 面面觀(一)」, 『조선일보』, 1924년 11월 4일, 1면 5단 석간.

民世, 「中國兵亂 面面觀(二)」, 『조선일보』, 1924년 11월 5일, 1면 5단.

民世, 「中國兵變 面面觀(三)」, 『조선일보』, 1924년 11월 6일, 1면 5단 석간.

民世, 「中國兵變 面面觀(四)」, 『조선일보』, 1924년 11월 7일, 1면 5단.

民世, 「中國戰火의 再燃(一)」, 『조선일보』, 1925년 11월 27일, 1면 4단.

民世, 「中國兵亂 面面觀(六)」, 『조선일보』, 1924년 11월 9일, 1면 5단.

民世, 「赤露東侵 縱橫觀(一)」, 『조선일보』, 1924년 11월 22일, 1면 5단.

民世學人, 「今年의 世界 米國私觀(一)」, 『조선일보』, 1925년 1월 4일, 1면 4단.

民世學人, 「今年의 世界 米國私觀(五)」, 『조선일보』, 1925년 1월 8일, 1면 4단.

民世學人, 「今年의 世界 伊國私觀(一)」, 『조선일보』, 1925년 1월 9일, 1면 5단 조간.

民世學人, 「今年의 世界 伊國私觀(二)」, 『조선일보』, 1925년 1월 10일, 1면 6단 석간.

民世學人, 「孫中山과 中國革命(一)」, 『조선일보』, 1925년 3월 14일, 1면 5단 석간.

民世學人, 「孫中山과 中國革命(二)」, 『조선일보』, 1925년 3월 15일, 1면 5단 석간.

民世學人, 「孫中山과 中國革命(三)」, 『조선일보』, 1925년 3월 16일, 1면 5단 조간.

民世學人, 「孫中山과 中國革命(四)」, 『조선일보』, 1925년 3월 18일, 1면 5단 석간.

民世學人, 「孫中山과 中國革命(五)」, 『조선일보』, 1925년 3월 19일, 1면 5단 석간.

民世學人, 「孫中山과 中國革命(六)」, 『조선일보』, 1925년 3월 20일, 1면 5단 석간.

民世學人, 「孫中山과 中國革命(七)」, 『조선일보』, 1925년 3월 21일, 1면 5단 석간.

民世學人, 「孫中山과 中國革命(九)」, 『조선일보』, 1925년 3월 23일, 1면 4단.

民世學人, 「一九二五年의 最大懸案: 日米關係의 今昔觀(上)」, 『조선일보』, 1925년 1월 1일, 5면 1단 신년호.

安民世, 「一九二五年의 世界形勢大觀(三)」, 『조선일보』, 1925년 12월 24일, 1면 4단.

安民世, 「一九二五年의 世界形勢大觀(七)」, 『조선일보』, 1925년 12월 30일, 1면 5단.

안재홍, 「萬水千山을 恨望하면서」, 『시대일보』, 1924년 4월 1일, 4면 1단.

안재홍, 「아아 그러나 그대는 朝鮮사람이다」, 『시대일보』, 1924년 5월 20일, 2면 1단.
안재홍, 「英國政爭 側面觀」, 『조선일보』, 1924년 11월 3일, 1면 5단 석간.
안재홍, 「危難中國의 壁上大觀」, 『신조선』 3권 7호, 1934.12.15.
車相瓚, 「朝鮮新聞發達史」, 『개벽』, 신간 4호, 1935. 3. 15.

2. 『선집』 수록 자료
안재홍선집간행위원회 편, 『민세안재홍선집 1』, 지식산업사, 1981.
安在鴻選集刊行委員會 編, 『민세안재홍선집 5』, 지식산업사, 1999.
高麗大學校博物館 編, 『민세안재홍선집 6』, 지식산업사, 2005.
안재홍, 「孫中山 先生을 弔함」, 『조선일보』, 1925년 1월 28일, 1면 1단.

3. 2차 자료
김명구, 「안재홍의 1920년대 구미(歐美) 정세 인식」, 『대구사학』 131집, 2018.
김수태, 「안재홍의 신민족주의와 사회사 연구」, 『한국근현대사연구』 24집, 2003.
김인식, 「안재홍의 신민족주의 사상과 운동」, 중앙대학교 박사학위논문, 1997.
김인식, 「안재홍의 신민족주의 이념의 형성과정과 조선정치철학」, 『한국학보』 24집 4
      호, 1998a.
김인식, 「해방후 안재홍의 민공협동운동」, 『근현대사강좌』 10집, 1998b.
김인식, 「안재홍의 신민족주의의 과학성론」, 『사학연구』 55~56집, 1998c.
김인식, 「해방후 안재홍의 중경임정영립보강운동」, 『한국독립운동사연구』 12집, 1998d.
김인식, 「신민족주의의 정치사상적 검토: 안재홍을 중심으로」, 『정신문화연구』 23권
      1호, 2000a.
김인식, 「좌우합작운동에 참여한 우익주체의 현실인식 변화」, 『근현대사 강좌』 11호,
      2000b.
김인식, 「안재홍, 중도의 길을 걸은 신민족주의자」, 『내일을 여는 역사』 11호, 2003.
김인식, 『안재홍의 신국가건설운동 1944-1948』, 선인, 2005.
김인식, 「안재홍의 신간회 운동」, 『애산학보』 33집, 2007.
김인식, 「조소앙의 삼균주의와 민족혁명론」, 『한국인물사연구』 16호, 2011.
김인식, 「안재홍의 '己未運動'과 임정법통성의 역사의식」, 『한국인물사연구』 18호, 2012.
김인식, 「1930년대 안재홍의 '조선학론'」, 『한국인물사연구』 23호, 2015.
박상우, 「제1차 국공합작과 코민테른의 역할」, 『법학연구』 23권 1호, 부산대학교, 1981.

반병률, 「일제초기 독립운동노선논쟁-급진론과 완진론」, 『동양정치사상사』 5권 2호, 2006.

배경한, 「신해혁명 전후시기 손문의 아시아 인식」, 『중국근현대사연구』 52집, 2011.

손승희, 「1920년대 국가주의파의 군벌에 대한 인식 변화」, 『중국학보』 50집, 2004.

송한용, 「直皖전쟁과 봉천군벌의 관내진출」, 『중국사연구』 28집, 2004.

윤대식, 「안재홍의 신민족주의론에 내재한 정치적 의무관」, 『한국사학보』 20호, 2005.

윤대식, 「한국 민족주의의 쟁점: 민족주의를 바라보는 양가적 시선에 대한 자존적 변명」, 『정신문화연구』 36권 2호, 2013a.

윤대식, 「실천지로서 안재홍의 벽상관」, 『한국정치연구』 22집 3호, 2013b.

윤대식, 『건국을 위한 변명: 안재홍, 전통과 근대 그리고 민족과 이념의 경계인』, 신서원, 2018.

이상익, 「安在鴻의 '다사리主義'의 사상적 토대와 이념적 성격」, 『한국철학논집』 31집, 2011.

이정식, 「민세 안재홍의 『자서전』」, 『신동아』 (11), 1976.

이황우, 「초기 근대 유교 계열의 민족주의 서사에 대한 연구」, 『문화와 사회』 11권, 2011.

정윤재, 「안재홍의 해방전후사 인식과 "조선정치철학적" 처방」, 김영국 外著, 『韓國政治思想史』, 박영사, 1991.

정윤재, 「한민족 이상국가와 '다사리민주주의론'」, 『국제관계연구』 6집, 충북대학교 국제관계연구소, 1993.

정윤재, 『다사리국가론-민세 안재홍의 사상과 행동』, 백산서당, 1999.

정윤재, 「안재홍의 조선정치철학과 다사리 이념」, 정윤재 외 공저, 『민족에서 세계로 – 민세 안재홍의 신민족주의론』, 봉명, 2002.

정윤재, 「일제강점기 민족생존의 정치사상」, 『동양정치사상사』, 4권 1호, 2005.

한나 아렌트 지음, 김선욱 옮김, 『예루살렘의 아이히만』, 한길사, 2006.

한나 아렌트 지음, 홍원표 옮김, 『어두운 시대의 사람들』, 한길사, 2019.

한영우, 「안재홍의 신민족주의와 사학」, 『한국독립운동사연구』 1집, 1987.

홍원표, 『한나 아렌트 정치철학: 행위, 전통, 인물』, 인간사랑, 2013.

顧炎武, 『日知錄』.

Chung, Yoon Jae, 1988, "A Medical Approach to Political Leadership: An Chae-Hong and A Healthy Korea 1945-1948," Dissertation for Ph. D in Political Science, University of Hawaii, Manoa.

『백두산 등척기』에 나타난 숭고체험의 양상과 그 의미
최남선의 『백두산근참기』와의 비교를 중심으로

이철주 (문학평론가)

『백두산 등척기』에 나타난 숭고체험의 양상과 그 의미

최남선의 『백두산근참기』와의 비교를 중심으로

이철주 (문학평론가)

1. 들어가며

　민세 안재홍의 『백두산 등척기』는 식민지 지식인의 진정한 민족 찾기와 자아 찾기의 치열한 내적 성찰의 과정을 담아낸 백두산 기행문이다. 『백두산 등척기』는 그가 1930년 7월 백두산에 다녀온 후 조선일보에 연재한 원고들을 모아 단행본으로 발간한 것으로 이 시기를 전후하여 안재홍은 자신이 핵심적인 역할을 맡아왔던, 국내 항일운동의 핵심조직인 신간회가 해체되어 가는 상황에 직면하게 된다.[1] 문화통치라는 다소 유연했던 식민지 지배 방식조차 유명무실해지고 식민지 조선에 대한 일제의 야욕이 노골적으로 가시화되어 가는 1930년대가 시작되는 경계의 시점에서 안재홍은 일제에 의해 왜곡된

---

[1] 황우갑, 「안재홍의 '백두산 등척기'에 대한 고찰」, 『안재홍의 항일과 건국사상』, 백산서당, 2010, 218~219쪽.

민족의 역사를 되찾고, 갈수록 심화되어 가는 국내 항일운동의 좌우 대립 양상으로부터 새로운 길을 모색하려 노력하게 된다. 『백두산 등척기』에는 이러한 민세의 고민과 성찰이 곳곳에 담겨 있다.

물론 백두산을 민족의 영산으로서 의미화하고 이에 대한 기행문을 저술하여 간행한 사례는 안재홍 외에도 다수 존재한다. 신채호에 의해 백두산이 한반도 산맥의 조종산에서 자주적이고 저항적인 민족정체성의 상징으로 확장된 이래, 백두산은 한민족의 가장 순수한 원형이자 앞으로 세워질 민족국가의 희망을 상징하는 민족의 영산으로 자리매김하게 되었고, 『동아일보』와 『조선일보』 등 민족주의 계열의 신문은 바로 이러한 백두산 만들기에 적극적인 움직임을 보이게 된다.[2] 동아일보 사회부장과 조선일보, 중외일보 편집국장을 지낸 민태원의 『백두산행』(1921)이나 최남선이 동아일보의 위촉으로 박한영(1870-1948)과 함께 백두산 탐험대에 참가하면서 작성한 『백두산근참기』(1926)도 이러한 의욕적인 기획의 산물이며, 연재 당시 조선일보의 부사장이었던 안재홍의 『백두산 등척기』도 마찬가지 맥락에서 도출된 결과물이다.

베네딕트 앤더슨의 지적처럼 민족 개념이 근대성을 구축하기 위한 상상의 공동체에 다름 아니고, 우리나라에서 '민족'이라는 단어 역시 1900년 이후에 쓰이기 시작한 단어[3]라 할지라도 기획으로서의 백두산 만들기가 단지 가상

---

[2] 구자황, 「근대 교과서와 기행문 성립에 관한 연구 -일제 강점기 조선어 교과서에 나타난 명승고적을 중심으로-」, 『한민족어문학』 제69호, 한민족어문학회, 2015, 88~90쪽. 구자황에 의하면 구한말, 대한제국기까지도 백두산의 상징적 영향력은 훨씬 제한적이었다고 한다. 적어도 신채호에 의해 백두산이 민족의 영산으로서의 의미를 부여받기 전까지 백두산은 단지 중국 곤륜산 지맥이 동쪽으로 뻗어 백두산을 이루었다는 정도의 '소중화적' 인식 속에서만 그 중요성을 인정받았을 뿐이다. 구한말, 대한제국 시기에 편찬된 국어과 교과서인 국민소학독본(1895), 소학독본(1896), 신정심상소학(1896) 어디에도 백두산을 구체적으로 명시한 단원은 한 곳도 존재하지 않는다.

[3] 박찬승, 「백두산의 '민족 영산'으로의 표상화」, 『동아시아 문화연구』 제55권, 한양대학교 동아시아문화연구소, 2013, 10쪽.

의 민족 원형 만들기라는 낭만적 진정성의 구축 차원으로 제한되는 것은 아니다. 물론 최남선의 경우처럼 '근참'과 '숭배'의 대상이자 이데올로기의 대상으로 백두산을 명명한 경우도 있지만, 안재홍의 경우에서 볼 수 있듯 민족의 영산으로서 백두산 만들기가 특정 이데올로기의 옹호와 숭상이 아닌, 보다 넓은 의미에서의 성찰과 진정성 추구의 맥락에서 이루어진 경우도 존재하기 때문이다. 최남선에게는 이러한 성찰적 자기 응시와 진정한 자아 찾기보다는 숭배해야 할 이데올로기로서의 대상이 주는 숭고미에 의한 쾌감이 더 중요했고, 그의 빠른 변절과 친일 행위 역시 이러한 파시즘적 숭고의 동력과 무관하지 않은 것으로 보인다.

　1920-1930년대에 민태원, 최남선, 안재홍 등에 의해 저술된 백두산 기행문들이 자연의 숭고를 경험함으로써 진정한 자아를 회복하는 실존적 과정이었음을 추적해낸 신진숙의 연구[4]는 이러한 맥락에서 매우 중요한데, 근대적 관광 체험이 어떻게 식민지인들의 진정한 자아 찾기의 과정, 진정한 민족 찾기의 과정과 연결되어 있는지를 진정성이라는 개념이 지닌 역사성과 공공성을 통해 꼼꼼히 살피고 있어 주목할 만하다. 하지만 진정성을 추구하는 과정에 있어 최남선의 미학적 방식과 안재홍의 미학적 방식이 동일한 것이라고 판단하기 어려울 뿐만 아니라, "식민지인이 진정성을 실험하고 현실적 자아와 이상적 세계 사이를 상상적으로 봉합하는 상징적 행위이자 공간적 실천"[5]이라는 공통의 맥락을 지적하는 것만으로는 일제강점기하의 수많은 저항의 형식들이 지닌 차이와 가치들을 평가하는 것이 불가능해진다. 무엇

4) 신진숙, 「백두산 관광을 통해 본 식민지 '진정성'의 구성 방식: 1920-30년대 민태원, 최남선, 안재홍의 백두산 기행문을 중심으로」, 『동악어문학』 제71권, 동악어문학회, 2017.
5) 위의 글, 396쪽.

보다 미학으로서의 숭고 개념이 지닌 모호성은 이러한 맥락에서 더 깊은 성찰을 요청한다. 적어도 미학의 차원에서만큼은 저항적 민족주의의 강력한 실천으로서 형상화된 일부 숭고한 이데올로기로서의 민족 개념과 20세기를 잔혹한 피의 역사로 물들인 파시즘적 숭고 내지 열광 사이에는 그다지 큰 차이가 존재하지 않기 때문이다.

본고에서는 이러한 맥락에서 안재홍의『백두산 등척기』에 형상화된 숭고 체험의 양상을 살펴보고, 이러한 숭고체험이 최남선의 경우에서와는 달리 어떻게 객관적 성찰의 거리를 확보해내는지를 구체적으로 추적해보고자 한다. 물론 이를 보다 정밀하게 설명해내기 위해서는 미학의 맥락에서 숭고미와 숭고, 파시즘적 숭고와 성찰적 숭고가 어떻게 구분될 수 있는지를 먼저 살펴봐야 할 것이다. 이러한 미학적 범주로서의 숭고에 대한 이론적 검토를 바탕으로 본고에서는 식민지 지식인의 진정한 자아 찾기의 과정이자 숭고미학의 식민지적 전유의 한 사례로 안재홍의『백두산 등척기』를 살펴봄으로써『백두산 등척기』가 지닌 역사적 가치뿐만 아니라 미학적 가치 역시 면밀하게 들여다보고자 한다.

2. 진정성의 이상과 근대적 관광경험에 나타난 숭고체험

본래 진정성의 이상은 근대적 개인의 출현과 밀접하게 맞닿아 있다. 닝왕에 따르면, "근대성이라는 조건하에서 진정한 자아는 근대사회에서 지배적 제도의 합리적 질서에 저항하고 뒤엎기 위한 일종의 이상으로서 출현"[6]하

---

[6] 닝 왕 저, 이진형·최석호 공역,『관광과 근대성: 사회학적 분석』, 일신사, 2004, 106쪽.

는데, 이는 근대적 삶의 조건들이 유발하는 비진정성에 대한 거리두기와 저항의 방식을 통해 구축된다. 개인으로서의 자아가 도덕적 삶의 중요한 기준으로 설정되는 것이 바로 진정한 자아 찾기의 핵심 요소라고 할 수 있는데, 이때의 진정성이란 하나의 이념이나 실체, 혹은 실정성으로서 규정되지 않는다. 황종연은 이를 강조하기 위해 진정성을 오직 부정적 용법 속에서만 정의내리는데 그에 따르면 진정성이란 오직 진정성의 부재라는 조건 속에서만 확보되는, 근대적 주체가 추구할 수 있는 도덕적 이상의 한 정점이다.

> 진정성은 실정적으로 정의된 어떤 행위나 상태를 표시하지 않는다. 그것은 오히려 부정의용어이다. 진정성은 진정성이 부재한다는 인식 속에, 진정성을 추구하는 행동 속에 존재한다. 진정성 추구의 기본적인 충동은 그것이 어떤 내용의, 어떤 품질의 삶이든지 간에 개인 자신에게 진실한 삶을 살려는 파토스이다. 진정성의 파토스는 개인으로 하여금 그의 삶이 사회적으로 인정된 원칙과 일치하는가가 아니라 그 자신의 자아, 감정, 신념과 일치하는가를 묻게 한다. 따라서 그것은 개인 스스로 그 자신의 삶의 방식이나 모양을 만들려는 열정을 포함한다. 진정성을 추구한다는 것은 달리 말하면 개인의 자기 창조적 자유를 실현하는 것이다. 진정성을 추구하는 가운데 기성의 윤리적 질서와 갈등이 빚어지는 것은 불가피한 사태이다.[7]

다시 말해 진정성이란 추구하고 회복될 것의 형태로 설정되기는 하지만, 실제 진정성의 윤리가 작동하는 방식은 언제나 부재의 형식이며, 현실의 삶에는 존재하지 않는 진정한 것을 실현하고 되찾으려는 열정, 그 운동성만이 진정성의 유일한 내용이라는 것이다. 이러한 이유로 진정한 자아는 어떤 고

----

7) 황종연, 「비루한 것의 카니발」, 『문학동네』 제6권 제4호, 문학동네, 1999, 14쪽.

정된 가치나 특정 질서 속에서 찾을 수 있는 것이 아니라, 근대적 삶이 만들어낸 보편적이고 합리적인 질서나 공적, 비개인적 영역에 반하는 문화적 상징적 경계 바깥에서, 지배적 제도들 외부의 공간에서 쉽게 실현되는 것처럼 여겨진다. 자연은 인위성들로 구축된 근대적 제도의 바깥이라는 점에서 진정한 자아 찾기의 효과적인 무대가 되는데, 진정성에 대한 이상과 그러한 이상을 추구하려는 욕망이 항상 일치하는 것은 아니어서, 자연관광이 매개하는 진정한 자아 찾기의 과정들이 언제나 이러한 진정성 추구의 기본적인 전제에 충실한 것은 아니다. 많은 경우 근대적 개인들은 자신들의 개성 없음과 방향성 상실 및 정체성의 부재를 견디기 위한 손쉬운 대리물로서 자연관광을 선택하는데, 이때의 진정한 자아는 오직 다시 집으로 돌아가 일상의 삶 속에 적응할 준비가 되어 있는 '한계지대' 내에서만 경험된다.[8]

영국의 철학자 에드먼드 버크(Edmund Burke, 1729~1797)는 이러한 근대인의 자연관광 체험으로부터 근대적 미학 개념으로서의 '숭고'를 개념화한 바 있는데, 그에 따르면 숭고는 쾌와 불쾌가 혼합된 감정으로 즉각적인 만족을 제공하는 미의 경험과는 질적으로 다른 범주에 속한다. 미가 질서와 조화, 명료함, 작음 등을 속성으로 하는 대상으로부터 유발되는 데 반해 숭고는 그와는 정반대인 무질서와 부조화, 불명료함과 거대함 등을 특성으로 하는 대상으로부터 촉발된다. 버크는 숭고의 이러한 특성을 철저히 심리적 경험론에 입각해서 설명하는데, 미가 주는 만족을 신경조직의 이완으로, 숭고체험을 공포에 의한 신경조직의 긴장과 수축으로 설명한다. 그에 따르면 숭고를 불러일으키는 감정의 원천은 어떤 형태로든 고통이나 위험의 관념을 불러일으킬 수 있는 압도적인 경험과 관련돼 있다. 다만 버크는 그런 위험이나

---

8) 닝 왕, 앞의 책, 107쪽.

고통이 너무 가까이에 있어서 단지 공포의 대상으로만 느껴질 때에는 숭고
가 촉발되지 않는다고 설명하는데 반드시 일정 정도의 안전한 거리가 확보
되어야 한다는 것이다. 즉 매우 큰 위험으로부터 벗어나 안전함을 확인하게
될 때, 자기 보존과 관련한 감정들이 안전한 감상의 차원에서 작동될 수 있을
때 어떤 쾌보다도 더 강렬한 기쁨(delight)을 느끼게 된다는 것이다.[9]

　　자연 속에 존재하는 거대하고 숭고한 사물이 불러일으키는 가장 강력한
　　감정은 경악(astonishment)이다. 경악은 우리 영혼의 모든 움직임이 일시적
　　으로 정지된 상태를 말하는데, 거기에는 약간의 공포가 수반된다. 이 경우
　　우리의 마음은 그 대상에 완전히 사로잡혀 다른 어떤 대상도 생각하지 못하
　　고, 우리 마음을 사로잡은 그 대상에 대해서 이성적으로 사고할 수도 없다.
　　여기에서 숭고의 엄청난 힘이 생겨난다. 숭고는 이성적 추론에 의해 생겨나
　　는 것이 아니라 오히려 그것을 앞질러 저항할 수 없는 힘으로 우리를 몰아붙
　　인다. 앞에서 말한 대로 숭고의 효과 중에서 가장 강한 것은 경악이며, 그보
　　다 약한 효과는 경탄과 숭배, 존경이다.[10]

버크는 제2부 제1절 "숭고에 의해 유발되는 감정에 관하여"에서 숭고에
의해 유발되는 가장 강력한 감정인 경악에 대해 서술하고 있다. 그럼에도
이토록 강력한 숭고의 힘은 어디까지나 '약간의 공포'를 수반하고 있을 뿐이
다. 자연 현상이 불러일으키는 공포가 숭고로 전환될 수 있는 것은 어디까지
나 그러한 자연현상을 대면하고 있을 때조차도 스스로의 안전이 보장되어
있다는 확신이 존재하기 때문인데 이는 곧 근대적 주체의 통제력과 자신감을

9) 에드먼드 버크 저, 김동훈 역, 『숭고와 아름다움의 관념의 기원에 대한 철학적 탐구』,
　마티, 2019, 74~75쪽.
10) 위의 책, 99쪽.

함의하는 것이다. 그렇기 때문에 버크의 숭고는 엄밀히 말해 대상 자체의 속성이라기보다는, 대상을 대하는 주관의 태도에서 비롯하는 것으로 봐야 한다.

이러한 맥락에서 볼 때, "근대적 의미의 자연관광은 인위성이 제거된 자연의 숭고미를 '진정한 경험'으로 간주하면서 '진정한 세계 그리고 진정한 자기와 접촉했다고 느끼'고 싶어 하는 사람들의 욕망을 실현해준다"[11]는 주장은 전적으로 맞지만, 한편으론 주의 깊게 다시 살펴질 필요가 있다. 왜냐하면 인위성이 제거되었다고 믿는 자연의 숭고미에는 어쩔 수 없이 그러한 자연으로부터 숭고를 체험하도록 유발하는 인위적 조건들이 깔려 있기 때문이며, 진정한 자기와 접촉했다고 느끼고 싶어하는 사람들의 욕망이란 실제로는 진정성의 추구가 요구하는 부정적 용법과는 다른 맥락에서 작동하는 탓이다. 무엇보다 안재홍을 비롯한 식민지 지식인들에게 "백두산 등정은 자연의 숭고를 경험함으로써 진정한 자아를 회복하는 실존적 과정"[12]으로 생각되었을지 모르나, 그러한 실존적 과정이 상상적 해결책에 머무르는 경우와 고도의 윤리적 성찰과 탐색에까지 이르는 경우는 분명 다른 윤리적 방향성과 욕망의 방식을 지니고 있는 것으로서 구분되어 설명되어야만 한다.

3. 부정적(不定的) 숭고와 진정성에 대한 파토스[13]

진정성에 대한 파토스와 근대적 자연관광이 매개하는 숭고체험 사이에 일

---

[11] 신진숙, 앞의 글, 381쪽.
[12] 위의 글.
[13] 본 장에서 다루는 숭고 미학의 이론과 그 개념들에 대한 내용들은 「백석 시의 탈근대성 연구: 숭고미학적 관점을 중심으로」 졸고, 경희대학교 일반대학원 석사학위논문, 2014에서 추려 정리한 것임.

정 정도의 상관성이 존재한다는 것을 발견한 이상, 애초에 미학적 범주로서의 숭고가 서구 미학사에서 어떤 맥락에서 발견되고 재명명된 개념인지를 근본적으로 따져볼 필요가 있다. 숭고의 미학이 아름다움의 미학과 변별되는 자질들을 갖고 있다 할지라도 위에서 살펴본 바와 같이 현실적 모순의 상상적 봉합이나 환상적 위로를 제공하는 규범적 기제에 다름 아니라면, 근대적 자연관광이 제공하는 숭고의 체험은 그 자체로 긍정될 수 있는 요소는 아닐 것이다. 게다가 만약 진정성에 대한 열정이 숭고미학의 극단적 사례라 할 수 있는 파시즘적 숭고와 어떤 식으로든 연결되어 있는 것이라면, 민족의 영산으로서의 백두산 만들기와 같은 숭고 체험에 근거한 "진정한 자아 회복"의 프로젝트들에 대해서도 비판적으로 숙고해봐야 할 여지가 존재하게 된다.

숭고의 개념이 본래부터 미학의 하위 개념이 아닌, 미학 바깥의 미학으로 정립되었던 것은 아니다. 미학의 영역이 본격적인 체계와 구조를 갖추게 된 근대미학에서부터 숭고는 기본적으로 미의 가장 높은 지점으로서의 '완전성'을 의미하는 '숭고미'로서 존재했고, 그러한 완전성의 이념을 재현해낸 모범적 사례들에 대해 부여되는 것이 바로 숭고미였다. 이렇듯 근대미학의 한 전형을 보여주는 것이 '숭고미'였음에도 불구하고, 숭고는 리오타르 등에 의해 탈근대미학의 모습을 갖추게 되면서 미학 바깥의 미학으로 새롭게 정립되기에 이른다.

숭고미학을 탈근대미학으로서 전유할 때 가장 핵심이 되는 개념은 '사건성'인데, 이는 숭고의 대상이 주관에 일으키는 '사건적 체험'을 의미한다. 미리 존재하는 숭고의 이념에 도달하도록 대상이 직접적으로 매개하는 것이 아니라, 무엇이라 구체적으로 규정지을 수 없는 낯선 타자성들이 대상과의 마주침으로 인해 간접적으로 촉발되고 매개된다는 것인데, 이러한 사건성의 자각이 존재 고양의 느낌과 강렬한 파토스의 울림을 만들어낸다는 것이다.

이러한 숭고 체험이 매개하는 사건적 체험으로서의 성격은 비록 명시적으로 개념화된 형태는 아니지만, 숭고에 대한 논의들의 출발점이 되는 롱기누스 (Longinus)의 『숭고론Peri Hypsos』에서부터 비교적 뚜렷한 형태로 제시된다.

롱기누스의 『숭고론』은 아리스토텔레스와 호라티우스의 『시학』과 함께 그리스 로마 시대의 3대 문예 비평서로 꼽히곤 하지만 저자도 저술연대도 불분명하다. 이 책은 1554년 '디오니시오스 롱기누스'라는 이름으로 초판본이 나온 이래 기원후 3세기 정도에 저술된 것으로 잘못 알려져 왔으나, 현재는 기원후 1세기경 로마에 살았던 성명 미상의 그리스인 학자에 의해 저술된 것으로 받아들여지고 있다. 이로 인해 위(僞)롱기누스(Pseudo-Longinus)라는 명칭으로 표기되기도 하나 국내에서는 롱기누스로 표기하고 지칭하는 것이 일반적이다. 롱기누스의 『숭고론』은 헬레니즘 시대의 과도한 수사성과 아류성을 문체의 차원에서 비판하는데, 화려하고 수식적인 헬레니즘 시대의 문체보다는 고대의 간결하고 함축적인 문체가 사람의 마음을 움직이는 힘을 지니고 있다는 키케로파의 논점을 그대로 반영하고 있다.

따라서 위대한 정신을 드러내지만 흠이 있는 천재의 작품이 흠잡을 데 없이 완벽한 문체로 구성된 범용한 작품보다 더 위대하며 숭고한 것이 된다. 이는 위대한 정신이 촉발시키는 해소될 수 없는 파토스의 분출이 정신의 고양으로 이어지기 때문이다. 물론 파토스의 분출 자체가 '숭고'를 의미하는 것은 아니다. 롱기누스의 관심은 숭고 체험이 불러일으키는 황홀, 탈아, 영감의 차원에만 국한되지 않고 무분별한 파토스적 과잉을 제어할 수 있는 이론적 차원으로까지 확장되는데, 위대한 정신이 촉발하는 울림은 로고스적 요소와 파토스적 요소가 조화롭게 균형을 이루었을 때에만 가능하다고 보기 때문이다.

롱기누스의 설명은 매우 경험론적인 방식에 근거해 있는데, 높고 위대한 정신이 미리 존재해서 그것을 문체로 재현해내야 한다는 것이 아니라 역으로 '숭고한 문체'에 의해 위대한 정신이 드러난다고 주장한다. 듣는 이를 '높이'에 취하게 하고, 황홀하게 만드는 것이 바로 '숭고한 문체'라고 할 때, 높이와 황홀은 어떤 존재의 상태를 일컫는 개념이지, 특정 이념을 일컫는 개념이 아니었다. 이렇듯 롱기누스의 관심사는 문체 자체에 한정된 것이었으나, 특정 이념에로의 고양을 문제 삼지 않는다는 점, 고대의 모범적 문체 자체에 대한 예찬으로 치닫지 않는 점에서 탈근대미학으로서 '숭고미학'이 사유하는 바를 잘 보여준다.

브왈로(Nicolas Boileau, 1636~1711)에 의해 프랑스 사회에 롱기누스의『숭고론』이 본격적으로 소개되자, 이러한 영향은 신구논쟁 속에서 당시 영국의 문화계에까지 큰 영향력을 미친다. 인간에게 외경심을 불러일으키는 두려운 자연과 무한한 우주 그리고 그 주재자인 신에게서 영국인들은 '숭고'의 개념을 이해했다. 이에 따라 영국인들은 숭고를 이성적 척도에 따라 규정짓거나 통제할 수 있는 것으로 다루지 않았다. 버크(Edmund Burke, 1729~1797)의 숭고에 대한 논의는, 이러한 영국의 경험주의적 사고방식에 근거하고 있다. 버크의『숭고와 미의 이념의 기원에 관한 철학적 탐구(Philosophical Enquiry into the Origin of our Ideas of the Sublime and Beautiful)』(1757)는 심리적 경험론의 입장에서 미와 숭고에 관한 완성된 이론체계를 수립한 결과물이라 할 수 있다. 물론 이미 2장에서 살펴본 바와 같이 버크의 숭고에 대한 입장은 숭고의 체험이 주는 감동을 단순히 위협적인 공포의 상황으로부터 벗어난 안도감에서 찾는다거나, 현실과의 관계성을 설명해주지 못한다는 점에서 비판의 여지가 있지만, 숭고의 다양한 계기들을 경험론적으로 범주화함으로써 숭고를 사유할 수 있는 다양한 가능성들을 열어놨다는 점에서 의미 있는 결과로 볼 수 있다.

칸트(Immanuel Kant, 1724~1804)의 취미판단에 관한 논의인 『판단력 비판』은 미학적 범주로서 숭고를 사유할 때 반드시 참조해야 하는 중요한 이론적 접근의 사례이다. 칸트는 취미판단에서 미와 숭고를 구별하는데, 미가 언제나 직접적인 만족을 주는 데에 비해 숭고는 언제나 쾌와 불쾌가 혼재하는 혼합감정으로서 간접적으로만 제시된다. 미의 대상은 비규정적 지성 개념의 현시이기에, "그 형식상 마치 우리의 판단력에 대해 미리 규정되어 있기라도 한 것처럼 여겨지는 합목적성을 포함하고 있고 그래서 자체로 만족"을 주지만, 숭고의 대상은 비규정적 이성 개념의 현시이기에 "그 형식만을 본다면 우리의 판단력에 대해 물론 반목적적이며 우리의 현시 능력에 부적합하고 상상력에 대해서는 마치 난폭한 것같이 보일" 따름이므로 대상 자체가 직접적인 만족을 주지 못한다.[14] 칸트에 따르면 숭고는 결코 대상의 속성이 아닌데, 숭고에 관한 판단에 있어 대상은 "우리의 마음속에서만 발견될 수 있는 숭고성을 현시하기에 적당"할 뿐이며, "숭고란 감각적 형식에 포함될 수 있는 것이 아니고 이성의 이념들에만 관계하기 때문이다."[15]

칸트는 숭고의 개념을 인식 능력과 욕구 능력의 차원에서 더 세분화하는데, 수학적 숭고와 역학적 숭고가 바로 그것이다. 수학적 숭고에서 중요한 것은 '크기'인데, 이는 단적으로 큰 것으로서 '일체의 비교를 넘어서는 큰 것'이다. 상상력은 이러한 대상을 포착하고 포괄하기 위해 무한히 전진하려 노력하지만 스스로의 한계 앞에 놓이게 되는데, 이렇듯 무한히 큰 것, 즉 이념

---

[14] 이마누엘 칸트, 김상현 역, 『판단력 비판』, 책세상, 2005, 82쪽.

[15] 위의 책, "우리는 폭풍우로 인해 난폭해진 광막한 대양을 숭고하다고 부를 수 없다. 그것을 보고 있으면 무서울 뿐이다. 그리고 그와 같은 직관을 통해 마음이 감성을 버리고 보다 높은 합목적성을 내포하는 이념에 몰두하도록 자극됨으로써 그 자신 숭고한 감정의 상태에 놓이려면 우리는 마음을 미리 여러 가지 이념으로 가득 채워두지 않으면 안 되는 것이다."

을 인식하는 데에 상상력이 부적합하다는 사실이 이념을 비규정적으로나마 감지할 수 있는 초감성적 능력이 우리 내부에 있음을 일깨운다는 것이다. 반면 역학적 숭고는 강제력이 아닌 위력과 관계한다. 역학적 숭고를 불러일으키려면 저항 자체를 무력화시킬 정도로 강제력을 지닌 것이어서는 안 되는데, 자연의 위력은 신체적 무력감을 일깨우지만 동시에 그 위력으로부터 독립된 판정능력과 자연을 압도하는 우월성을 발견하도록 해준다는 것이다.

보다 높은 이성이념의 차원을 매개하는 칸트의 숭고 개념은 플라톤의 이데아 개념과도 외견상 흡사해 보인다. 그러나 철학적 차원에서 플라톤이 이데아를 형이상학적 목적지로서 규정짓고 있는 반면, 칸트의 숭고 개념은 형이상학적 이념들로 환원되지 않는다. 칸트의 숭고는 감성적 능력으로는 포괄될 수 없는 이성이념 일반이 존재한다는 사실을 비실정적인 방식으로 매개하고 있을 뿐이다. 칸트는 숭고가 어째서 광신과 열광의 위험을 초래하지 않는지를 명확한 근거를 통해 설명하고 있는데, 숭고는 오직 비규정적으로만 이성이념 일반의 존재를 가정하기 때문에 특정 이념만이 보편적이며 유일하다고 주장하는 광신과 열광의 망상과는 질적으로 다를 수밖에 없다는 것이다.[16] 환원주의에 대한 명확한 거부와 보다 근원적 차원의 매개를 통한 주관의 한계를 문제 삼는 칸트의 이러한 숭고 개념은, 현대미학자들에 의해 탈근대미학으로서 보다 적극적으로 사유되기에 이른다.

....

[16] 칸트는 숭고의 부정적(不定的) 제시는 광신과 열광의 위험을 초래하지 않음을 지적하고 있다. "도덕성의 이러한 순수하고도, 심성을 고양시키는, 단지 부정적(不定的) 제시는 열광의 위험을 초래하지 않는다. 그 열광이란 감성의 모든 한계를 초월하여 무엇인가를 보려고 하는 망상, 다시 말해 원칙에 따라 몽상하려는(이성을 가지고 날뛰는) 망상을 뜻한다. 그런데 부정적(不定的)인 제시가 광신의 위험을 초래하지 않는 이유는 그때의 제시가 단지 부정적(不定的)이기 때문이다. 왜냐하면 자유이념의 탐구 불가능성은 모든 긍정적 제시의 길을 차단한다." (이마누엘 칸트 저, 이석윤 역, 『판단력 비판』, 박영사, 1974, 146쪽).

미학사에 '숭고'를 탈근대미학의 차원에서 복권시킨 인물은 리오타르이다. 리오타르는 『아방가르드와 숭고』에서 스스로의 사유 근거를 버넷 뉴먼의 작업으로부터 끌어들이고 있다. 뉴먼은 1948년 「숭고는 지금이다(The Sublime is Now)」라는 글을 통해 자신의 새로운 미학이 무엇을 의도하고 있는지를 선명히 밝힌 바 있다. 뉴먼의 기획은 미의 관념과 숭고의 열망 사이의 투쟁이었던 서구회화의 역사에서 회화를 이끄는 미적 범주를 '미'에서 '숭고'로 바꾸어 놓는 데에 있었다.[17]

뉴먼이 일련의 작품들과 이론적 설명을 통해 드러내고자 하는 것은 사건성으로서의 숭고개념이다. 의식에 포착되기 이전의 '발생' 자체를 다루려는 그의 기획은 미의 환원론적 체계로는 포섭할 수 없는 것이다. 뉴먼이 포착하는 '숭고'는 이론이나 개념보다 먼저 존재하는 '일어남' 자체이다. '일어남', '있음' 자체가 강조될 뿐, 무엇이 일어났는가는 중요한 것이 아니다. 뉴먼의 숭고는 '부정적(不定的) 숭고'이다. 형이상학적 목적지를 전제하지 않는 숭고, 끊임없이 일어남 자체만을 문제 삼는 숭고는 오직 '부정적(不定的)으로만 묘사'될 뿐이다.

'숭고의 부정적(不定的) 묘사'가 주로 창작미학의 관점에서 논의되고 있다면, 작품미학의 관점에서 숭고는 '사건성'의 체험에서 발견된다고 할 수 있다.[18] 뉴먼의 '숭고'는 지금 일어나는 사건이고 발생이다. "파악하고자 애쓰는 지성의 당황함, 그 탈무장화, 이것이 즉 이 사건이 회화에 필연적이 아니며, 전혀 예상할 수 없다는 점을 고백하는 것"[19]은 부정적(不定的) 숭고가

---

17) 진중권, 『(진중권의) 현대미학 강의: 숭고와 시뮬라크르의 이중주』, 아트북스, 2003, 240쪽.

18) 위의 책, 252쪽.

19) J.-F. 리오타르 저, 박상선 역, 「아방가르드와 숭고」, 『아방가르드와 숭고: 리오타르의 철학』, 흙과 생기, 2005, 147쪽.

기획하는 바이다. '작품'에는 오직 이러한 '사건성'만이 있을 뿐이다. 수용미학의 차원과 직결되는 사건성 개념은 '존재의 고양'으로 이어진다. 존재는 형이상학적 이념에 도달함으로써 고양되는 것이 아니다. 신의 이념에 도달함으로써 고양되는 정신이란 종교적 열광이거나 광신에 다름 아니다. 부정적(不定的) 숭고가 의도하는 '고양'은 존재의 강화이다. 주관의 익숙함을 깨고, 낯선 사유와 낯선 존재를 바라보게 만드는 행위는 존재를 강화시킨다.

　이렇듯 현대의 숭고미학은 형이상학적 숭고가 아닌 부정적(不定的) 숭고를 지향한다. 근대미학의 숭고미 개념이나 파시즘적 열광 내지 종교적 열광으로서의 형이상학적 숭고는 특정 형이상학적 이념이나 신적인 이념에 스스로가 도달했다는 착각 속에서 증폭된 고양의 감정을 만들어내지만, 부정적(不定的) 숭고가 열어내는 존재의 고양감은 이러한 주관의 폭력적 동일성에 대해 객관적 거리를 확보해냄으로써 숭고체험이 촉발시킨 존재의 열림 자체에 주목하게 만든다. 위험과 공포로부터 한발 물러섬으로써 그러한 위험과 공포를 넘어설 수 있는 자기 안의 능력을 발견하는 행위로부터 숭고가 촉발되는 것은 사실이지만, 이것이 현실적 모순의 상상적 봉합이나 환상적 위로를 제공하는 규범적 기제로 작동하지 않는 것도 모두 이러한 객관적 거리두기와 냉정한 자기 응시의 윤리가 이러한 미학적 판단 속에 내재해 있는 까닭이다.

　진정성 역시도 이러한 부정적(不定的) 용법 속에서만 진정성이 추구하는 고도의 윤리적 지점에 도달하게 되는데, 진정한 것이란 언제나 부재할 수밖에 없으며 이 부재하는 진정성을 추구하기 위한 끊임없는 존재의 도약들만이 진정성에 대한 파토스를 파시즘적 숭고의 황홀감이 만들어내는 고양된 자아감의 함정으로부터 지켜낼 수 있기 때문이다. 식민지 지식인의 진정한 자아 찾기와 민족 찾기라는 동일한 과제를 수행함에도 최남선의 백두산과 안재홍의 백두산이 다른 길을 걷게 된 것 역시 이런 연유에서 생각해볼 수 있는데, 다음 장에서는 이를 구체적인 텍스트 분석을 통해 살펴보고자 한다.

4. 『백두산 등척기』의 부정적(不定的) 숭고체험에 나타난 식민지 지식인의 진정한 자아 찾기 과정

안재홍보다 4년 앞서 백두산 기행문을 작성한 최남선의 경우와 비교해보면 안재홍의『백두산 등척기』는 최남선의『백두산근참기』와 일정 부분 유사한 측면들을 공유하지만, 그에 못지않은 명백한 차이점들 역시 선명하게 보여준다. "최남선의 지나치게 관념화한 숭배의 백두산이 아닌 우리 역사의 근원, 시대정신의 근원으로서 백두산으로 다가서게"[20] 한다는 지적에서 볼 수 있는 것처럼, 최남선이 보여주는 흡사 종교적 순례[21]에 해당할 법한 과잉 숭배의 측면들이 안재홍에게는 나타나지 않는다. "백두산정계비의 현장 고증이라는 고고학적 성과와 함께 민족 자존의식을 높이고자 하는 기행 의도가"[22] 균형을 이루고 있기 때문인데, 민족의식의 함양이라는 공통의 목적을 가지고 있음에도 최남선이 민족의식이라는 주관성의 영역과 역사 연구라는 객관성의 영역 사이에서 강렬한 파토스로서의 민족의식 쪽으로 완전히 넘어가는 모습을 보여주고 있는 것과 달리 안재홍은 주관적 신념과 객관적 사실

---

[20] 황우갑, 앞의 글, 236쪽.
[21] "최남선에게 국토 기행은 민족의식을 함양하고 민족주의자로서의 정신적 동력을 만드는 종교적 순례였다. 금강산과 지리산에 대해서는 순례라는 말을 썼고 백두산에 대해서는 근참이라 했다." (서영채,「기원의 신화를 향해 가는 길: 최남선의『백두산근참기』」,『한국근대문학연구』제12권 제12호, 한국근대문학회, 2005, 2쪽).
[22] 황우갑, 앞의 글, 245쪽.

사이의 간극을 있는 그대로 직시하며 그 격차를 견뎌내는 자세를 보여준다.

최남선은 "백두산 가까이에 다가가자 학자로서의 무장을 거침없이 해제해 버"리고, "중요한 것은 사실이 아니라 신념이라고 토로"하는 데에까지 나아가는데[23] 그가 되찾고자 했던 진정한 민족성과 암울하고 참혹한 식민지 현실 사이의 아득한 격차를 백두산이라는 성스럽고 숭고한 대상이 불러일으키는 종교적 열광과 황홀감으로 봉합하려 했기 때문이다. 이러한 숭고미 내지 열광으로서의 숭고 체험은 그의 백두산행이 따르고 있는 여정의 순서와 배치에 의해서도 뒷받침되고 있는데, 백두산 정상과 천지에 도달하는 것은 이 기행문의 구성에 있어 절정의 단계에 말끔하게 배치되어 있다. 마치 헤겔의 변증법적 구도가 보여주는 것처럼 최남선의 기행문은 정 - 반 - 합의 체계에 따라 효과적으로 재단되고 구성된다. 여정의 발단과 전개 부분을 통해 "민족과 그것의 외부가 만나는 지점"[24]에서 촉발되는 민족에 대한 의식, 즉 영토 없고 주권 없고 자격 없는 식민지 조선에 대한 자각을, 다시 말해 비진정한 자아에 대한 자각을 선명하게 각인시킨 다음, 이 가혹하고 참혹한 충돌의 상처와 열패감을 아름답고 숭고한 백두산이라는 가장 거대한 '국민성'의 상징을 통해, 단 하나의 특권적이고도 무한한 절대적 진정성, 진정한 자아의 이미지를 통해 단번에 뛰어넘으려 한다.

"어머니! 저올시다. 괘씸하시지만 잠깐이라도 거룩하신 얼굴을 내보여 주시옵소서. 온 것이 늦기는 하였습니다만 멀기도 합니다. 제발 1분간이라도요."[25]라는 급박하고 절절한 요청은 조선이 잃어버린, 최남선 자신이 잃어버

---

23) 서영채, 앞의 글, 3쪽.
24) 위의 글, 7쪽. 서영채는 최남선의 민족의식이 타민족, 즉 민족의 외부와의 만남을 통해 촉발됨을 『백두산근참기』 속 묘사된 타자와의 조우 경험을 통해 설명하고 있다.
25) 최남선, 앞의 책, 243쪽.

린 진정한 민족의 원형으로서의 성스러운 어머니, 즉 백두산의 숭고한 영토 속에 자신을 받아들여 달라는 종교적 제의에 다름 아니다. 이 극적이고도 카타르시스 가득한 여정의 구도를 만들어내기 위해, 최남선의 백두산 여정길 곳곳에는 진정한 민족성이자 국민성, 진정한 자아의 화신인 백두산을 잊고 살아온 자신을 채찍질하고 속죄하는 장면들로 가득하다. 비진정한 자아에 대한 비판과 공격성이 진정한 자아, 진정한 민족성의 성스러움과 숭고함을 증명해주기라도 하듯, 『백두산근참기』는 이러한 진정한 세계를 회복하기 위한 상상적 노력들로 점철돼 있다. 백두산 천지에 오르는 절정의 장 바로 앞에는 "고난을 주시는 길"이라는 제목으로 묶인 11개의 소챕터가 배치되어 있는데, 백두산 여정의 험난함을 작가적 역량에 따라 구성해낸 것이기도 하겠지만, 이 '고난'의 파토스들은 무엇보다 백두산의 숭고함과 성스러움을 더 강렬하게 극대화하기 위한 서사적 장치로서 존재하고 있는 것이다.

> 아득하게 끝없이 멀어서 눈을 가리는 것이 없는 이 밀림, 그놈이 그놈 같은 이깔나무 밖에는 바윗돌 하나 멧부리 하나 목표 삼을 것 없는 나무만의 세계인 이 밀림, 한 발짝만 삐끗하면 어떠한 위험한 곳에서 헤매게 될지 모를 듯한 이 구원한 밀림에서, 실오라기만한 이 한 줄기 길이 짊어진 사명과 지니고 있는 가치는 실로 한없이 큰 것이요 비할 데 없이 큰 것이다.
> 이것이 곧 만인 생명의 동아줄이요 몹시 오래된 지극히 긴 시간으로부터 온 곳으로 사람으로 하여금 백두의 성스러운 얼굴을 응대하여 맞이할 수 있게 하는 유일한 인연이다. "이 길이 없을 것 같으면" 하는 상상을 할 때에는 금시에 소름이 끼쳐짐을 스스로 깨닫지 못한다.[26]

---

26) 위의 책, 94쪽.

비진정한 속되고 비루한 현실로부터 숭고하고 아름다운 진정성의 세계를 한없이 멀찌감치 떨어뜨려 놓는 이 고난의 스펙터클은 최남선의 신실한 백두산에 대한 신앙과 믿음을 한없이 더 강렬하게 만들어 놓는다. 신성한 신앙의 영토에 들어설 수 있는 자와 감히 들어갈 수 없는 자를 구분 짓는 성스러운 내면의 의식이 반복되는 동안, 이 모든 한계를 초월하여 숭고한 백두산의 정신에 도달할 수 있다는 감정의 파토스는 최남선으로 하여금, 상상적인 것에 불과한 스스로의 이념에 대해 최소한의 거리를 두는 방법조차 완전히 잊게 만들어 버린다.

> 영안을 갖지 않고 영경에 임함은 식욕 없이 식당에 들어선 것보다도 싱거운 일이요, 심미안 없이 미술관에 간 것보다도 어림없는 일이다. 눈뜬 채 소경 노릇함은 결코 눈 가진 이의 명예가 아닐 것이다. 천지를 보고 그것이 천의 문임을 알아보지 못하며, 그것이 신의 입임을 알아보지 못하며, 그 속으로 데미다 보이는 것이 영의 전당임을 알아보지 못한다 하면, 제 아무리 잘난 체하여도 그는 이미 청맹이요, 해와 달의 빛과 문장의 아름다운 광채의 무성함하고는 등진 사람 아닐 수 없다.
>
> 그렇지 아니하여 그의 영혼이 아주 말라붙지 아니하였으면, 그의 눈이 신비의 나라로부터 아주 축출을 당하지 아니하였으면, 눈꼽만큼이라도 보이는 것이 있고 부유스름하게라도 살펴지는 것이 있어, 응시 또 응시하는 동안에는 문득 무릎을 치게도 될 것이며, 문득 가슴이 울리게도 될 것이며, 마침내는 그 속에 말할 수 없는 신령스러운 영광이 서려 있어, 그 한 끝이 내 몸을 싸기도 하고, 그 한 줄기가 내 마음에 들어와 박히기까지 하였음을 깨닫기도 할 것이며, 또 이 영광의 동아줄을 함께 타고서 단군하고 나와 조선갑하고 조선을과 내지 일체타와 유일아가 실상 하나의 뿌리요 하나의 몸인 것을 깨닫게도 될 것이다.[27]

백두산의 있는 그대로의 모습으로부터 성스러운 성모로서의 민족성의 화신을 바라볼 수 없는 자들은 안타깝게도 이 신성한 교회로 들어서는 것이 거부된다. 오직 올바른, 진정한 눈을 가진 자만이 이 좁은 문을 통과할 수 있으며, 이 반복되고 멈출 수 없는 '응시'는 이러한 종교적 열정, 진정성에의 파토스가 도달하려는 최종적 이데올로기에 도달하기 위한 수단으로서만 제시된다. 조선이 처해있는 열악한 현실과 방향성의 상실, 정체성의 부재로부터 눈을 거두고, 오로지, 가장 진실한 이 상상적 신념의 세계를 향해 시선을 정박시킬 수 있는 자만이 최남선이 만들어낸 관념의 땅에 들어설 자격을 부여받는다. 백두산을 아예 "신앙의 대상"으로서 미리 천명해두고 있는 이 글의 서문은 이러한 종교로서의 백두산이 세상에 존재하는 어떤 이념보다 심급에 존재하는 가장 핵심적인 이념임을 강조하고 있다.

> 백두산은 한마디로 개괄하면 동방 원리의 화유입니다. 동방 민물의 가장 커다란 기댈 대상이요, 동방 문화의 가장 긴요한 핵심이요, 동방 의식의 가장 높은 근원입니다. 동방에 있어서 일체의 중추가 되는 기관이 되어 만반을 잘 되도록 주선하여 운화하고, 일체의 심장이 되어 만반을 조건 없이 베풀어 퍼져 통하게 하고, 일체의 생명분이 되어 만반을 되살려 윤택하게 하고 왕성히 새롭게 한 자가 백두산입니다. 기왕에 그러한 것처럼 현재에도 또 장래에도 영원히 헤아리기 어려울 공덕의 소유자가 그 이입니다.
> 백두산은 천산 성악으로 신앙의 대상이었습니다. 제도 신읍으로 역사의 출발점이었습니다. 영원 화병으로 문화의 일체 종자였습니다. 동방 대중 생명의 원적이었으며 화복의 사명이었으며 활동의 주축이었습니다.

---

27) 위의 책, 259~260쪽.

(…)

　백두산은 읽고 읽어도 다할 날이 없고, 알고 알아도 끝날 날이 없는 신으로부터의 대계시 그것이요, 동방 사람의 산 경전입니다. 실상 그대로 온전히 나타나 있는 우리의 윤리학이며, 과거란 문자로 기록된 예언서입니다.[28]

　최남선은 이 한편의 예언서이자 경전을 통해 '백두산'이라는 하나의 견고한 신앙을 구축해낸다. 『백두산근참기』가 만들어내는 숭고체험과 이를 통해 촉발되는 감정의 고양은, 민족의 성모, 백두산이라는 이데올로기의 대상과 어떤 식으로든 만나고 있다는 상상적 느낌에 의해 이루어진다. 세상의 모든 비진정한 것들, 속되고 비루하며 폭력적이고 가혹한 현실의 제조건들을 일거에 뛰어넘어버리는 가장 근본적인 세계에 닿아 있다는 숭고한 느낌은, 우리의 지각과 인식의 조건에 들어맞는다는 의미에서의 직접적인 쾌, 즉 아름다움이 주는 쾌보다 압도적으로 강력할 수밖에 없지만, 이것이 어디까지나 상상된 비규정적인 것에 불과하다는 것을 망각하는 순간 종교적 광신이나 파시즘적 열정과 다르지 않게 돼 버린다.

　무엇보다 이 진정성의 세계를 상상적으로 회복하려는 심리적 과정들이 현실을 응시하려는 치열한 정신과 균형을 갖추지 않는 한, 이는 눈앞의 고통과 비극에 눈감는 손쉬운 도피처이자 환상의 아편이 될 위험이 크다. 누구보다도 강렬히 진정한 민족과 진정한 국민의 이상을 꿈꾸며, 민족이라는 종교, 백두산이라는 신앙을 만들어낸 최남선이었지만, 그 이상과 현실 사이의 아득한 격차를 견딜 수 없었던 최남선은 실제로 이 글을 쓰고 난 다음해인 1928년, 일제가 만든 관제 사학단체인 '조선사편수회'에 참여하면서 친일의 길을 걷

---

28) 위의 책, 3~5쪽.

계[29) 된다.

반면, 안재홍의『백두산 등척기』는 최남선의 경우와 달리 매끄럽게 구성
된 기승전결의 체계, 헤겔식 변증법의 체계를 따르지 않는다. 우선 이는 여행
기의 전체 구성이자 실제 여정의 행로 자체에서도 확인해볼 수 있는데, 안재
홍의 백두산행에서 백두산 정상과 천지 등반은 전체 여정의 중심에 놓여 있
지만 최종 목적지로서, 여정의 위대한 종착지로서 제시되지 않는다. 물론 백
두산 정상 등반과 천지에 대한 감회 등이 전체 기행문의 중심을 차지하지만,
이는 숱한 고난과 고통을 통과한 끝에 도달한 변증법적 '합'의 이념으로 제시
되지 않는다. 최남선의 경우 백두산이 불러일으키는 숭고함의 감각들을 극
적으로 강화시키기 위해 고난과 고통의 감정들이 서사적인 플롯 구성 원칙
에 따라 배치됐지만, 안재홍의『백두산 등척기』에는 이러한 요소들이 존재
하지 않는 것이다. 오히려 백두산 정상을 둘러싼 숭고한 감정들 사이사이에
이러한 감정의 고조를 방해하는 이성적 시선들이 군데군데 끼어든다. 민족
정신이라는 진정성의 이상을 포착하기 위한 빼어난 감각적인 묘사와 진술들
사이에 식민지적 삶에 대한 치열한 현실인식과 철저한 역사의식이 병렬적으
로 출몰하는 것이다.

참으로 태종과 세종, 김종서와 남이 등 임금과 신하와 장수들이 백두산에
말 달리고, 두만강으로 오랑캐를 내몰아서 강성한 신흥 부족인 여진족을
휩쓸어 물리치던 피땀과 전투의 역사로 말미암아, 4백 년의 뒤에 어쭙잖은
행색으로 이 지경을 밟는 사람도 오히려 한 줄기 뜨거운 조수가 물려받은
혈관 속에서 소용돌이치고, 전투적인 의식이 식어가던 가슴 속에 치밀어
오르게 되는 것이다.

29) 황우갑, 앞의 글, 201쪽.

숙신과 읍루, 옥저와 말갈의 선민과 방조들이 이 산과 벌, 이 개울 언저리
에 모여 살고 작위하며 옮겨 이동함이 무릇 몇 차례의 상전벽해를 이루었던
가? 이는 이미 옛적 일로 돌아갔고, 여울여울 울어 예는 삼림 속에 잠긴 강만
이 만고의 옛 소리를 지금까지 속삭이고 있다.[30]

　만주지역을 호령하던 웅장했던 선조의 역사를 기억하며 고양되는 감정을
느끼고 있는 순간에조차 안재홍은 그러한 과거의 영광이란 이미 오래전에
사라졌다는 사실, 그리고 그렇게 무력을 앞세워 타민족을 정복했던 과거의
역사 역시 그 숱한 민족들이 섞여 살던 이 땅과 강의 시선에서는 아주 짧은
다만 한 때의 일에 불과함을 지적하고 있다. 웅혼한 민족의 과거라는 숭고의
대상이 하나의 이념으로서 감정에 뿌리를 내리기도 전에 서둘러 그러한 상
상적 진정성이 채 가리지 못한 현실의 무대로 시선을 옮기고 있는 것이다.
게다가 이러한 쓸쓸한 감정을 토로한 뒤에 펼쳐지는 장면은 다소 충격적이
기까지 한데, 안재홍은 이에 별다른 설명을 덧붙이지 않고 담담하게 사실
자체만을 기록해 두고 있다.

　　태공망을 본받는 산간의 어옹들이 낚시를 드리우느라 쉬어 가는 뜸집이
　　있다. 무슨 생각을 했는지 바다를 건너온 청년 등산대원이 한 움큼 불을
　　질러 활활 피어오르는 불꽃에 까닭 없이 살벌한 느낌을 돋운다.[31]

　바다를 건너온 청년은 아마도 일본인 등산대원이었을 거고, 그가 아무런
이유도 없이 뜸집에 불을 지르는 장면을 보고도 침묵 이상의 어떤 것도 할

30) 안재홍 저, 정민 역, 『(정민 교수가 풀어 읽은) 백두산 등척기』, 해냄, 2010, 58쪽.
31) 위의 책, 59쪽.

수 없었다는 사실이야말로 식민지 지식인의 무력감을 가장 비통하게 불러일으키는 장면이었을 것이다. 최남선이었다면 이를 극적으로 서술하며 백두산이라는 숭고한 민족성에 도달하기 위한 고난의 요소로 치환하거나 아니면 아예 여정의 기록에서 말끔히 지워버렸을 장면을 안재홍은 잊지 않기 위해, 응시하기 위해 최소화된 어휘와 정보들로 간결히 기록해둔다. 백두산의 숭고하고 웅혼한 정취에 취해 고양된 감정들을 예외적으로 유려하게 그려내고 있는 백두산 정상에서의 기록들 역시 마찬가지인데, 훼손된 민족 정신의 회복이라는 숭고한 목적에 부합하지 않는, 숭고한 민족의 영산에 드리워진 얼룩과 오욕에 대해 눈감지 않는다.

> 이제 이 천백 리 궁벽한 땅에 신비하고도 장엄한 산수의 진경이 극락정토도 별계가 아닌 듯이 영원하고도 무한한 정감을 일으킨다. 동북신명지택과 삼신산불로의 영경이 널리 중외와 고금의 사람들에게 우러러 숭앙한 유래는 구태여 장황하게 논할 것이 못 된다.
>
> 아아! 우주천년 산하만리 무량겁회에 무변중생이 왔느니 갔느니 기쁘거니 슬프거니 하며 살아가는 동안 부석의 가루는 와삭와삭, 천지의 물결은 출렁출렁 하였으니, 조화의 천연한 자취를 그 누가 주제넘게 간섭할 일이 있겠는가? 두어라 가야 할 인생이니 내 또 내려가리라.[32]

> 그들의 만세 소리는 높았다. 병사봉의 정상에 돌무더기를 쌓고 일장기가 곧추섰다. 아까는 대자연의 통철한 경상에 경건하고 엄숙한 침묵이 있었고, 이제는 다만 머쓱한 침묵이 있었다. 변함없이 툭 트인 나의 흉금에는 마치 거울 같은 수면에 바람조차 없는 듯한 심경을 지녀 급작스레 흐려지지는 않았으나, 아아 가눌 길 없는 생각도 없지 않았다.[33]

----

[32] 위의 책, 104쪽.

물론 인용한 두 부분은 각각 11장의 마지막, 12장의 처음이라는 점에서 형식상 구분이 되어 있는 것은 사실이지만, 숭고한 이념의 화신으로서 백두산을 이상화하는 것만이 목적이었다면, 이에 바로 이어지는 12장의 첫 문단을 이토록 심란한 심사로 시작하지는 않았을 것이다. 이렇듯 『백두산 등척기』에 묘사된 숭고한 민족정신이라는 진정성의 이상에 도달하기 위한 여정은 고양된 감정이 촉발하는 열정과 파토스를 향해 일방향적으로 나아가지 않고, 자주 여러차례 멈춰서며 자신이 서 있는 자리를 되돌아보는 성찰적 자세를 보여준다. 이는 앞에서 검토했던 부정적 숭고가 사건성을 매개하는 열림의 미학으로 작동하는 맥락과 결이 일치한다. 『백두산근참기』가 보여주는 숭고체험은 숭고한 민족정신이라는 이념에 감각과 인식의 주관이 도달했다는 상상적 확신을 향해, 신앙과 신념을 향해 나아가지만, 『백두산 등척기』가 매개하는 숭고체험은 백두산이라는 민족의 영산을 사유하기에 우리의 인식이 부적합하다는 한계 앞에 오롯이 서게 함으로써, 그 한계를 넘어설 수 있는 초감각적인 이념을, 즉 '민족의 정신'을 비규정적인 방식으로 제시한다.

물론 "백두산은 '성모미의 구현자'이며 '한민족' 탄생의 발상지이며, 광명이며 국가철학의 뿌리이며 숭배, 경앙의 대상이어야 한다"[34]며 백두산의 성모적 이미지를 형상화하고 있는 장면들은 언뜻 최남선이 백두산을 신화화하고 신앙화하는 방식과 유사해보이기도 하지만, 좀 더 주의 깊게 살펴봐야 하는 차이가 존재한다. 우선 주목해야 할 부분은 적어도 이 '성모의 이미지'는 백두산 정상에 오르기 전까지는 거의 언급조차 되지 않는다는 사실이다. 백두산을 성모산으로서 본격적으로 의미화하고 있는 장은 "12. 따스한 해 따순 바람 성모의 사랑: 서기에 싸인 천지의 밤"과 "13. 천지의 꿈 : 아득히 드넓은 만고

---

33) 위의 책, 105쪽.
34) 황우갑, 앞의 글, 234쪽.

몽 - 천지 가에서"인데 이는 모두 안재홍이 백두산에서 하룻밤을 지새우고 난 뒤의 감회를 서술하고 있다.

> 자연미의 극치도 결국은 인격화시킨 영감을 얻음으로써만 비로소 그 진경의 묘미를 남김없이 맛보는 것이다. 천지에는 자애의 아름다움이 있고, 또 숭엄한 아름다움이 있다. 비바람이 바깥 둘레의 산을 흔들고, 구름 안개가 호수 어귀의 한 면을 잠기게 하여 소용돌이 치는 상서로운 구름 안개가 잠깐씩 열리는 틈으로 영롱한 수면을 겨우 보는 것은 숭엄한 아름다움의 좋은 기회일 것이다. 혹 자줏빛 푸른 빛의 번개와 우레가 호수 가운데서 야단칠 때는 숭엄한 아름다움으로 그 고조에 도달하게 한다. 우리가 이제 자애의 아름다움을 실컷 보고, 그 성녀의 아름다운 품에서 하루의 선연을 누린 것은 기뻐할 일이다. 다만 그 숭엄한 아름다움을 못 본 것은 또 한가지 유감이다.[35]

비록 그가 산동반도조차 "동이계 생활권 안에 속한 큰 섬"[36]이었던 유사 이전의 때에 대해 언급하며 백산과 불함산 의식에 대해, 성모시대[37]에 대해 이야기하지만, 이러한 그의 설명방식이 나름의 고증과 연구에 근거한 것이기는 하지만, 이러한 서술은 어디까지나 "자연미의 극치도 결국은 인격화시킨 영감을 얻음으로써만 비로소 그 진경의 묘미를 남김없이 맛보는 것"이라는 전제 속에서 펼쳐지는 것이다. 안재홍은 백두산이 품고 있는 진경의 묘미를 우리가 갖고 있는 인식과 상상의 지평 너머로 펼쳐내 보이기 위해, 이 까마득한 과거의 "성모시대"의 스펙터클을 상상적으로 만들어내고, 이러한 인격화

---

35) 안재홍, 앞의 책, 110~111쪽.
36) 위의 책, 116쪽.
37) 위의 책, 117~118쪽.

된 이미지들이 불러일으키는 숭고 체험, 즉 존재와 감각의 고양에 주목한다.

물론 백두산에서 하룻밤을 묵기 전에도 백두산의 풍경이 불러일으키는 웅혼한 모습들에 주목하는 대목들을 확인할 수 있지만, '성모적 이미지'에 근거한 숭고체험이 펼쳐지는 것은 모두 그 이후의 장면들이다. 이것이 최남선이 형상화한 과잉된 감정과 파토스에 의해 이루어지는 종교적 열광과 광신의 맥락과 얼마나 다른지는, 이러한 성모적 이미지를 발견한 이후에 기술된 안재홍의 심적 태도들을 보면 명확히 알 수 있다. 이미 숭고 체험의 절정을 체험하고 난 뒤인데도 불구하고, 백두산을 내려오며 인근의 풍경을 바라보는 안재홍의 태도는 종교적 숭배의 태도와는 거리가 멀다. 백두산이라고 하는 성스럽고 숭고한 영역에서 벗어나 다시 세속과 현실의 무대로 돌아가는 귀로의 여정을 담아내고 있는 후반부에서는 고양된 감정 묘사들은 상당부분 축소돼 있으며, 변경 생활의 현실적 어려움들을 공감하며 바라보는 따뜻한 시선들이 오히려 더 선명하게 드러난다. 물론 이러한 하산 이후의 여정에 꽤 많은 분량을 할애하고 있는 구성상의 이유 때문이기도 하지만, 이 역시 백두산이 불러일으키는 숭고한 감정을 종교적 광신의 맥락으로까지 실체화하지 않으려는 기본적인 서술태도가 이러한 균형잡힌 시선들을 만들어내고 있다고 봐야 한다.

5. 나오며

본고에서는 안재홍의 『백두산 등척기』에 재현된 식민지 지식인의 진정한 자아 찾기의 여정이 미학적 범주로서의 숭고 개념과 어떻게 궤를 같이 해나가며 진정성 추구의 윤리적 지점과 균형을 획득하고 있는지를 살펴보았다.

인위성으로 가득한 근대적 삶의 모순들은 근대인들의 인식 속에서 비진정한 것으로, 반대로 인위성을 제거한 자연성은 진정한 것으로 쉽게 환원되어 이 분법적으로 받아들여지곤 했는데 이로 인해 근대적 관광체험은 비진정한 일 상성의 세계를 떠나 진정한 자아 찾기를 가능케 하는 상징적 구도 행위로 여겨지곤 했다. 1920~30년대 식민지 조선의 지식인들도 이러한 맥락에서 민 족의 영산으로서의 백두산 관광체험을 수행하고 이에 대한 기행문을 많이 남겼는데, 이들 모두 식민지 현실이라는 비진정한 삶의 공간을 부정하고 훼 손된 민족성을 되찾는 진정성 회복의 상징적 과정을 매개하고 있다는 점에 서 식민지적 근대성에 대한 나름의 중요한 저항의 형식들을 보여주고 있다 고 하겠다.

물론 서구적 맥락에서의 근대적 개인의 진정한 자아 찾기의 여정은, 피식 민지 지식인이 모색하는 진정성 추구의 맥락과는 일치하지 않는 부분이 많 을 것이다. 그러나 애초에 근대적 자아가 추구하는 진정성의 이상이란 언제 나 부정적 용법으로서만 정립된다는 것, 실정성을 지닌 특정 이념이나 가치 를 상정하지 않고 오로지 진정한 것이 지금 여기에 부재하며, 그 부재하는 가치를 모색하기 위한 운동성 속에서만 진정성 추구의 윤리성이 성립될 수 있다는 사실에 근거해본다면, 진정한 자아 찾기라는 근대적 개인의 과제가 지닌 난맥상을 식민지 지식인의 고뇌와 내적 성찰의 맥락에도 그대로 적용 해볼 수 있을 것이다.

숭고미학이 동일성의 미학인 아름다움의 미학에 대한 저항의 차원에서 정 립되면서, 미학적 범주로서 논의돼왔던 '숭고' 개념은 인식과 지각의 한계를 넘어서는 초월적 이념에 대한 상상적 접촉과 이로 인한 존재 고양의 미학적 체험으로서 의미화돼 왔는데, 이는 진정성의 이상에서와 같이, 비실정적이고 부정적인 방식으로만 주체 너머의 이념들을 상상적으로 매개한다는 점에서

공통점을 갖는다. 이러한 비실정성과 부정성이 확보되지 않을 경우, 진정성
에의 파토스가 촉발시키는 숭고 체험은 자칫 너무도 쉽게 종교적 광신이나
파시즘적 열정으로 변질될 수 있는데 최남선의 경우는 이를 가장 단적으로
잘 보여준다.

최남선의 『백두산근참기』가 보여주었던 진정한 민족성에 대한 종교적 열
정과 신실한 신앙심은 훼손된 민족혼의 회복과 고취라는 뚜렷한 목표 지향
과 도덕적 가치를 함의하고 있음에도 한계를 지닐 수밖에 없는데, 스스로가
상상적으로 그려낸 이데올로기적 동일성으로 이상과 현실 사이의 간극을 봉
합하고 제거하려 했기 때문이다. 그가 만들어낸 초월적 이념으로서의 민족
성은 숭배와 신앙, 신념이 만들어내는 고양된 감정의 파토스 속에서 억압되
고 상실된 현실의 자리를 기어코 잃어버리고 만다.

안재홍의 『백두산 등척기』 역시 최남선의 『백두산근참기』와 마찬가지로
민족의 성스러운 어머니로서의 백두산 이미지를 추적하고 있는 글이지만 그
가 드러내 보이는 진정성에의 파토스는 결코 이성적인 성찰의 거리를 잃어
버리지 않는다. 이는 그가 겪은 숭고체험이 어디까지나 부정적이고 비실정
적인 방식으로만 매개되고 있기 때문인데, 성모로서의 백두산의 전사를 상상
적으로 훑고 있는 장에서조차 이것이 백두산 진경의 묘미를 가장 온전히 느
끼기 위한 하나의 방법적인 것임을 구체적 표현을 통해 강조해 두고 있다.
안재홍의 진정한 민족성 찾기, 진정한 자아 찾기의 여정은 민족의 가장 숭고
한 역사를 되살려 상상적으로 복원해내지만, 이것이 자신 안의 초월적인 무
언가를 비규정적으로 비실정적으로 매개하기 위한 방편이라는 것을 망각하
지 않음으로써 위험한 종교적 광신이나 주관적이고 관념적인 신앙의 영역으
로부터 거리를 확보하게 된다.

물론 안재홍의 치열한 비평적 현실인식이나 역사의식은 이미 여러차례 지

적된 바 있으나, 본고에서는 그러한 그의 성향이 진정성 추구라는 숭고 체험의 맥락에서 어떠한 차이들을 만들어내는지를 그의 기행문에 대한 면밀한 검토 속에서 살펴보고자 했고, 민족혼 회복과 자연의 숭고 체험이라는 공통점을 갖고 있음에도 최남선이 보여주는 종교적 열정의 수순들을 그가 따르지 않을 수 있었던 까닭을 숭고라는 미학의 범주와 개념들에 의거하여 해명해보려 하였다. 한국 문학 연구에서 숭고는 주로 민족주의적 이념을 강화하거나 실체화하는 맥락에서 일종의 숭고미의 맥락에서 오랫동안 사유돼 오곤했는데, 미학으로서의 숭고는 오히려 그러한 이념적 규정이나 동일성의 미학을 부정하는 파괴와 생성의 차원에 속한다. 식민지 시기 지식인들이 고뇌했던 저항적 민족주의의 맥락에서 이러한 숭고의 요소들을 재발견하는 일은, 민족이라는 숭고한 이데올로기를 강화하는 것이 아니라 식민지적 근대성에 대한 전복적 사유를 매개하는 새로운 실험이 되어야 하며 이 글 역시 그러한 맥락에서 민세 안재홍이 보여주었던 새로운 미학적 자세와 그 의의에 주목하고자 하였다.

참고문헌

안재홍 저, 정민 역, 『(정민 교수가 풀어 읽은) 백두산 등척기』, 해냄, 2010.
최남선 저, 임선빈 역, 『백두산근참기』, 경인문화사, 2013.

구자황, 「근대 교과서와 기행문 성립에 관한 연구 −일제 강점기 조선어 교과서에 나타
　　　난 명승고적을 중심으로−」, 『한민족어문학』 제69호, 한민족어문학회, 2015.
닝 왕 저, 이진형·최석호 공역, 『관광과 근대성: 사회학적 분석』, 일신사, 2004.
박찬승, 「백두산의 '민족 영산'으로의 표상화」, 『동아시아 문화연구』 제55권, 한양대학
　　　교 동아시아문화연구소, 2013.
서영채, 「기원의 신화를 향해 가는 길: 최남선의 『백두산 근참기』」, 『한국근대문학연구』
　　　제12권 제12호, 한국근대문학회, 2005.
신진숙, 「백두산 관광을 통해 본 식민지 '진정성'의 구성 방식: 1920−30년대 민태원,
　　　최남선, 안재홍의 백두산 기행문을 중심으로」, 『동악어문학』 제71권, 동악어
　　　문학회, 2017.
에드먼드 버크 저, 김동훈 역, 『숭고와 아름다움의 관념의 기원에 대한 철학적 탐구』,
　　　마티, 2019.
이철주, 「백석 시의 탈근대성 연구: 숭고미학적 관점을 중심으로」, 경희대학교 일반대
　　　학원 석사학위논문, 2014.
이마누엘 칸트, 김상현 역, 『판단력 비판』, 책세상, 2005.
이마누엘 칸트, 이석윤 역, 『판단력 비판』, 박영사, 1974.
진중권, 『(진중권의) 현대미학 강의: 숭고와 시뮬라크르의 이중주』, 아트북스, 2003.
황우갑, 「안재홍의 '백두산 등척기'에 대한 고찰」, 『안재홍의 항일과 건국사상』, 백산서
　　　당, 2010.
황종연, 「비루한 것의 카니발」, 『문학동네』 제6권 제4호, 문학동네, 1999.
J.−F. 리오타르, 박상선 옮김, 「아방가르드와 숭고」, 『아방가르드와 숭고: 리오타르의
　　　철학』, 흙과 생기, 2005.

안재홍의 조선학연구에서
근대정체성 서사와 다산 정약용

이지원 (대림대학교 교수)

안재홍의 조선학연구에서
근대정체성 서사와 다산 정약용

이지원 (대림대학교 교수)

1. 머리말

근대 국민국가가 만들어지는 과정에서 형성되는 국민·민족 정체성(national identity)은 다른 나라 국민·민족과의 구별을 통해 사회구성원의 통합적 구심력을 확보하는 동시에 배타적 원심력을 발휘하게 된다. 근대사의 과정에서 만들어지고 기억된 국민·민족으로서의 정체성은 21세기 세계화시대에서도 여전히 국가와 민족 단위로 세계인들의 정체성을 확인하는 중요한 근거가 되고 있다.[1]

한국의 근대사는 조선후기 이래의 다양한 근대 지향의 사회적 에너지가 정상적인 근대 국가 수립으로 통합되지 못하고 식민지배기를 겪게 되면서, 근대적 국민·민족 정체성에 식민지적 요소들이 개입하였다. 일제로부터 해방이 곧 자주적인 독립된 국민국가 수립을 목적으로 할 때, 독립된 국민국가

---

[1] 이지원, 「한국학의 근대성 고찰」, 『민족문화연구』 86, 2020.

를 지향하는 주체로서 한국인의 정체성은 일제에 대한 저항이 첫째 기준이 되었다.[2] '식민지배와 저항'이라는 구도에서 식민지 극복을 위한 독립이 일차적인 목표가 되었기에 저항적 멘탈리티가 압도하는 민족 정체성이 전면에 내세워지게 되었다. 저항적 멘탈리티는 식민지에서 민족 정체성의 기본 정서였고, 1919년 대한민국임시정부 수립 이후 오늘날까지 민주공화국 대한민국 국민·민족 정체성의 기준이 되었다.

그러나 저항의 긴장감만이 한국 국민·민족의 정체성을 만든 것은 아니었다. 역사적으로 연원하고 기억하는 '전통' 또한 중요한 근거가 되었다. 전래하는 문화와 양식, 관습 등 '전통'은 민족 정체성의 역사적 근거가 될 수 있기 때문이다.[3] 이때 '전통'은 정체성을 수립하고자 하는 민족주의(nationalism)·민족사(national history)의 욕망과 기획에 따라 재현되었다.[4] '전통'을 매개로 한 민족 정체성 형성과정은 주체들의 의도와 기획에 따라 달라지게 마련이었다. 식민지하 민족의 '전통'에 대한 근대 기획은 기획 주체들의 민족주의·민족사에 대한 의도가 결합하면서 복합적이고 다양하게 전개되지 않을 수 없었다.

이 글은 이러한 문제의식에서 일제시기 '전통'으로부터 근대 정체성을 기획했던 사례로 1930년대 안재홍이 조선학연구에서 다산 정약용에 주목했던 것을 살펴보고자 한다. 1891년생인 안재홍은 유년시절 經史一體의 유교적

---

2) 이지원, 「한국 근현대사 교육에서 민족주의와 근대주체」, 『歷史敎育』 95, 2005.

3) 민족이 '상상의 공동체'라 하더라도 민족의 성격을 정의하는 요소들 – 인종, 종교, 언어, 지리, 역사 등은 전통에서 이어져온 문화들이다. 근대와 전근대의 연속성을 바탕으로 근대 민족과 민족주의 패러다임을 제시한 담론에 대해서는 앤서니 스미스, 『족류: 상징주의와 민족주의』, 아카넷, 2016 참조.

4) Eric Hobsbawm & Terence Ranger ed, *The Invention of Tradition,* Cambridge University Press, U.K, 1983(박지향·장문석 옮김, 『만들어진 전통』, 후마니타스, 2004).

지식을 습득한 이후 분과학문체제로 개편된 근대교육을 받았다. 그리고 일본과의 강제 병합 이후 일본으로 유학하여 와세다 대학 정경학부를 졸업하고 돌아와 평생을 국내에서 언론, 사상, 정치 부문에서 활동하였다. 그는 일제 강점기 현실과 밀착된 사회활동의 실천 속에서 9차례의 옥고를 치루고 자신의 사상을 발전시켜 1945년 이후 새로운 민족국가 건설 과정에서 〈신민족주의와 신민주주의〉라는 사상서를 출간하였다. 그의 사상과 실천은 20세기 한국 지성사, 정치사, 문화사의 역사 구성에 풍부한 자료를 제공할 뿐만 아니라 한국 근대 민족주의 사상의 독보적 면모를 보여주어, 많은 연구자들의 관심을 끌어왔다.5) 그 가운데 그의 조선학연구운동은 한국학(korean Studies)의 연원으로서 학술사, 사학사, 문화운동사의 관점에서 많은 주목을 받아왔다. 학술사적으로는 '조선학'이라는 주체적인 근대 학문 모색으로서, 사학사적으로는 민족주의 역사학을 계승 발전한 신민족주의 역사학 성립의 기초로서, 운동사적으로는 1930년대 상황을 배경으로 한 민족문화운동으로 이해되어 왔다.6)

....

5) 1981년부터 『民世安在鴻選集』이 간행되면서 안재홍에 대한 관심과 자료적 접근이 활발해지고 연구도 본격화했다. 그의 생애와 사상에 대한 대표적인 연구로는 천관우, 「민세 안재홍 연보」, 『창작과비평』 겨울호, 1978; 정윤재, 「안재홍의 신민주주의 연구」, 『한국현대사회사상』, 지식산업사, 1984; 유병용, 「안재홍의 정치사상에 관한 재검토」, 『한국민족운동사연구』 1, 1986; 이지원, 「일제하 안재홍의 현실인식과 민족해방운동론」, 『역사와 현실』 6, 1991; 정윤재, 『다사리국가론: 민세 안재홍의 사상과 행동』; 박찬승, 「1930년대 안재홍의 민세주의론」, 『한국근현대사연구』 20, 2002; 김인식, 『안재홍의 신국가건설운동; 1944~1948』, 선인, 2005; 안재홍 선생기념사업회, 『안재홍의 항일과 건국 사상』, 백산서당, 2010; 장규식, 「20세기 전반 한국사상계의 궤적과 민족주의 담론」, 『한국사연구』 150, 2011; 정윤재, 「민세 안재홍의 다사리이념 분석」, 『동양정치사상사』 11-2, 2012; 이윤갑, 「안재홍의 근대 민족주의론 비판과 신민족주의」, 『한국학논집』 54, 2014 등이 있다.

6) 김용섭, 「우리나라 근대 역사학의 발달」, 『문학과 지성』 4, 1971; 이기백, 「신민족주의 사관론」, 『문학과 지성』 9, 1972; 강만길, 「일제시기 반식민사학론」, 한국사연구회

　안재홍은 신간회 해소 후 조선일보 사장을 옥중 사임하고 출소한 이듬해
인 1934년부터 '조선학운동'을 제창하고『여유당전서』간행에 참여했다. 그
리고 다산 정약용을 재현하는 데에 주력하였다. 이 글에서는 그가 조선학운
동을 제기하며 다산 정약용을 호명했던 것을 '전통'으로부터 민족사를 재구
성하여 근대 정체성을 만들어가는 한 지점으로 파악하고자 한다. 근대사에
서 민족사(national history)는 근대 기획의 서사에 따라 역사사실(historical
facts)이 선택(selection)되고, 해석(interpretation)을 통해 기억(remembrance)되
면서 곧 민족 정체성(national identity)의 기초가 된다.[7] 1930년대 안재홍은
조선시대 인물인 다산 정약용을 선택(selection)하고 해석(interpretation)하여,
민족사의 정체성을 만들어 가는 과정에 있었다고 본다. 근대 국민국가(nation
state)의 문화정체성(또는 민족정체성) 형성에서 과거가 선택, 해석, 기억되는
것은 지구상의 모든 나라들이 근대 국가 국민이라는 집단적 정체성을 만드
는 데에 공통적이었다. 즉 과거를 선택하여 현재적으로 설명하고 민족사를
체계화하는 것은 보편적인 근대 문화의 모습이었다. 한국도 19세기 말 이후
20세기에 걸쳐 전통을 근대적으로 선택 · 재현하면서 '민족문화'를 만들고 근

　편,『한국사학사의 연구』, 을유문화사, 1985; 한영우,「안재홍의 신민족주의와 사학」,
『한국독립운동사연구』1, 1987; 趙東杰,『現代韓國史學史』, 나남출판, 1998; 이지원,
「안재홍」,『한국의 역사가와 역사학(하)』, 창작과 비평사, 1994; 이지원,「1930년대
'조선학'논쟁」,『논쟁으로 본 한국사회 100년』, 역사비평사, 2000; 이진한,「民世 安在
鴻의 韓國史研究와 新民族主義論」,『한국사학보』20, 2005; 이지원,『한국 근대 문화
사상사 연구』, 혜안, 2007; 류시현,「1930년대 안재홍의 '조선학운동'과 민족사 서술」,
『아시아문화연구』11, 2011; 김인식,「1930년대 안재홍의 '조선학'론」,『한국인물사연
구』23, 2015; 채관식,「안재홍의 인류학 이론 수용과 조선상고사 연구」, 연세대학교
역사문화학과 BK21플러스 사업팀,『식민지조선의 근대학문과 조선학연구』, 선인,
2015; 이지원,「한국학」,『한국학 학술용어』, 한국학중앙연구원, 2020 등이 참조된다.
[7] Timothy Baycroft, *Nationalism in Europe 1789-1914*, Cambridge Univ. Press, U.K.
2007(7th printing), pp.24-41; Ernest Renan, *Qu'est-ce qu'une nation? et autres ecrits
poliitiques*, 1882(신선행 역,『민족주의란 무엇인가』, 책세상, 2002).

대 문화 정체성을 만드는 노력을 지속하였다.[8] 1930년대 시점에서 조선후기 실학 연구가 지성계의 집중적인 작업이 된 것도 그러한 구도 속에서 이해될 수 있다. 이 글에서는 1930년대 안재홍이 다산 정약용을 호명하는 조선학연구의 근대 정체성 서사를 살펴보고, 그러한 서사 속에서 안재홍이 재현하고자 했던 다산 정약용의 思想像을 검토하고자 한다.

2. 조선학연구의 근대 정체성 서사

1) 문화운동론과 기억문화

안재홍이 다산 정약용을 기억의 대상으로 호명하기 시작한 것은 1934년 가을 무렵이었다.[9] 1934년 9월 8일 중앙기독교청년회관에서 丁茶山에 대한 강연에 참석하고,[10] 그해 10월 『新朝鮮』 6, 「朝鮮史上에 빛나는 茶山先生의 學과 生涯」, 『신동아』 36, 「丁茶山先生과 그 生涯의 회고」에 글을 발표하면서 시작되었다. 1934년의 시점은 그가 5번째의 옥고를 치루고 나서 다시 사회활동을 시작한 시기로,[11] 정인보와 함께 신조선사에서 『與猶堂全書』 간행에

---

8) 이지원, 『한국 근대 문화사상사 연구』, 혜안, 2007; 이지원, 「20세기 전반기 조선 자치론의 문화적 정체성」, 『정체성의 경계를 넘어서』, 한국학중앙연구원, 2012.

9) 1920년대에도 안재홍은 영정조시대의 학문영향에 관하여 언급하고 있으나(「『最近朝鮮文學史』序」, 『조선일보』, 1929년 6월 11일. '조선학'의 대상으로 다산 정약용을 주목한 것은 1934년경이다.

10) 「丁茶山記念講演 今夜 基靑會舘서」, 『조선일보』, 1934년 9월 9일. 1934년 9월 8일 서울의 중앙기독교청년회관에서 열린 강연회에는 연희전문학교 교수인 鄭寅普, 전 조선일보 사장 安在鴻, 조선일보 편집고문 文一平, 중앙고보 교장 玄相允 등이 연사로 참여하였다. 각각 「茶山先生과 朝鮮學」, 「朝鮮史上 丁茶山의 지위」, 「내가 본 茶山先生」, 「李朝儒學과 茶山先生」이라는 제목의 강연을 하였다.

참여하면서, "퍽 바빠진" 때였다.[12)]

　안재홍은 왜 이 시기에 다산 정약용에 주목했을까? 1910년대 유학에서 돌아온 이후 학문 활동보다는 언론과 정치운동 영역에서 활동하였던 그가 다산을 주목한 의도는 무엇이었을까? 이 질문에 대한 해답은 그가 다산 강연에 참여하고 『與猶堂全書』 교열을 하게 되던 시기에 '문화운동', '조선문화운동'이라는 용어를 사용하며 '조선학운동'을 주장하였던 것에서 단서를 얻을 수 있다. 1934년 말 1935년 초의 그는 「조선과 문화운동」이라는 글에서

> 무릇 일거에 政治的 成敗를 決하려는 문제라면 시대의 압력이나 객관의 정세로써 다룰 조건이 만히 잇슬 것이지만 그러나 다만 政治的 躍進이 불리한 시대이니 차라리 文化的 精進에 노력하자 함이다. 그것은 아모 政治的 형태로서가 아니오 차라리 事業的 企業的 방식으로써 이에 정진하자 함이다.[13)]

라고 하여 정치적 약진이 불리한 시대에 문화적 정진에 노력하는 문화운동에 몰입할 것을 주장하였다. 그는 이러한 문화운동을 '最善한 次善策'[14)]이라 하였다.

----

11) 安在鴻은 1931년 5월 조선일보 사장에 취임한 이후 1932년 3월 만주동포구호 의연금 유용 혐의로 조선일보 영업국장 李昇馥과 함께 구속, 4월 중 옥중에서 조선일보 사장을 사임, 그 해 11월 징역 8개월을 선고받고 미결통산으로 출옥한 후 요양생활을 하였다(천관우, 「民世 安在鴻年譜」, 『창작과 비평』 1978년 겨울호).
12) T 記者, 「세계문화에 조선색을 짜너차-安在鴻氏와의 一問一答」, 『동아일보』, 1934년 9월 12일.
13) 樗山(安在鴻), 「朝鮮과 文化運動」, 『新朝鮮』, 1935.1.
14) 위와 같음.

　　朝鮮人은 次善的 最善—아니 最善한 次善策으로서 조선인의 조선인으로
서의 文化的 純化, 深化, 淨化 및 그 때문에의 精進을 공통한 과제로 하여야
할 것이다.[15]

　즉, 현실적으로 정치적 운동이 불리해지는 상황에서 차선책으로서 문화운
동을 선택한다는 것이다. 그리고 차선책으로서 문화운동은 혁정이 어려운
때 개량을 동반하는 실천적 책무로서, '革正과 改良의 竝進論'이라는 논리로
활동 범위와 의의를 설명하였다.[16]
　차선책으로서 문화운동은 사회주의자들의 '계급 대 계급 전술' 노선 전환
으로 신간회가 해소되고[17] 1931년 6월 조선총독으로 부임한 宇垣一成이 파
시즘적인 지배를 강화하는 상황에서 합법공간에서의 정치운동이 불가능한
정세에서 나온 한 발 뒤로 물러선 운동이었다.[18] 그러나 이시기 안재홍이
조선인의 문화적 순화, 심화 정화를 내세운 문화운동은 일제의 조선의 전통
문화를 식민지적으로 재편, 왜곡하는 상황에 대한 현실적인 대응의 의미가
있었다. 宇垣一成총독은 부임 이후 수탈정책을 재편하는 한편 '內鮮融和'의

15) 樗山(安在鴻), 「朝鮮과 文化運動」, 『新朝鮮』, 1935.1.
16) 安在鴻, 「세계로부터 조선에」, 『朝鮮日報』, 1935.6.1.
17) 계급대 계급 전술은 코민테른 제6차 대회에서 정식화된 사회파시즘론＝사회민주주
　　의 주요타격론에 근거한 것인데(김영순·이용우, 『국가이론』, 한길사, 1991, 143~157쪽),
　　당시 신간회 해소를 주장하게 된 사회주의자들의 이론이었다. 신간회 해소 전후 계급
　　대 계급 전술이 채택되면서 전개된 갈등과 민족인식의 대립에 대해서는 이지원, 『한
　　국 근대 문화사상사 연구』, 혜안, 2007, 290~305쪽 참조.
18) 이는 洪命憙가 신간회 민중대회 사건으로 구속되었다가 1932년 1월 가출옥 한 후
　　달라진 사회현실을 목도하면서 민중적 영웅을 문학적으로 재현한 『임꺽정』 집필에
　　몰두하며, 정치적 침체기에 문학 활동을 차선의 선택으로서 상대적으로 큰 의미를
　　둘 수 있다고 한 것과 같은 맥락에서 이해될 수 있다(洪命憙, 「문학청년들의 갈 길」,
　　『朝光』, 1937.1).

정신적 지배를 통치의 기본방침으로 내세웠다. 일본 국가주의에 입각한 이데올로기 지배를 강화하여 '일본인과 조선인의 융합일치를 진전'시키는 "정신생활 및 물질생활 양 방면의 안정"[19]을 조선통치의 기본구상으로 천명하였다. '정신생활의 안정'이라는 것은 조선인의 정신문화, 기억문화 등을 조작·조종하여 식민지배의 안정화를 꾀하겠다는 것에 다름 아니었다.

1930년대 전반기는 1920년대부터 '朝鮮史硏究'와 '朝鮮現實分析'을 지원해온 일제 관학의 연구 결과가 양산되면서 '皇民化'를 합리화하는 식민주의적 조선 기억문화를 조작하는 것이 본격화한 시기였다. 조선총독부가 1925년 조선사편수회를 설치하고 방대한 관학자와 조선인들을 동원하였던 『朝鮮史』 간행 작업은 1932년부터 '일본사의 일환으로서 조선사' 편찬의 성과를 거두고 있었다. 『朝鮮史』 편찬은 식민사관의 집대성으로서, 일제는 이를 통하여 조선인에 대한 '황국신민화'의 학문적·정신적 기초를 확보하게 되었다.[20] 또한 이와 밀접한 관련하에 靑丘學會, 경성제대 朝鮮經濟硏究所 등 일본인 관학자의 조선사 연구 조직이 체계화되어, 총독부의 지원하에 한말에서 일제에 이르는 조선의 사회 경제 전반에 대한 방대한 연구가 추진되었다.[21]

또한 1920년대에 본격적으로 추진된 조선의 풍습, 사회문화 실태에 대한 조사 연구는 1930년대에도 "조선의 文化를 규명하고 民衆의 精神的 生活을

19) 『宇垣一成日記』 Ⅱ, 東京, みすず書房, 1970, 801쪽.

20) 金容燮, 「日本·韓國에서 있어서의 한국사서술」, 『歷史學報』 31, 1966, 134쪽; 정상우, 「조선총독부의 『朝鮮史』 편찬사업」, 서울대학교 대학원 박사학위 논문, 2011.

21) 이 시기 다양한 영역에서의 조선연구에 대해서는 金容燮, 앞의 글, 1966; 이만열, 『韓國 近代歷史學의 理解』, 문학과지성사, 1982, 제5장; 방기중, 『한국 근현대 사상사 연구』, 역사비평사, 1992, 제1장 2절; 신주백, 「1930년대 초중반 朝鮮學學術場의 재구성과 관련한 시론적 탐색: 경성제대 졸업자의 조선연구 태도 및 연구방법과 관련하여」, 『역사문제연구』 26, 2011; 연세대학교 역사문화학과BK21플러스 사업팀, 『식민지 조선의 근대학문과 조선학연구』, 선인, 2015 등 참조.

了解하는 좋은 자료"[22]를 확보하는 유용성 때문에 지속되었다. 그리고 이러한 조사 연구는 조선에 대한 '學術的 分業的 研究의 基礎'를 조성하게 되어[23] 일제 관학이 주도하는 학술 연구를 뒷받침하며 조선에 대한 문화적·이데올로기적 지배를 보다 치밀하게 하는 기초가 되었다. 1930년대 상황에서 조선총독부는 그들이 장악한 조선 역사 연구 및 사회문화 조사의 성과들을 파시즘적인 문화정책에 적극 활용하였다.[24] 실증주의에 입각한 조사 연구를 통해 조선인의 부정적인 정체성을 심어주는 '民族性論', '停滯性論' 등을 보급하여, 구래의 조선사회를 정체된 사회로, 일제하의 조선을 발전한 사회로 기억하는 문화를 양산하고자 하였다. 이에 1932년 「國民精神作興運動」과 1935년 「心田開發政策」이 도입되었고, 식민지배에 용이하게 왜곡된 조선인의 정체성 인식을 보급하였다.[25] 총독이 말한 '정신생활의 안정'이란 이러한 '황국신민화'의 정체성을 심어주는 것을 의미하였다.

이같이 당시 조선총독부가 조선의 '전통'을 통해 일본 국가주의를 규율화하는 상황에서 조선인의 문화적 순화 심화를 목적으로 한 '문화운동'은 정치적 차선책을 넘어서 독립 민족국가 수립을 위한 기억문화의 보존이었고, 반식민적인 민족 정체성의 확립을 위한 것으로서 의의를 둘 수 있다. 이는 안재홍의 민족, 민족주의 사상과 실천 속에서 지속해온 민족적인 자아, 주체적 정체성의 정립을 위한 1930년대식 실천이었다. 그는 1920년대부터 제국주의 지배하의 모순구조를 일차적으로 민족 대 민족의 관계로 파악하고 민족·반

22) 「調査資料刊行」, 『朝鮮』, 1933.9, 150쪽.

23) 朝鮮總督府中樞院, 『朝鮮舊慣制度調査事業概要』, 1938, 緒言.

24) 이지원, 「1920~30년대 일제의 조선문화지배정책」, 『歷史敎育』 75, 2000.

25) 朝鮮總督府, 『施政三十年史』, 1941, 369쪽, 378~379쪽. 일제의 心田開發政策에 대해서는 韓亘熙, 「1935-37年 日帝의 '心田開發'정책과 그 성격」, 『韓國史論』 35, 서울대학교 국사학과, 1996 참조.

민족, 반일·친일의 정치적 지향을 기준으로 사회세력을 구분하였었다. 즉 그는 제국주의 지배하에서 민족 대 민족의 모순구조에서 조선인의 정치적 입장은 민족·반민족 또는 타협·비타협만이 존재한다고 보고 민족으로서의 자각은 곧 일제에 대립하는 민족 정체성을 갖는 것이 기준이 되었다.[26]

그리하여 안재홍은 1920년대부터 제국주의 침략과 구시대적 관습에 정신적 혼란을 겪고 있는 조선민중에게 신념, 희생, 노동 등의 정신적 각성과 근대 강국을 만드는 민족성 회복을 계몽하는 글을 여러 번 발표하였다.[27] 또한 조선인의 생존운동을 위해 해방을 위한 투쟁과 도덕적 사회적 개선이 필요하다고 주장하였는데, 이때 '朝鮮士'와 '朝鮮心'의 자취로부터 현대인의 心的인 내포를 充實·堅確시켜야 한다는 '전통'에 기초한 근대 민족의식의 필요성을 제기하였다.[28] 전통으로부터 민족의 고유한 특성을 구명하고자 하는 그의 관심은 1930년 조선일보에 연재한 「管見」에서 보다 진전되었다. 그는 모건(Morgan, Lewis Henry)의 『고대사회론Ancient Society』의 이론을 적용하여 상고사에 대한 사회별 발전단계를 분석하는 글로 발전하고 있었다.[29]

민족의 문화적 순화 정화 심화를 내세운 안재홍의 '문화운동'론은 전통으로부터 고유한 민족적 특성을 발굴하여 근대적인 민족 정체성으로 재현하고 기억하도록 하는 것이었다. 일제의 파시즘체제가 강화되는 가운데 조선의

---

26) 「조선인의 정치적 분야」, 『조선일보』, 1925년 1월 21일; 「조선 금후의 정치적 추세」, 『조선일보』, 1926년 12월 16일.

27) 「深化 純化 淨化」, 『시대일보』, 1924년 5월 9일; 「信念 犧牲 勞動 - 民衆救濟의 精神的 標幟」, 『시대일보』, 1924년 5월 17일; 「民族性과 그의 반영」, 『시대일보』, 1924년 6월 19~20일; 「解放戰線을 俯瞰하면서」, 『조선일보』, 1925년 3월 1일.

28) 안재홍, 「卷頭辭」, 『新朝鮮』 창간호, 1927.2.

29) 1930년대 초부터 시작된 인류학적 언어학적 방법론을 적용한 고대사연구는 해방 후 1947년과 48년에 『朝鮮上古史鑑』으로 간행되었다. 안재홍의 인류학 이론 수용에 대해서는 채관식, 2015, 앞의 글 참조.

'전통'이 식민지배체제로 규율화하는 상황에서, '문화운동'론은 '정치적 차선책'을 넘어서 일본주의 기억문화에 대응하는 주체적인 근대정체성의 서사를 내포하고 있었다.

2) 민세주의 '自我創建'론

안재홍이 '전통'으로부터 조선인의 문화적 순화, 심화, 정화를 위해 제기한 문화운동의 구체적 내용은 곧 조선학 연구였다.

朝鮮文化運動에로!　朝鮮文化에 精進하자!　朝鮮學을 闡明하자![30]

'朝鮮學'이라는 말은 1922년 최남선이 『朝鮮歷史通俗講話開題』에서 사용한 용어로서, 종족적 문화권적 개념의 민족의 과거 문화 연구를 목적으로 하는 것이었다.[31] 그러나 1930년대 안재홍이 조선문화운동에서 거론한 '조선학'은 당시의 조선 현실에 대응한 민족인식의 확립과 당면 현실문제 해결이라는 관점에서 출발하였다. 즉 그는 조선연구는 두 가지 접근방법이 있는데 그 하나는 현실에 대한 통계적 숫자적 사회동태에 대한 것이고, 다른 하나는 역사적 전통적 문화적 특수경향에 대한 것인데 전자를 광의의 조선학, 후자를 협의의 조선학이라고 지칭하였다. 그리고 양자는 공히 엄정한 과학적 조사연구의 대상이라고 했다.[32] 1930년대 전반 '조선학'이라는 말은 최남선, 정인보, 문일평 등을 비롯하여 사회주의 계열의 백남운, 김태준, 신남철 등 여

---

30) 樗山(安在鴻), 「朝鮮과 文化運動」, 『新朝鮮』, 1935.1.

31) 최남선의 조선 연구에 대해서는 이영화, 『최남선의 역사학』, 경인문화사, 2003; 류시현, 『최남선연구』, 역사비평사, 2009; 이지원, 앞의 책, 3장 2절 1) 참조.

32) 樗山, 「朝鮮學의 問題」, 『新朝鮮』, 1934.12.

러 사람의 관심 영역이었던 만큼,[33] 이전의 연구가 '과학적 냉정'을 잃고[34] 관념적이었던 것과 달리 '진보적 견지', '과학적'이라는 용어가 병행하여 사용 되었다.[35]

'진보적 견지', '과학적'이라는 수식어가 붙는 '조선학' 연구는 자기 지위를 정확하게 인식하는 데서 출발하여 민족과 민족, 국가와 국가 간의 관계에서 조선을 보다 더 객관적으로 인식할 것을 촉구하였다.[36] 이것은 '배타적인 偏 小한 민족적 主我觀'에 치우치지 않는 과학적인 조선에 대한 설명과 인식을 목적으로 하는 것이었다.[37] 그는 〈조선학의 문제〉라는 글에서,

> 우리는 전연 남의 것을 빌어서 살려는 무계획한 신시대의 집단적인 「룸 펜」일 수는 없는 것이오 그럼으로 우리는 世界文化를 채용하고 적용하는 긴장한 道程에서 어떠케 朝鮮色과 朝鮮素를 그 수용의 주체로서 확립할가? 줄잡아서 세계문화 채용에 의한 自我創建의 道程에서 어떠케 朝鮮色과 朝 鮮素를 물드리며 짜너흘가? 하는 당면한 문제로 되는 것이다.[38]

라고 하여 조선학은 세계문화에 채용되는 '自我創建'을 의도하는 것이라고

33) 이지원, 「1930년대 '조선학'논쟁」, 『논쟁으로 본 한국사회 100년』, 역사비평사, 2000.
34) 안재홍은 최남선의 조선학의 의의를 인정하면서도 종종 '과학적 냉정'을 벗어났다고 지적하였다(「崔六堂년의 『白頭山觀參記』를 읽음」 (상) (중) (하), 『조선일보』, 1927년 10월 13 · 15 · 18일.
35) 신남철, 「최근 조선연구의 업적과 그 재출발」(1), 『동아일보』, 1934년 1월 1일; 안재홍, 「신년의 기원」, 『신동아』, 1934.1; T기자, 「조선연구의 기운에 제하야」, 『동아일보』, 1934년 9월 11일.
36) 「조선과 조선인」, 『신동아』, 1935.1, 14쪽; 「세계문화에 조선색을 짜너차」, 『동아일보』, 1934년 9월 12일.
37) 안재홍, 「조선 연구의 충동」, 『조선일보』, 1931년 6월 13일; 안재홍, 「신년의 기원」, 『신동아』, 1934.1.
38) 樗山, 「朝鮮學의 問題」, 『新朝鮮』, 1934.12.

밝히고 있다. 즉 그의 조선학연구론에서 주장하는 자아창건은 '排他 孤立的
이고 封建的인 舊時代의 文化的 잔재가 아닌 開放된 世界的 自我觀에 입각
하는 것'39)이었고, 세계문화라는 타자와의 관계에서 조선색과 조선소를 확립
하는 것이었다. 그는 민족이란 "歷史的으로 文化的으로 동일한 精神的 存在
인 것을 심화 인식하는 總體"40)라는 내적 구심력을 갖되, '民族文化의 固有性
과 世界性'이라는 문화의 중층성과 병존성을 중시하였다. 안재홍은 이러한
새로운 자아창건을 '民族으로 世界에, 世界로 民族에 交互되고 調劑되는 일
종의 民世主義'라고 명명하였는데41) 이는 문화의 중층성, 병존성(다양성)을
전제로 한 민족주의를 지향하는 것이었다.42) 궁극적으로 세계성과 민족성이
병존하는 '제3新生的인' 민족문제로의 접근을 이론화한 것이었다. 즉

　　우리 자신의 文化 및 그 思想에서 朝鮮人이면서 世界的이오 世界的이면
　　서 朝鮮 및 朝鮮的인 제 3 新生的인 — 현대에서 세련된 새로운 자아를 창건
　　하고 아울러 그들의 자신에게 具全妥當한 新生的인 사회를 창건하자는 숭
　　고하고 엄숙한 현실의 필요에서 출발 파악 지속 또는 고조되는 것이다.43)

　　라 하여 "矛盾에서 統一로의 중요한 一件은 즉 世界로부터 朝鮮에 再歸하
는 문화적 작업"이 갖는 의의를 강조하였다.44) 그것은 세계에 대하여 이미
고립적일 수 없는 민족의 현실을 전제로 하여 세계 속에서 개별성을 갖는

39) 위의 글.
40) 安在鴻, 「社會와 自然性—客觀環境과 歷史傳統」, 『朝鮮日報』, 1935년 10월 16일.
41) 安在鴻, 「國際連帶性에서 본 文化特殊過程論—(1) 後進社會와 文化的 重層性」, 『朝鮮
　　日報』, 1936년 1월 1일.
42) 위의 글.
43) 위의 글.
44) 위의 글.

식민지 조선의 특수상황을 해명하는 연구였다. 민세주의적 자아창건이었다.

이러한 민세주의 '자아창건'론은 1930년대 反動化하는 제국주의 국가들의 국민주의와 구별되는 식민지 민족주의의 정당성을 반영하였다. 그는 1930년대 국제주의를 내세우며 민족의 '주관적 해탈'을 주장하는 논리에 대응하여 강대국의 국민주의와 후진국의 민족주의는 다르다고 주장하였다. 그는 강대국의 국민주의는 배타 이기적이고, 침략 파괴적이며, 국제적 공존과 호혜로 나아가는 시대의 흐름에 역행하는 것이지만, 그 여파로 후진국의 민족주의까지 같이 비난거리가 되고 부정되는 것에 대해서는 반대하였다. 그는 선진국 중심의 국민주의는 비판하되 조선과 같이 근대 민족국가를 수립하지 못한 입장에서 민족주의의 주체적인 측면을 강조하고, 그것은 곧 국제적 공존과 호혜를 지향하는 '민족주의적 세련과정'이라고 하였다. 안재홍은 "본시 낙후된 상태에서 근대사회로 전환하는 과도기에는 반드시 주체적인 파괴와 건설이 있어야 하며 그러한 과정을 통하여 민족적 정화, 심화의 과정을 반드시 꼭 한 번 거쳐야 한다."[45]고 주장하였고, 그러한 과정을 '민족주의적 세련과정'[46]이라고 표현하였다. 안재홍에게 있어서 '민족주의적 세련과정'은 근대사회로 가는 과정에서 반드시 거쳐야하는 주체적인 각성과 정화, 심화의 세계사적 보편성을 갖는 것이었다. 따라서 강대국의 국민주의와 同根異質인 약소민족의 민족주의는 식민지하 민족의 근대 정체성 서사에서 여전히 유효하였다.

1930년대 시점에서 안재홍은 민족주의 세련과정으로서 새로운 자아창건은 배타적 비과학적인 것이 아니라 새로운 민족주의, 제 3신생적인 민세주의적 자아창건이라고 했다. 그것은 조선민족의 독자성을 문화의 중층성이라는

45) 「그러면 이일을 어찌하랴」, 『조선일보』, 1924년 6월 4일;「解放戰線을 俯瞰하면서」, 『조선일보』, 1925년 3월 1일.
46) 「국민주의와 민족주의」, 『조선일보』, 1932년 2월 18일.

보편주의로 정당화하면서, 조선학운동을 조선의 독자적 정체성을 확립하는
근대 문화 기획으로 설정하였다. 따라서 근대 문화기획으로서 조선학 연구
는 조선적이면서도 세계적인 조선문화의 특수성과 보편성을 연구하는 것이
었다. 넓은 의미로는 현실사회동태에 대한 사회과학적 연구였고, 좁은 의미
로는 고유한 조선문화 특색과 전통에 대한 연구였는데, 조선학의 협의적 의
미이자 민족의 전통을 구명하는 것은 주로 후자를 지칭하였다.[47] 그는 조선
학은 "一個의 同一文化體系의 單一한 집단에서 그 집단 자신의 特殊한 歷史
와 社會와의 文化的 傾向을 探索하고 究明하려는 學問"[48]이라고 하였다. 조
선학운동은 고유하고 독자적인 전통으로부터 근대 조선 민족의 정체성을 확
립하는 학술문화운동이었다.

　　요컨대 안재홍의 조선문화운동에서 목적으로 하는 민세주의적 자아창건
은 아직 근대사회로 전환의 과제가 있는 식민지 조선사회에서 전통을 바탕
으로 근대적 민족으로서 순화 정화 되는 근대 정체성의 서사를 내포하고 있
었다. 이러한 민세주의적 자아창건을 위해서 주체적인 근대 변혁역량과 민
중적 세계관을 설명할 수 있는 '전통'의 재발견은 유의미하였다.

3. 근대 정체성 서사 속의 다산 정약용

1) '變法自疆'의 진보주의자

민세주의적 자아창건을 위한 근대 정체성 서사에서 고유성과 보편성을 갖

---

47) 樗山, 「朝鮮學의 問題」, 『新朝鮮』 1934.12.
48) 위의 글.

는 '전통'을 재발견하고 그것을 민족 정체성의 기억문화로 계몽하는 것은 중요하였다. 조선학운동은 그러한 근대 정체성 계몽의 서사에서 내재적 발전의 가능성과 세계사적 보편성을 갖는 '전통'에 주목하게 되었다. 안재홍이 조선학운동에서 다산 정약용이라는 '전통'을 호명하고 재현한 것은 그러한 근대 정체성 계몽의 서사에서 이루어진 것이었다.

당시 조선의 지성계, 학술계에서는 1934년 다산 서거 98주년 즈음부터 다산 서거 100주년 기념사업을 계획하는 한편 『여유당전서』 간행이 완료된 1938년 전후 정약용의 사상을 비롯하여 여타의 실학자들에 대한 연구가 본격화하였는데,[49] 안재홍의 다산 연구도 그 흐름의 일환이었다. 1934년 9월 8일 서울의 중앙기독교청년회관에서 열린 강연회에서[50] 「朝鮮史上 丁茶山의 지위」라는 강연을 한 이후 『與猶堂全書』를 간행이 완결되는 1938년 시기에 안재홍의 다산 연구를 여러 지면을 통해 발표되었다. 확인되는 바 안재홍의 다산 관련 글의 목록은 다음과 같다.

제목	게재지 및 발표 년도
1. 朝鮮史上에 빗나는 茶山先生의 學과 生涯	『新朝鮮』 6, 신조선사, 1934. 10.
2. 朝鮮民의 運命을 반영하는 丁茶山先生과 그 生涯의 回顧	『新東亞』 36, 동아일보사, 1934. 10.
3. 茶山연구(1) 다산 漢詩와 史話片片	『新朝鮮』 7, 1934. 12.
4. 茶山연구(2) 雅號를 통하여 본 茶山研究	위와 같음
5. 茶山연구(3) 茶山先生과 種痘法	위와 같음
6. 茶山先生의 大經綸 - 朝鮮建設의 總計劃者	『朝鮮日報』 1935. 7. 16.
7. 茶山先生 特輯 - 卷頭言	『新朝鮮』 12, 1935. 8.

[49] 최재목, 「일제 강점기 정다산丁茶山 재발견의 의미—신문·잡지의 논의를 통한 시론試論」, 『茶山學』 17, 2010; 박홍식, 「일제 강점기 정인보鄭寅普, 안재홍安在鴻, 최익한崔益翰의 다산茶山연구」, 『茶山學』 17, 2010.
[50] 「丁茶山記念講演 今夜 基靑會館서」, 『朝鮮日報』, 1934년 9월 9일.

제목	게재지 및 발표 년도
8. 現代思想의 先驅者로서 茶山先生 地位 ―國家的 　社會民主主義者	위와 같음
9. 丁茶山先生 年譜	위와 같음
10. 茶山의 思想과 文章	『三千里』 72, 삼천리사, 1936. 4.

안재홍은 다산의 생애, 아호, 한시, 개혁 사상 등 전반에 대하여 언급하였는데, 이러한 박학다식한 학자의 면모를 武의 李忠武公과 비교되는 '文의 第一人者'로 명명하며,[51] 排他 孤立的이고 封建的인 舊時代의 문화적 잔재가 아닌 개방된 世界的 自我觀에 입각한 '자아창건'의 서사 속에서 근대 계몽의 상징으로 재현하고자 하였다.

따라서 안재홍의 다산 호명은 과거에 대한 복고적인 회귀가 아니라 탈주자학적인 근대 정체성을 확립하기 위한 것이었다. 그에게 있어서 주자학은 형식적 배타적이며 공리공담에 치우쳐 현실에 무기력한 망국적 관념으로서 이미 '사회의 질곡'[52]으로 판명났고, 개혁적이고 국가민생을 생각하는 "진보주의적"[53]인 사상이야말로 개혁이 필요했던 조선왕조의 선구적 대안이라고 보았다. 그러한 점에서 안재홍이 의도한 조선학은 현실개혁 지향의 자기정체성을 갖고, 공리공담의 무기력한 관념이 아니라 "실학추구"[54]의 학문이었다. 그는 이러한 조선학의 필요성은 이미 임진왜란 이후 사회가 타락하고 붕괴되는 상황에서 제기되었던 바라고 설명하고, 그러한 개혁의 내용을 "變法自疆-新我舊邦"[55]이라 표현하였다. '변법자강'은 20세기 초 애국계몽시기

---

51)　安在鴻, 「朝鮮民의 運命을 反映하는 丁茶山先生과 그 生涯의 回顧」, 『新東亞』 36,
　　1934. 10, 45쪽.
52)　위의 글, 43쪽.
53)　위의 글, 44쪽.
54)　위의 글.

에 량치차오의 사상이 유입되면서 널리 사용되기 시작한 용어이다.[56] 변법은 급진적인 국가 정치제제의 개혁을 의미하는 용어인데, 안재홍은 조선후기 실학과 정약용을 그러한 근대 개혁 지향으로 자리매김하였다.

그리고 안재홍은 진보적인 근대 개혁을 지향하는 학문으로서 조선학의 계보를 星湖 李瀷으로부터 시작한다고 보았다. 이는 『여유당전서』 간행에 함께 했던 정인보가 18세기 이래 '求是求眞'의 길로 글어서 실학자들로부터 '조선학'이 본격적으로 발전의 길을 걷게 되었다고 평가한 것과 같은 것이었다.[57] 안재홍은 다산의 학문이 성호 이익에서 사숙하고 영향 받은 바가 큰데, 이익은 천문, 지리, 풍속, 역사, 인물, 정치, 典制, 재정, 經史諸子, 器用, 雜學에 이르기까지 방대한 영역의 학문을 이룬 분으로 설명하고 있다. 그리고 이익의 이러한 방대한 학문 영역이 '조선을 주체로 하고 현실에 입각하여 事理를 귀납한 신기축을 열었다'[58]는 점에서 새로운 '조선학'이 시작되었다고 보았다. 즉 조선학의 출발점은 중국을 숭배하는 학문에서 벗어나 '독립자존적 태도를 선명히 하는 것'이었고, 박지원, 홍대용, 박제가, 안정복, 이중환, 신경준, 정상기, 이이명, 장유, 최석정 등을 거쳐 그러한 조선학의 맥이 이어졌다고 보았다.

이러한 변법자강의 근대개혁 사상의 계보에서 정약용을 재현하는 것은 당시 일제가 식민지 조선 정체성 만들기에서 가장 주력하였던 '봉건사회 결여론', '조선사회 정체성론'을 비판하고, 조선 역사가 주체적으로 근대 국가로 나아가고 있었음을 증명하는 역사적 사실(historical facts)이었다. 그리고 다산

55) 위의 글, 26쪽.
56) 金度亨, 『大韓帝國期의 政治思想研究』, 지식산업사, 1994.
57) 洪以燮, 「爲堂 鄭寅普」, 『韓國史의 方法』, 탐구당, 1968.
58) 「朝鮮史上에 빛나는 茶山先生의 學과 生涯」, 『新朝鮮』 6, 1934.10, 22~23쪽.

을 정점으로 하는 실학사상은 개혁의 단위를 독립된 '국가'로 한다는 점에서 일본이라는 국가와 분리된 독립된 한국 민족 국가의 정체성을 상정한 것이었다. 안재홍은 인류사회의 보편적 발전에 따라 '국가'가 설립되고 국가 단위의 독자적인 민족성과 문화형성을 구명함으로써, 민족국가의 정체성을 강조하였다. 이러한 국가사상을 그는 '宗國思想'이라 하였다. 그는 1929년 출옥한 이후 '宗國思想'이라는 개념을 사용하여, 조선의 고유문화에 입각한 '종국사상'을 중심으로 조선사를 재인식할 것을 제기하였다.[59] 그리고 단군 이래의 국가수립 정신인 종국사상의 회복을 통해 현대사회의 난국 해결을 주장하였다. 1930년 모건의 『고대사회론Ancient Society』 이론을 적용하여 상고사에 대한 사회별 발전단계를 분석한 「管見」은 민족의 고유한 종국사상의 형성과정을 설명하고자 한 것이었다. 그는 종국사상은 현대의 애국사상, 민족의식과 동근이질의 것이며, 소장성쇠의 변화를 겪는 것이라고 설명하였다.[60] 이러한 국가중심의 정체성 인식을 강조한 안재홍에게 있어서 영정조시대의 실학과 다산 정약용은 종국사상에 입각하여 개혁적인 '朝鮮我'를 찾는 학술적 자각이자 미래를 전망할 수 있는 '전통'으로 재현되었던 것이라고 할 수 있다.

'전통'의 단위가 국가가 된다는 것은 '전통'을 재현하는 문화 주체로서 국가(nation)를 상정한 것이고, 그것은 전통의 단위를 인종적 민족(ethnicity)으로 하는 것과는 정치적 의미가 달라진다. 왜냐하면 민족을 인종적 문화 민족 단위로 할 경우에는 반드시 독립된 국가를 전제할 필요는 없기 때문이다.

59) 「最近 朝鮮文學史 序」, 『조선일보』, 1929년 6월 11일; 「統一難과 統一의 要求(再)」, 『조선일보』, 1929년 7월 2일. 안재홍의 종국사상에 입각한 상고사연구에 대해서는 채관식, 2015, 앞의 논문 참조.
60) 안재홍, 「「애국심」비판-시대를 딸어 변천하는 형태」, 『삼천리』 9, 1930.10.

제국의 식민지 영역의 토착성, 향토성으로서 전통이 강조될 수도 있었다. 최남선이나 일제 관학의 조선연구가 식민지하에서 번창할 수 있었던 것은 조선인이 주체가 되는 국민국가(nation state)를 단위로 한 것이 아니라, 제국의 식민지 토속인(ethnicity)을 단위로 한 것이었기에 같은 단어의 '전통'을 호명하더라도 다른 의미를 갖는 것이었다. 민족의 '전통'을 강조하여도 그것이 독립된 국가를 전제로 하지 않는 한 일제에 저항성을 갖는 민족의식과는 무관할 수 있었다. 1930년대 이후 일제는 파시즘 지배체제를 강화할수록 식민지의 현지성, 토착성 장려라는 이름으로 조선적인 것을 장려하였다.[61] 대동아공영권, 동아협동체론 속에서 조선의 '민족문화'는 일본 국가의 지역문화·향토문화로서 내선일체의 문화구조 속에 정체성의 경계를 무너뜨릴 가능성이 있었다.[62] 즉 '조선적'이라는 이름으로 전통을 강조해도 그것은 제국에 포섭되고 동화된 식민지 '조선적'인 것이었다.

요컨대 안재홍은 종국사상을 기본으로 하여 다산 정약용을 근대 '국가'를 지향하는 변법자강의 자본주의 국가사상의 선구자로 부활시켰다. 즉

近世 資本主義的 國家思想 발흥기에 잇서서의 正統派的 經濟思想에 입각한 財政, 經濟, 殖産, 興業의 策과 敎育發展과 强兵自衛의 정책임을 볼 것이니, 이런 점에서는 선생이 뚜렷한 近世國民主義의 先驅者임을 인식할 것이다.[63]

---

[61] 1930년대 이후 일제의 식민정책이 황민화의 민족말살정책이라는 평가 속에 '조선적'인 것이 강조되었던 것은 제국주의 파시즘 문화정책의 민족정체성 왜곡이라는 관점에서 천착할 필요가 있다.

[62] 전시 파시즘체제 하에서 민족문화·조선문화의 일본 국가 내의 지역문화·향토문화화에 대해서는 이지원, 「전쟁, 친일, 파시즘정서」, 『식민지근대의 뜨거운 만화경』, 성균관대학교출판부, 2010 참조.

[63] 安在鴻, 「現代思想의 先驅者로서 茶山先生 地位─國家的 社會民主主義者」, 『新朝鮮』,

라 하여 근대적 경제, 교육, 국방 등 제 정책을 수립한 '近世 國民主義의 先驅'라고 평가하였다. 다산 정약용이 "新我舊邦, 經世澤民, 民國之事의 匡扶振作, 撥難反正"를 내세웠던 것을 근세 국민주의 사상을 지향하는 것으로 파악하여 루소의 『民約論』과 유사하고 황종희의 『명이대방록』과 같이 입헌적인 정치 경륜을 세웠다고 하였다.[64] 이러한 다산에 대한 해석은 대한제국기 개신유학자들이 參酌時俗하여 자주적인 근대화를 모색하고자 실학에 주목했던 문제의식의 연장선상에 있었다고 본다. 한말 서구열강과 일제의 침략으로 국가존립의 위기가 고조된 상태에서 개신유학자들은 17세기 이래 국가단위의 자주적인 역사와 문화의 정체성을 고양하며 현실개혁을 지향해 온 실학에서 그 자주적 근대 국가 건설의 전통을 복원·계승하고자 하였다. 장지연, 박은식, 신채호 등이 이익과 정약용의 학풍을 薰習하거나, 『皇城新聞』·『大韓每日申報』에서 실학자들의 개혁론을 소개하고, 『牧民心書』·『欽欽新書』·『我邦疆域考』·『雅言覺非』 등 다산의 저술이 간행된 것은 그러한 노력의 결과였다.[65]

한편 안재홍은 동시대 서양의 시대흐름 - 루소의 민약론의 등장, 유럽의 절대왕정의 대외팽창 정책, 나폴레옹 전쟁 이후 민족주의의 등장 - 등을 예를 들며 다산 시대와 그의 학문을 세계사적인 맥락에서 설명하였다.[66] 또한 비

1935.8, 28쪽.

[64] 위의 글, 30쪽;「茶山先生의 大經綸 - 朝鮮建設의 총계획자」, 『朝鮮日報』, 1935년 7월 16일.

[65] 朴殷植은 경기도 廣州에 있는 다산의 옛집을 찾아 전해오는 각종 서적을 섭렵함으로써 실학의 학풍을 계승하고자 하였고(「白巖朴殷植先生略歷」, 『朴殷植全書』 下卷, 287쪽), 申采浩 역시 南人系의 사상적 전통을 갖는 家學의 영향 아래 申箕善家에 소장된 서책을 섭렵하였었다(「年譜」, 『改訂版 丹齋申采浩全集』 下, 형성출판사, 1977; 任椿洙, 「申圭植·申采浩 등의 山東門中 開化事例」, 『尹炳奭教授華甲記念韓國近代史論集』, 1990; 이지원, 2007, 앞의 책, 2장 1절 2) 참조.

교문화적인 관점에서 서양 근대 분과학문 영역과 빗대어 조선학을 서구의 학문체계의 언어로 이해되고 소통하려는 해석을 시도하였다. 즉 근대 개혁, 근대 정체성 수립을 추구하는 학문으로서 조선학은 근대적인 분과학문의 영역을 망라한 것으로 설명하였다. 즉 다산의 학문에서 經學은 철학, 윤리 등으로, 『牧民心書』·『欽欽新書』·『經世遺表』 등은 정치, 경제, 재정, 조세, 형정, 축산, 광물, 교린, 교화, 행정 등을 망라한 것으로, 조선의 역사, 언어는 근대 민족의식 앙양으로, 종두법, 수원성 개축에 사용한 과학은 물리학 기계학 등으로 근대적인 학문영역으로 분류하여 설명하였다.[67] '세계와 交互하는 조선 문화'를 만들기 위해 서양의 분과 학문의 영역으로 해석하는 것은 효과적인 방법이었다. 안재홍은 다산의 학문을 사상적으로나 학문적 방법론으로나 조선의 주자학과 대립되며 주체적인 근대 지향의 정체성을 분과학문의 종합으로서 부각시켜 설명하고자 하였다. 특히 안재홍은 다산이 당시 연행사 등을 통해 서양학문과 학풍을 접하고, 자신의 학문을 집대성하는 위업을 이루었다고 이해했는데, 다산의 학문은 세계사적 변화 속에서 동서문화의 風氣가 서로 통하였던 시대의 산물이기도 했던 것이다.[68] 다산의 사상을 이러한 비교문화적 방법으로 설명하는 것은 오늘날 '한국학'을 세계화하는 데에서도 적용될 수 있겠는데, 안재홍은 당시 세계적 보편성으로 소통되는 조선학을 세우려는 문제의식 속에서 선구적인 시도를 하였다고 할 수 있다.

---

[66] 安在鴻, 「朝鮮史上에 빗나는 茶山先生의 學과 生涯」, 『新朝鮮』 6, 1934.10, 22쪽.

[67] 安在鴻, 「朝鮮民의 運命을 反映하는 丁茶山先生과 그 生涯의 回顧」, 『新東亞』 36, 1934.10, 44쪽.

[68] 安在鴻, 「朝鮮史上에 빗나는 茶山先生의 學과 生涯」, 『新朝鮮』 6, 1934.10, 22쪽.

2) '民' 중심의 개혁론자

안재홍이 조선학운동론에서 근대국가의 내재적 발전의 가능성과 세계사적 보편성을 갖는 '자아창건'의 정체성을 재수립하고자 했을 때, 다산의 사상은 조선후기 이래 한국 사회의 '民' 중심의 개혁 전통을 복원하는 것과 연결되었다. 그것은 다산이 「原牧」의 "皇王之本이 起於里正하니 牧이 爲民有也"라고 한 '君民一體의 개혁론'의 입장에서 국가 · 군주 중심의 개혁과 '民'의 정치의식이 밑으로부터 형성 · 취합되는 근대 국민국가성립을 지향하는 것이었다.[69]

안재홍은 다산의 생애와 학문의 등장을 조선왕조의 시대 배경과 연관지어 설명하기를 즐겼는데, 조정의 대신들이 공리공담과 배타적인 주자학에 빠져 국가존망의 위기를 구하지 못한 시대 속에서 다산이 나오게 된 과정들을 열거하였다. 양란 이후 민생도탄을 구제하지 못하고 배타적이고 보수적인 조정 대신들과의 달리 시대의 흐름을 읽은 시대의 선각자로서 다산을 설명하였다. 그리고 다산과 함께 거론한 인물은 李瀷의 종손인 李家煥과 다산의 매부인 李承薰이었다. 이들 남인계의 인물들은 모두 18세기 말 정조의 총애를 받은 개혁적인 인물들이었으나 1801년 순조의 즉위 직후 신유사옥으로 형옥을 당하였다. 안재홍은 다산과 그의 시대를 묘사함에 있어서 이가환, 이승훈, 그리고 정조의 개혁 의지가 꺾인 것을 안타까워하고, 다산을 포함하여 이들 3인이 당시 '일거에 개신진취는 못하였더라도 점진적으로 개혁의 길을 갔었다면 우리 조선의 면모는 달라졌을 것'이라고 하였다.[70] 그는 개혁이 성

---

[69] 茶山의 「原牧」에 대한 이해는 당시 사회주의 진영의 조선학자들에게 있어서도 공통적이었다. 崔益翰 역시 「原牧」을 분석하면서 최초사회의 관민관계에 대한 원칙적인 입론이 루소의 社會契約說에 방불하다고 설명하였다(崔益翰, 「與猶堂全書를 讀함 (56)—社會政治哲學의 基調」, 『東亞日報』, 1939년 5월 4일).

공하지 못함으로써 조선 사회의 모순이 점점 심화되었고, 정조가 승하하고 이가환, 이승훈이 신유사옥으로 세상을 떠난 지 10년 후인 1811년에 홍경래란 이 일어났다고 설명하면서, 이점을 역사적 교훈으로 삼을 것을 강조하였다.

> 茶山 貞軒 李承薰 및 기타 諸氏 網打의 厄 을 본지 十年에 洪景來가 純祖 11년 辛未로써 관서에 擧兵하야 淸北一境이 血火 속에 흔들렸고 이어서 滔 滔한 형세 日比하는 비탈을 굴러나렸던 것이다. 여기에서 現代의 識者와 先驅者와 청년의 학도들은 조선사회의 병들은 유래를 돌아보고 현대조선에 씻겨다하지않은 구사회의 잔재를 그 자신들의 혈관에서부터 청산하고 스스 로 至誠報世의 久遠한 봉사의 길로 나아가야할 것이다.[71]

즉, 조선왕조의 체제 개혁이 일어나지 않아서 그 모순이 민란으로 일어났 으니, 조선이 병들었던 역사교훈을 잊지 말라는 것이다. 안재홍은 다산을 비 롯한 남인계(주로 畿湖南人)의 개혁에 자신의 근대 개혁의 역사적 모델을 설 정하고 있었다. 영정조대의 탕평책의 결과 정계 진출을 한 남인계열은 臣權 중심의 정치를 전개하였던 서인이나 노론계와 달리 왕권 중심의 정치를 지향 하였다. 그것은 개혁적 군주가 보수적 신권을 견제하면서 직접 民에 대한 선 정을 하는 君民一體의 개혁사상이었다. 이러한 정치개혁의 기본구도에서 농 민중심의 토지개혁이 나왔는데, 이는 보수적인 주자토지론에 입각한 지주전 호제를 비판하고 농민이익을 중시하는 개혁을 지향하였다. 다산은 유형원, 이익 이래 畿湖南人의 이러한 사회개혁론, 토지개혁론의 집대성자였다. 다산 은 임금과 民이 직접 연계되는 정치구조 속에서 '民' 주체의 사회개혁을 구상

70) 安在鴻, 「朝鮮民의 運命을 反映하는 丁茶山先生과 그 生涯의 回顧」, 『新東亞』 36, 1934.10, 44쪽.
71) 위의 글, 45쪽.

하였고, 그 구체적 귀결로서 농민 중심의 토지개혁론을 제기한 것이었다.[72]

　군민일체의 정치구도 속에서 농민 이익 중심의 토지개혁, 사회개혁론은 유교적 유토피아인 三代의 大同思想과 연계되는데, 茶山의 '官天下'의 사회상을 『禮記』「禮運」편에 언급된 '大同社會'의 개념으로 이해될 수 있다는 임형택 교수의 언급처럼,[73] 다산의 개혁사상 역시 유교적 대동사상에 닿아있었다고 본다. 대동사상은 19세기 말 20세기 초 동양사회가 자본주의 세계체제로 편입되는 과정에서 재해석되면서 근대적 전환을 하였다. 중국의 康有爲가 『大同書』를 집필하여 동양적 이상사회의 전통 속에서 근대 민권국가의 개혁사상을 제시하였는데, 1910년대 신채호, 조소앙, 박은식, 신규식 등이 대동사상에 입각하여 평등주의를 받아들이고 '망국민의 민족주의'를 수립하고자 하였던 것이 그 예이다.[74] 또한 이러한 대동사상은 유교적 전통이 있는 아시아에서 사회주의나 사회민주주의 사상을 용이하게 하는 요인이 되기도 하였다.[75]

---

72) 김용섭, 『朝鮮後期農學史研究』, 일조각, 1988, 제3편; 임형택, 「茶山의 '民'주체 정치사상의 理論的·現實的 근거―湯論原牧의 이해를 중심으로」, 姜萬吉·鄭昌烈 외, 『茶山의 政治經濟思想』, 창작과비평사, 1990.

73) 임형택, 위의 글, 66쪽. 조선후기 이래 농민층의 大同意識 大同論의 대두에 대해서는 安秉旭, 「19세기 民衆意識의 成長」, 『1894년 농민전쟁연구』 3, 역사비평사, 1993; 안병욱, 「조선후기 대동론(大同論)의 수용과 형성」, 『역사와 현실』 47, 2003 등 참조.

74) 朴殷植, 申圭植 등은 대동사상에 입각하여 1912년 상해에서 同濟社를 결성하였는데, 여기에는 申采浩, 趙素昂, 洪命熹, 文一平, 金奎植, 卞榮晩, 申錫雨, 呂運亨 등이 회원으로 활동하였다. 뿐만 아니라 鄭寅普, 安在鴻 등도 이 시기 상해에서 홍명희, 문일평 등과 함께 생활하며 박은식, 신채호와 교류하였다(金正明, 『朝鮮獨立運動』 III, 東京, 原書房, 1967, 880쪽; 鄭寅普, 「介潔無垢의 朴殷植先生」, 『開闢』, 1925.8; 「洪碧初·玄幾堂 對談」, 『朝光』 70, 1941.8; 鄭寅普, 「文湖岩哀詞」, 『薝園鄭寅普全集』 1, 연세대학교출판부, 1983, 54쪽).

75) 한말의 대동사상이 1910년대 同濟社나 신한청년당의 大同團結宣言, 1921년 고려공산당선언의 '大同社會의 건설' 등 초기사회주의 사상으로 그 면모를 보이고 있었다. 대동사상의 근대적 전환과 관련된 다양한 면모에 대해서는 김용섭, 「高宗朝의 土地改

안재홍의 다산 호명의 문제의식에는 이러한 개혁 전통 속에서 배태된 민중현실 구제의 개혁사상, 평등주의를 구현하는 요소가 결합될 가능성이 높았다. 이러한 점에서 안재홍이 토지개혁론과 관련하여 다산을 '사회민주주의자'라고 설명한 것은 자연스러운 귀결이라고 할 수 있다. 안재홍은 다산의 「田論」에 나타난 閭田制의 공동경작법과 1/10 징세 등을 근세 토지국유론 사상과 일부 공통적이면서도 일층 진보적인 정책사상으로 보고

> 근세 土地國有論에서 출발한 일부 사상과 공통하면서 그 실제 적용의 점에서는 일층의 進步的인 政策思想을 보이는 자로 다만 왕실을 중심하고 국가를 단위로 한 점에서만 근세사회주의 사상과 서로 다른 자이다. 그럼으로 그 含蓄의 내용이 다르나 이 점으로서는 일종의 國家的인 社會民主主義의 명백한 사상체계를 방불케 하는 것이다.[76]

라 하여 그를 '국가적 사회민주주의자'로 규정하였다. 국가적 사회민주주의자는 사회주의적인 경제 정책을 취하되 그 주체가 왕실과 국가인 점에서 근세 사회주의 사상과는 다르다고 보았다. 그러나 국가가 중심이 되어 사회주의적으로 공동경작과 농민 중심의 토지개혁을 제기한 것은 분명 '민' 중심의 개혁사상으로서 높이 평가할 만하다고 하였다.

'민' 중심의 개혁 전통으로서 다산의 토지개혁론을 소환하여 기억하고자

革論」, 『增補版 韓國近代農業史研究』, 일조각, 1984; 김기승, 「白巖 朴殷植의 사상적 변천과정—大同思想을 중심으로」, 『歷史學報』 114, 1987; 鄭昌烈, 「愛國啓蒙思想의 歷史認識」, 『國史館論叢』 15, 1990; 유준기, 「朴殷植의 大同思想과 儒敎改新運動」, 『芝村金甲周教授華甲紀念私學論叢』, 1994; 이호룡, 『한국의 아나키즘』, 지식산업사, 2001, 48~53쪽; 이지원, 앞의 책, 2007, 113~116쪽 참조.
[76] 安在鴻, 「現代思想의 先驅者로서 茶山先生 地位—國家的 社會民主主義者」, 『新朝鮮』, 1935.8, 29쪽.

했던 것은 안재홍의 소부르주아, 소농중심 경제사상과도 상통하였다. 안재홍의 1920~1930년대 글을 보면 자본주의적 경제발전을 지향하면서도, 줄곧 중소자본을 중심으로 한 민족경제보전론과 조선인 중소지주, 자·소작농민들의 몰락을 막기 위한 일제 농정의 개혁, 지주 소작관계의 개선, 생산증식, 협동조합운동 등을 주장해왔다.[77] 이러한 그의 경제사상 관점에서 볼 때, 다산의 농민적 입장의 개혁 사상과 토지개혁론은 자주적 근대 국가 수립의 내재적 역량을 역사적으로 확인하는 것이기도 했다. 안재홍은 이러한 다산의 민 중심의 경제를 '경제민주주의＝산업적 민주주의'라는 용어로 설명했는데,[78] 이는 민세주의적 자아창건을 통해 실현하고자 했던 새로운 민족주의, 민주주의에 대한 이상을 투영한 것이었다고 본다. 즉 자본주의적 근대국가를 추구하되 일제 독점자본에 예속되지 않는 소자본가와 농민·노동자 중심의 계급연합적, 사회민주주의적 경제체계를 확충하는 새로운 국가건설의 이론으로서 신민족주의, 신민주주의 사상이었다.[79] 안재홍은 다산 정약용이라는 '전통'을 통해 미래를 지향하는 식민지 민족의 근대 정체성 서사를 구축하고, 자신의 사상체계를 발전시켰던 것이다.

4. 맺음말

안재홍은 1930년대 중반 정치적 차선책으로서 '문화운동'에 의미를 두고

---

77) 이지원, 「일제하 안재홍의 현실인식과 민족해방운동론」, 『역사와 현실』 6, 1991 참조.
78) 「茶山의 經綸」, 『조선일보』, 1935년 8월(『民世安在鴻選集』 4, 1992, 141쪽).
79) 이러한 점에서 안재홍의 해방 후 신민족주의 신민주주의 사상은 1930년대 그의 '전통'에 대한 새로운 각성과 재현 속에서 이루어지는 역사적 연원을 갖는다고 할 수 있다.

조선학운동을 전개하는 가운데 다산 정약용에 주목하였다. 안재홍에게 있어서 조선학은 '자아창건' - 근대적 정체성(modern identity) 만들기 서사를 갖는 근대 계몽의 담론이었고, 다산은 그러한 역사적 의의를 담는 '전통'이었다. 이때 다산은 변법자강의 진보주의 사상가로서 보수적인 주자학과 대립하며 주체적인 정체성을 추구하는 근대 개혁의 내재적 원형으로 배치되었다. 그것은 조선후기 이래 한국 사회의 '민' 중심의 개혁 전통을 복원하는 것이기도 했다. 다산은 군민일체의 정치개혁 구도 속에서 농민 중심의 토지개혁, 사회개혁론을 집대성한 인물이었다. 다산을 변법자강의 진보주의자, 국가적 사회민주주의자로 명명한 것은 안재홍이 지향한 근대 국민국가의 정체성을 역사적으로 연계시킨 것이었다.

안재홍은 조선 민족의 독자적인 '국가' 주체의 근대 개혁을 실학이라는 '전통'에서 찾았다. 실학은 '국가'라는 실체를 전제로 '군민일체'의 입장에서 국가 단위의 개혁을 추구하는 사상체계를 갖고 있었다. 일제의 파시즘체제가 강화되는 시점에서 일본이라는 '국가'를 부정하며 조선 민족의 독자적인 국가 수립을 지향할 때, 자주적인 근대 국가의 내재적 · 자력적 사상 기반을 한국형 근대 지향 사상인 실학에서 찾고자 했던 것이다. 그것은 근대 민족의 정체성이 '국가' 단위로 표현되는 것을 지향하는 것이라고 볼 수 있다. 민족 정체성이 '국가(nation state)'가 아닌 '종족(ethnicity)'에 국한될 경우 일본 국가 내의 지역문화, 국민문화의 일환으로 흡수되는 것을 가능하게 할 속성이 있다. 즉 조선인의 정치 국가가 없는 식민지 상황에서 '민족'의 정체성을 독자적 국가를 전제로 하지 않을 경우, 현실 국가인 일본 국가의 '국민'으로 흡수되는 것에 저항하기 어려웠다. 당시 일본 국가 중심의 파시즘적인 조선 연구와 보급이 확대되는 상황에서 안재홍이 조선의 독자적인 '국가'를 전제로 개혁한 실학사상가 다산을 '전통'으로 선택하고 해석한 것은 독립 근대국가 지향의 저항성과 정체성의 서사를 웅변한 것이라고 하겠다.

　'전통'은 과거의 흔적이자 결과물들이기에 전통을 전승하고 기억하는 사람들의 집단적 정체성의 뿌리이다. 근대는 일체의 '과거의 것 = 전통'을 타자화함으로써 진보한다는 명제 속에는 과거와의 단절을 요구하는 속성이 있다. 그러나 근대 국민국가로서의 정체성을 대외적으로 보이고, 대내적으로 국민을 결집시키고 동원하기 위해 과거와 현재를 이어주는 '전통'은 유용하다. 역설적으로 '전통'은 근대의 필요에 의해서 더 많이 호출되는 것이다. 그러나 어떠한 근대를 만들고자 하는가에 따라 호명되고 기억되는 '전통'은 달라지게 마련이다. 한국근현대사에서 '전통'은 그러한 구도 속에서 선택되고 정형화되어 전승된 것들이다. 1930년대 안재홍은 조선학운동에서 다산 정약용을 호명하여 식민지 사회에서 민세주의적 근대 정체성을 '전통'으로부터 만들고 확충하고자 했다. 안재홍은 독자적인 근대국가 지향의 저항성과 정체성의 서사를 계몽하고 웅변하는데 유의미한 '전통'으로서 정약용을 재현했던 것이다. 이는 '전통'을 통해 근대 정체성을 만들어갔던 한국 근대문화사 · 사상사의 한 장면이기도 하다.

참고문헌

민세안재홍선집간행위원회 편, 『民世安在鴻選集』 1~5, 지식산업사, 1981, 1983, 1991, 1992, 1999.
고려대학교박물관 편, 『民世安在鴻選集』 6~8, 지식산업사, 2005, 2004, 2008.
鄭寅普, 『薝園鄭寅普全集』 1, 연세대학교출판부, 1983.

김용섭, 『增補版 韓國近代農業史硏究』, 일조각, 1984.
류시현, 『최남선연구』, 역사비평사, 2009.
방기중, 『한국 근현대 사상사 연구』, 역사비평사, 1992.
안재홍 선생기념사업회, 『안재홍의 항일과 건국 사상』, 백산서당, 2010.
연세대학교 역사문화학과 BK21플러스 사업팀, 『식민지조선의 근대학문과 조선학연구』, 선인, 2015.
이만열, 『韓國 近代歷史學의 理解』, 문학과지성사, 1982.
이지원, 『한국 근대 문화사상사 연구』, 혜안, 2007.
조동걸, 『現代韓國史學史』, 나남출판, 1998.
홍이섭, 『韓國史의 方法』, 탐구당, 1968.

Timothy Baycroft, Nationalism in Europe 1789-1914, Cambridge Univ. Press, U.K. 2007(7th printing), pp.24-41; Ernest Renan, Qu'est-ce qu'une nation? et autres ecrits poliitiques, 1882(신선행 역, 『민족주의란 무엇인가』, 책세상, 2002).
Eric Hobsbawm & Terence Ranger ed, The Invention of Tradition, Cambridge University Press, U.K, 1983(박지향·장문석 옮김, 『만들어진 전통』, 후마니타스, 2004).
앤서니 스미스, 『족류: 상징주의와 민족주의』, 아카넷, 2016.

강만길, 「일제시기 반식민사학론」, 한국사연구회 편, 『한국사학사의 연구』, 을유문화사, 1985.
김기승, 「白巖 朴殷植의 사상적 변천과정—大同思想을 중심으로」, 『歷史學報』 114,

1987.

김용섭, 「우리나라 근대 역사학의 발달」, 『문학과 지성』 4, 1971.

김인식, 「1930년대 안재홍의 '조선학'론」, 『한국인물사연구』 23, 2015.

류시현, 「1930년대 안재홍의 '조선학운동'과 민족사 서술」, 『아시아문화연구』 11, 2011.

박홍식, 「일제 강점기 정인보鄭寅普, 안재홍安在鴻, 최익한崔益翰의 다산茶山연구」,
　　　　『茶山學』 17, 2010.

신주백, 「1930년대 초중반 朝鮮學學術場의 재구성과 관련한 시론적 탐색: 경성제대 졸
　　　　업자의 조선연구 태도 및 연구방법과 관련하여」, 『역사문제연구』 26, 2011.

이윤갑, 「안재홍의 근대 민족주의론 비판과 신민족주의」, 『한국학논집』 54, 2014.

유병용, 「안재홍의 정치사상에 관한 재검토」, 『한국민족운동사연구』 1, 1986.

이지원, 「일제하 안재홍의 현실인식과 민족해방운동론」, 『역사와 현실』 6, 1991.

이지원, 「안재홍」, 『한국의 역사가와 역사학(하)』, 창작과 비평사, 1994.

이지원, 「1920~30년대 일제의 조선문화지배정책」, 『歷史敎育』 75, 2000.

이지원, 「1930년대 '조선학'논쟁」, 『논쟁으로 본 한국사회 100년』, 역사비평사, 2000.

이지원, 「한국 근현대사 교육에서 민족주의와 근대주체」, 『歷史敎育』 95, 2005.

이지원, 「전쟁, 친일, 파시즘정서」, 『식민지근대의 뜨거운 만화경』, 성균관대학교출판
　　　　부, 2010.

이지원, 「20세기 전반기 조선 자치론의 문화적 정체성」, 『정체성의 경계를 넘어서』,
　　　　한국학중앙연구원, 2012.

이지원, 「한국학의 근대성 고찰」, 『민족문화연구』 86, 2020.

이진한, 「民世 安在鴻의 韓國史研究와 新民族主義論」, 『한국사학보』 20, 2005.

임형택, 「茶山의 '民'주체 정치사상의 理論的·現實的 근거─湯論·原牧의 이해를 중심
　　　　으로」, 姜萬吉·鄭昌烈 외, 『茶山의 政治經濟思想』, 창작과비평사, 1990.

장규식, 「20세기 전반 한국사상계의 궤적과 민족주의 담론」, 『한국사연구』 150.

정상우, 「조선총독부의 『朝鮮史』편찬사업」, 서울대학교 대학원 박사학위 논문, 2011.

정윤재, 「안재홍의 신민주주의연구」, 『한국현대사회사상』, 지식산업사, 1984.

채관식, 「안재홍의 인류학 이론 수용과 조선상고사 연구」, 연세대학교 역사문화학과
　　　　BK21플러스 사업팀, 『식민지조선의 근대학문과 조선학연구』, 선인, 2015.

천관우, 「민세 안재홍 연보」, 『창작과비평』 겨울호, 1978.

최재목, 「일제 강점기 정다산丁茶山 재발견의 의미─신문·잡지의 논의를 통한 시론試
　　　　論」, 『茶山學』 17, 2010.

한영우, 「안재홍의 신민족주의와 사학」, 『한국독립운동사연구』 1, 1987.

조선건국준비위원회의 건국 구도

김인식 (중앙대학교 다빈치교양대학 교수)

조선건국준비위원회의 건국 구도

김인식 (중앙대학교 다빈치교양대학 교수)

1. 머리말

1945년 8월 15일 직전까지 해외에서는 대한민국임시정부의 광복군과 조선독립동맹의 조선의용군이 본토 진입을 위하여 무장력을 강화하고 국내외의 독립운동 단체들과 연대를 확대시켜 나갔다. 美洲 지역에서도 형식상으로는 대한민국임시정부의 산하였지만 하나의 세력을 형성하여 대미 외교활동을 추진하였고, 연해주 지역에서도 소련군에 편제된 한국인 부대가 활동하고 있었다.

국내에서는 비밀조직인 조선건국동맹(앞으로 建盟으로 줄임)이 독립 이후의 '건국'까지 목표로 설정하여 해방을 준비하였다. 일제의 패전이 확실해지자, 또 한편의 민족지도자들은 조선총독부를 상대로 권력을 인수하려는 민족대회 소집을 계획하고 표면운동으로 진행하고 있었다. 국내의 두 계열이 합류하여, 1945년 8월 15일 조선건국준비위원회(앞으로 建準으로 줄임)를 조직하여 신속하게 건국사업에 착수할 수 있었던 사실은, 한민족이 쉬지 않고 해방과 독립을 준비하였음을 보여준다.

建準은 8·15해방 후 한국민이 최초로 표출한 정치행동이었다는 점에서 한국현대사에서 차지하는 의미는 새삼 강조할 필요가 없다. 8·15해방 당일 바로 조직·출발한 최초의 정치조직체로서 전국에 지부를 갖추어 건국사업을 추진한 유일한 지도체였다는 역사 사실 자체가 建準이 해방정국에서 차지하는 비중을 웅변해 준다. 그러나 전 민족통일전선체를 지향한 建準이 통일전선체로서 완결태를 갖추지 못하고 조선인민공화국(앞으로 人共으로 줄임)이라는 좌익연합으로 오그라든 귀결은, 이후 해방정국에서 전개되는 좌우대립의 압축판을 보여주는 선례를 남겼다.

建準이 해방정국의 歷史像을 구성하는 첫 단서이므로, 建準의 실상을 추적하는 작업들은 다각도에서 시도되었고 지금도 진행 중이다. 建準이 해방정국에서 차지하는 의미를 추구하는 데에서 시작하여,[1] 建準이 출발하여 해체하기까지 전체상을 조망하였으며,[2] 중앙조직의 변천과정도 세심하게 추적하였다.[3] 나아가 建準의 이념 성향과 정치노선을 규명하였으며,[4] 이와 관

[1] 金大商, 「8·15 直後의 政治現象-建國準備委員會에 대한 再照明」, 『創作과 批評』 통권 46호, 創作과 批評社, 1977.

[2] 홍인숙, 「건국준비위원회의 조직과 활동」, 강만길 외저, 『해방전후사의 인식』 2, 한길사, 1985; 李炫熙, 「'建準' 硏究」, 『白山朴成壽敎授華甲紀念論叢 - 韓國獨立運動史의 認識』, 白山朴成壽敎授華甲紀念論叢 刊行委員會, 1991; 李圭泰, 「해방 직후 건국준비위원회의 활동과 통일국가의 모색」, 『한국근현대사연구』 제36집, 한국근현대사학회, 2006.

[3] 安種澈, 「朝鮮建國準備委員會의 성격에 관한 연구 - 中央과 地方組織을 中心으로」, 서울大學校 大學院 政治學科 碩士學位論文, 1985; 홍인숙, 앞의 논문; 李庭植, 「呂運亨과 建國準備委員會」, 『歷史學報』 第134·135合輯, 歷史學會, 1992; 남광규, 「건국준비위원회 중앙조직의 약화과정과 요인」, 『韓國政治外交史論叢』 第28집 제1호, 한국정치외교사학회, 2006; 윤덕영, 「8·15 직후 조선건국준비위원회의 조직적 한계와 좌우 분립의 배경」, 『史學硏究』 第100號, 韓國史學會, 2010.

[4] 金光殖, 「해방직후 呂運亨의 정치활동과 '建準' '人共'의 형성과정」, 최장집 편, 『한국

련하여 建準을 출범시킨 두 주역인 여운형[5]과 안재홍[6]의 建準 활동으로 연구를 진전시켰다. 建準의 지방 조직과 활동에 대한 연구는 아직 일부 지역에 한정되었으나,[7] 특정 지역의 정치운동을 서술하면서 해당 지역의 建準을 언급하는 사례도 많아, 앞으로 建準의 지방 조직도 더욱 규명되리라 생각한다.

해방공간의 객관·주관의 정세와 맞물려 建準이 활동한 20여 일의 功過와 成敗는, 짧게 보면 해방정국에서 좌우연합의 가능성과 실태를 보여주는 단초였다. 길게 보면, 민족이 존망의 위기에 직면하였건만 이념을 초월한 단합을 이루지 못한 실패의 역사를 반성하는 측면에서, 아직도 검토할 심층부가 남아 있다. 해방정국에서 建準의 위상과 의미, 정치 이념·노선을 해명하는 수준의 연구가 반복되었으나, 아직 建準의 건국 구도를 주제화하여 다룬 연구는 없었다.

지금까지 建準에 대한 연구는 좌우의 통합과 대립이라는 시각에서 주로 이루어졌다. 建準이 해방정국에서 최초의 통일전선체라는 의의와 함께 좌우 대립의 출발점이 되었다는 측면을 주목하였기 때문이다. 다시 말하면, 建準이 8·15해방 당일 민족주의좌파·사회주의자(이후 이들은 중간좌파와 중간

현대사(1945~1950)』, 열음사, 1985; 朴思明, 「朝鮮建國準備委員會의 政治路線」, 韓國政治外交史學會 編, 『解放의 政治史的 認識』, 大旺社, 1990.

5) 李東華, 「夢陽呂運亨의 政治活動-再評價를 위하여」上·下, 『創作과 批評』 통권 48·49호, 創作과 批評社, 1978(宋建鎬 外著, 『解放前後史의 認識』, 한길사, 1979 所收); 李庭植, 앞의 논문; 金光殖, 앞의 논문.

6) 김인식, 「해방 후 安在鴻의 民共協同運動-건국준비위원회와 국민당 활동을 중심으로」, 『근현대사강좌』 통권 제10호, 한국현대사연구회, 1998; 김인식, 『안재홍의 신국가건설운동(1944~1948)』, 선인, 2005의 제1장.

7) 전남일보 광주전남현대사 기획위원회, 『광주전남현대사』 1, 실천문학사, 1991; 安種澈, 앞의 논문; 안종철, 『광주·전남 지방 현대사연구-건준 및 인민위원회를 중심으로』, 한울, 1991; 김동만, 「제주지방 건국준비위원회 인민위원회의 조직과 활동」, 『역사비평』 통권 14호, 역사문제연구소, 1991; 박명수, 「평안남도 건국준비위원회와 조만식」, 『한국기독교와 역사』 제41호, 한국기독교역사연구소, 2014.

우파로 분류된다)와 공산주의자 일부의 부분 연합으로 출범한 사실성[8]과 전 민족통일전선체를 지향·추구하였으면서도 좌익연합으로 축소되어 해체되는 과정을 좌우의 통합과 대립의 측면에서 바라보았다.

그러나 建準을 좌우의 기준만으로 분석하는 시각은 建準의 출발과 해체에 이르는 전체상을 파악하는 데에는 한계가 있으며, 무엇보다도 建準의 국가건설 구도를 이해하는 데 방해가 된다. 앞서 잠깐 지적하였듯이, 建準은 좌우통합을 기반으로 출발하였다기보다는, 建盟의 운동 노선과 민족대회소집운동의 노선이 결합하였고, 이를 각각 대표하는 여운형·안재홍(이들은 이후 중간좌파와 중간우파를 각각 대표한다)을 구심점으로 출발하였다. 建準이 해체되는 중요한 요인에는 재건파 조선공산당의 영향도 작용하였지만, 建準을 출발시킨 여운형·안재홍 세력이 구심력을 형성하지 못한 데에 主因이 있었다.

이 논문은 建準을 좌우의 통합과 대립이라는 측면보다는, 建準의 두 원류를 이루었던 建盟의 활동과 민족대회소집 운동,[9] 이 양자를 각각 주도하였던 여운형과 안재홍이 구상하였던 건국 구도의 일치점과 차이점을 밝히는 데에 주안점이 있다. 이들의 일치점이 建準 출발의 動因이었으며, 차이점이 建準 해체의 主因이었음을 강조하려 한다.

이 연구는 여운형·안재홍 두 사람이 구상한 건국 구도의 일치점과 차이점

[8] 建準의 제2차 조직 개편(1945. 8. 22) 때 書記局의 임원으로 선임되어 활동한 이동화는 建準의 성격을, 여운형의 建盟을 중심으로 하는 사회주의 세력, 안재홍을 중심으로 하는 민족주의 세력, 李英·崔益翰·鄭栢 등을 중심으로 하는 장안파 공산주의 세력, 朴憲永·李康國·崔容達 등을 중심으로 하는 재건파 공산주의 세력 등이 여운형을 중심으로 집결하였던 '연합전선적 정치단체'로 규정하였다. 李東華, 앞의 논문, 352쪽.

[9] 建準이 출발하여 해체하기까지 전 과정을 온전히 규명하기 위해서는, 建準이라는 통일전선체가 출발하는 두 구심점이었던 建盟 활동과 민족대회소집운동의 두 노선을 심도 있게 비교·검토해야 한다. 이 두 노선에 대한 개별 연구는 일정한 정도 이루어졌지만, 建準의 건국 구도를 심층 규명하기 위해서는 개별 연구에서 놓쳐 본 점을 보완하여 두 노선을 상호 비교·검토할 필요가 있는데, 이는 차후의 과제로 남겨둔다.

을 드러내어 建準의 의의와 한계를 짚는 데 목적이 있으므로,[10] 서술의 범위를 다음과 같이 설정하였다. 人共은 建準과는 성격을 달리 하는 조직체로서 建準의 궤도에서 이탈하였으므로, 人共의 건국 구도는 서술 범위에서 제외하였다.[11] 또 다루려는 주제가 '건국 구도'라는 이론상의 범주이므로, 建準의 중앙만을 분석 대상으로 삼았으며 지방 建準의 활동은 제외하였다. 논문의 제목을 '국가건설론'이 아니라 '건국 구도'라고 한 이유는, 建準이 활동하는 시기에는 국가건설의 大綱과 구체안이 정합성을 갖추어 구체화되지 못하였기 때문이다.

2. 현단계 성격의 인식과 '조선건국준비위원회'의 명칭

1) 현단계 성격의 인식

일제가 무조건 항복한다는 소식이 단파방송을 통해 국내 지도자들에게도 알려진 8월 10일 이후부터 15일 사이, 여운형·안재홍의 움직임도 긴박하였다. 여운형은 해방 후의 사태에 대처하기 위하여 建盟員을 소집하는 한편, 안재홍과도 긴급하게 협의하여 시국수습책을 마련하였다. 식민지시기 끝 무렵 여운형과 안재홍은 자주 만나서 시국을 논의하였지만, 아마 이 무렵이

---

10) 이 논문은 주로 일치점을 밝히는 데 주안을 두었으며, 차이점은 본문 내용을 서술하는 데에서 간단히 언급하였으며, Ⅲ-3의 끝 부분에서 부각시켰다. 여운형·안재홍의 건국 구도의 차이점은 建準이 해체되는 主因이었으므로, 이는 별개의 세밀한 검토를 요하는 주제라고 생각한다.

11) 좀 더 분명하게 말하면, 여운형이 人共을 결성한 명분은, 미군이 38도선 이남에 진주하는 사태에 대처하는 비상조치였으므로, 이것도 建準 본래의 건국 구도에서 이탈한 정치행태로 서술하였다.

가장 긴장되고 급박한 순간이었다.

8월 10~15일 사이 여운형·안재홍은 건국준비를 위하여 민족역량을 결집하는 조직체·기관을 결성하자는 데에 의견이 합치하였다.[12] 이때 두 사람이 협의하여 마련한 시국대책은, 14일 늦은 밤 무렵 또는 14일 밤에서 15일 아주 이른 새벽 사이에 다시 두 사람의 긴밀한 협의를 거쳐, 조선총독부에 요구할 조건들을 포함하여 建準을 결성하는 문제까지 최종 정리되었다. 8월 15일 아침 여운형이 政務總監 遠藤柳作과 회담하고 나온 직후, 여운형·안재홍이 중심이 되어 곧바로 '조선건국준비위원회'를 결성하고 건국사업을 추진할 수 있었던 이면이었다.

이때의 정황을 조금 자세히 보면, 용산의 조선참모부 소속의 조선인 장교 한 사람이 서울 桂洞의 여운형 집을 방문하여, 8월 15일 정오에 일왕이 방송으로 무조건 항복을 선언할 예정이라고 알려 준 때는 8월 14일 초저녁이었다. 이어 같은 날 밤 遠藤이 여운형에게 연락하여 筆洞의 정무총감 관저로 오도록 통지하였고, 여운형이 遠藤을 방문한 시간은 다음날인 8월 15일 아침 8시였다.[13]

----

12) 김인식, 앞의 책, 67쪽.
13) 김인식, 앞의 책, 68~70쪽. 여운형이 遠藤을 방문한 시간은 자료에 따라 차이가 있다. 森田芳夫, 『朝鮮終戰の記錄』, 巖南堂書店, 1964, 69~70쪽에 따르면, 14일 저녁 때 여운형에게 통지하기는 15일 오전 6시에 와달라고 했는데, 여운형은 15일 오전 6시 30분에 경성보호관찰소장 長崎祐三과 함께 大和町의 정무총감 관저를 방문했다. 그런데 여운형은 16일 휘문중학교 연설에서 8시에 방문하였다고 말하였다. 「民族解放의獅子吼 / 呂運亨氏講演」, 『每日新報』, 1945년 8월 17일. 이는 다른 증언과도 일치한다. 여운형의 동생 呂運弘에 따르면, 15일 0시 40분경 여운형에게서 긴급한 전화 호출을 받고서 여운형의 桂洞 자택에 도착한 시간은 오전 1시 반이었다. 그때 여운형은 옆집 사는 洪增植과 이야기를 나누고 있었다. 여운홍은 여운형에게서, 일왕이 정오에 무조건항복을 알리는 방송을 할 예정이며, 遠藤이 15일 아침 8시에 여운형에게 관저 방문을 요청하였다는 말을 들었다. 여운형은 15일 오전 7시 50분경에 준비한 차량에 탑승하여 정무총감 관저로 향했으며, 회담을 마치고 계동 자택으로 돌아온 시간은 8시

뒤에서 보게 될 자료 4(178쪽)는, 이 무렵 여운형·안재홍 두 사람의 협력 관계와 저간의 사정을 전해준다. (자료 4)에서 '行政權 戰取'와 관련하여 안재홍의 이름이 거론됨을 보면, 여운형은 14일 밤 일제의 항복 소식을 듣고서 이후 시급히 안재홍과 만났다. 이때 두 사람은 조선총독부에 내걸을 요구조건과 행정권을 인수하여 운영할 기관을 결성하는 문제 등을 최종 협의하여 대책을 세웠다. 여운형이 遠藤을 방문한 이후의 15일 당일에는, 여운형·안재홍은 맞대면하지 못하였다.[14] 그런데도 15일 오전에 곧바로 建準이 출발한 사실을 보면, 8월 14일 밤에서 8월 15일 이른 새벽 사이에 여운형·안재홍은 시국수습책 전반에 걸쳐서 建準을 결성하는 문제까지, 즉 명칭을 포함하여 행동의 범위 등을 합의하였다.

建準의 건국 구도를 규명하기 위해서 먼저 짚을 한 가지는, '조선건국준비위원회'라는 명칭은 안재홍이 명명하였다는 사실이다.[15] 안재홍이 자찬하듯이 여러 차례 강조하지는 않았지만, 그는 자신이 建準을 명명한 사실과 함께 8·15해방 당일 建準의 상황을 다음과 같이 기술하였다.

(자료 1)

　　八·一五 즉일 「建國準備委員會」라고 看板 걸기로 하고, 桂洞에다 그 本部를 두고 사무를 보았다. 그런데, 이 「建國」云云은 나의 命名이었고, 「建國同盟」의 존재를 나는 몰랐다. … 建準 성립된 八·一五 당일, 呂運亨씨는

50분경이었다. 呂運弘, 『夢陽 呂運亨』, 靑廈閣, 1967, 134~136쪽. 이상에 따른다면, 여운형과 遠藤의 회담은 약 40여 분간 진행되었다.

14) (자료 1)을 참조.

15) 森田芳夫, 앞의 책, 76쪽에서도 '건국준비위원회'라는 명칭은 안재홍이 명명하였다고 전해진다고 기술하였다. 建準을 다룬 대부분의 연구자들이 이 책을 1차 자료로 많이 인용하면서도, 대체로 이 구절은 인용하지 않았다.

開放되는 出獄群衆에게 巡廻演說과 外他 政治工作에 분망하여 만나 볼 수
도 없었고, 鄭栢씨는 세칭 長安派 共産黨 결성 때문에 자리를 비어두고 있
어, 나는 홀로 다른 大衆과 建準을 지키면서 문자 그대로 苦心·慘憺하였었
다.

　十六日 未明에 呂·鄭 양씨와 外他 左方數氏는 나에게 그 實情을 말하면
서, …"16)

　위의 자료 첫 문장에서, 8·15해방 즉일 오전에 建準이 출범한 데에는 여운
형·안재홍 두 사람의 합의가 있었기에 가능하였음을 다시 확인하게 된다.
안재홍이 '조선건국준비위원회'를 자신이 명명하였음을 밝히면서 建盟의 '眞
相'을 몰랐음을 강조한 이유는, 자신이 建盟員이 아니었음을 분명히 해두려
는 데 있었다. 이로써 안재홍은 建準이 建盟의 명칭을 따오지 않았으며, 나아
가 建準이 建盟의 연장이 아니었음을 에둘러 주장하였다. 나아가 建盟의 운
동 이념·노선과 상관없이, 자신의 건국 구도를 가지고 建準에 참여하였음을
시사하였다.

　안재홍이 조직의 이름을 명명한 사실 자체가, 조직 위계상 '副'의 지위에
서서 여운형의 단순한 협력자로 동반하는 형태가 아니라, 자신의 건국 구도
를 실천할 적극성을 가지고 참여하였음을 보여준다. 그 스스로도 "建準 성립
된 八·一五 當日부터 徹夜하는 동안 거의 三十八時間" 일하였으며, 이후에
도 "建準本部에서 晝夜없이 盡瘁"하였다고 술회할 만큼 建準에 대한 그의 의

16) 「八·一五 당시의 우리 政界」, 『새한민보』, 1949년 9월; 安在鴻選集刊行委員會 編,
『民世安在鴻選集』 2, 知識産業社, 1983, 472~473쪽(앞으로 『民世安在鴻選集』을 『選集』
으로 줄임). (자료 1) 뒤쪽의 줄인 부분에는, 안재홍이 建盟에 대해 말하면서 "그 眞相에
는 안 적이 없었다."고 기술한 구절이 있다. 안재홍은 여운형이 지하조직을 결성한
사실은 알았지만, 이의 실체는 알지 못하였다.

지와 집념은 뜨거웠다. 안재홍이 회고한 바에 따르면, 建準이 결성되자마자 좌익 세력들은 자신이 의도하는 바와 달리 행동하였다. 이에 그는 8월 16일 '早朝'에 建準을 떠나려 하였지만, 여운형·鄭栢 등이 석명하면서 협동을 약속하자 "內心 품었던 辭意를 뒤집어 최후의 순간까지 我意를 고집하고 … 趣意를 貫徹케 하기로 결심하였다."[17] 이처럼 안재홍은 建準에서 관철하고자 한 '취의'가 확고하였으며, 이는 8월 16일의 방송에서 처음으로 구체화하였다.

조직의 명칭을 누가 지었느냐는 사실보다 더욱 중요한 점은, '건국동맹'과 '건국준비위원회'의 명칭에서 '건국'이라는 용어의 일치점이 갖는 의미, 즉 현단계[18]의 성격과 과제를 인식하고 규정한 측면을 주목해야 한다. 더욱이 안재홍이 建盟의 명칭과 실상을 모르면서도, '건국'이라는 단어가 들어간 단체명을 지었다는 사실, 이러한 일치점이 해방정국에서 建準의 의의를 자리매김하는 데 매우 중요하다. 앞서도 보았듯이, 안재홍은 建準의 명칭이 建盟에서 따오지 않았음을 강조하였다. '건국동맹'의 '건국'을 의식한 이 해명은, 建準과 建盟이 현단계의 과제를 建國으로 인식하였다는 데에서 일치하였음을 더욱 강조하는 모양이 되었다.

8·15해방을 맞은 시점에서, 여운형·안재홍은 현단계 한국사회의 성격, 즉 역사의 과제를 건국의 단계로 규정하는 데에서 일치하였다. 이 점에서

---

17) 「民政長官을 辭任하고 - 岐路에 선 朝鮮民族」, 『新天地』, 1948.7; 『選集』 2, 260~261쪽. 안재홍은 建準이 출발한 직후부터 사회(공산)주의자들이 본래의 합의점에서 이탈한 독자 행동을 기도하였음을 여러 곳에서 지적하였다.

18) 建準은 8월 16일 서울 시내에 傳單을 살포하였는데, '朝鮮同胞여!'로 시작하는 첫 구절은 "重大한 現段階에잇서 絕對의 自重과 安靜을 要請한다."였다. 마지막 구절은 "絕對의 自重으로 指導層의 佈告에 싸르기를留意하라."였다. 「傳單發佈」, 『每日新報』, 1945년 8월 17일. 建準이 전단을 통하여 한국민에게 시행한 첫 포고는, 자중하며 建準의 지시에 따라 행동하라는 요청이었다.

'건국'은 建準이라는 통일전선체가 출발할 수 있었던, 국가건설 구도에서 첫
번째 일치점·합일점이었다. 조직의 명칭에 '건국'을 표방한 建準은, 현단계
를 건국의 단계로 규정하는 민족주의 좌파와 사회주의 성향의 민족운동이
결합하였음을 증명해준다. 이는 좀더 설명이 필요하다.

조직의 명칭에 '건국'을 붙인 데에서 여운형·안재홍의 현단계 인식이 바
로 드러나지만, 이들은 建準 활동기 이외에도 '건국'에 매우 중요한 의미를
부여해서 사용하였다.[19] 여운형·안재홍보다 다소 시기가 늦었지만, 백남운
도 연합성 신민주주의론을 주장하면서 해방정국을 '建國期'라는 용어를 사용
하여 규정하였다. 그는 「朝鮮民族의 進路」(1946. 4. 1~13 『서울신문』 연재)에
서 "잠잘 시간과 밥 먹을 시간도 바쁜 건국기에…"·"'민주문화'는 원칙적으
로 민주적 정치경제의 산물이지마는 건국기의 그것은…"하고 운운하면서,
"더욱히 건국기를 당하야는 민족적으로 건국사업에 충실해야 할 것은 물론
이어니와 각자가 담당한 임무를 수행하기 위하야는 순직할 각오를 가저야
할 것이다."고 강조하였다.[20] 나아가 "반봉건성 토지문제를 민주적으로 재편
성하는 것이 '건국민주경제'의 기본공작인 것이며 민주정권의 기초가 될 뿐
아니라…"하면서, '건국민주경제'라는 용어도 사용하였다.[21]

그러나 이른바 「8월 테제」 등 재건파 조선공산당의 문헌에서 '건국'은 현단

---

[19] 여운형·안재홍은 현단계를 건국의 단계로 인식하는 표현을 매우 자주 사용하였다.
이를테면 여운형은 人共 발족식에서 開會辭를 하면서, '建國의 非常時'·'建國大業'·
'建國工作' 등을 여러 차례 사용하여 강조하였다. 「事大思想버리고 建國大業에 總團
結 / 呂委員長委員에게演說」, 『每日新報』, 1945년 9월 7일. 안재홍은 '統一建國과 建
國救民의 유일한 路線'을 주장하면서 '建國救民'이란 용어를 개념화하였다. 「(宣言文)
信託統治反對 宣言」, 『選集』 2, 1946.1, 80~82쪽.

[20] 백남운, 「조선민족의 진로」, 하일식 편, 『백남운전집4·彙編』, 이론과 실천, 1991,
355·356·360쪽.

[21] 백남운, 위의 책, 351쪽.

계 혁명의 과제를 설명하는 중심어가 아니었다. 이들의 부르주아민주주의
혁명론에서는 현단계 혁명의 과업과 연관시켜, 해방 이후의 국가 政體로 '혁
명적 인민공화국'을 주장하였지만 '건국'이란 말은 주제어가 아니었다. 이 말
은 공산주의자들이 '건국'이란 말을 사용하지 않았다는 뜻은 아니다. 이를테
면 박헌영은 '건국의 이상'을 6가지 항목으로 발표하면서 첫 번째로 "一. 建國
의 理想은 進步的 民主主義原則을 綱領으로 한다."고 강조하였다.[22] 그러나
이때 '건국'은 조선공산당이 이미 수립·선포한 人共을 기정사실화하고, 人共
의 理想인 '진보적 민주주의'를 강조하기 위한 선행어였을 뿐이다. 혁명적
인민공화국조차도 과도기의 정부형태로 규정하는 부르주아민주주의 혁명론
에서 '건국'은 조선혁명의 완성태를 가리키는 용어가 아니었다.

　현단계를 건국기 또는 건국의 단계로 인식·규정하는 시각은, 해방정국에
서 중간 우파와 중간 좌파 사이의 일치점을 갖는 표현이었으며, 「대한민국
건국강령」을 공포한 중경 대한민국임시정부(앞으로 중경임정으로 줄임)도
수용할 수 있는 지점이었다. 안재홍이 建盟의 실상과 「대한민국 건국강령」
을 알지 못하면서, '건국'을 명명하였음은 우연의 일치라기보다는, 역사의 진
로를 인식·실천하는 민족주의 좌파와 사회주의자 사이의 기막힌 합일점이
었다. 뒤에 다시 보겠지만, 이들에게 건국의 목표는 자주독립의 민주공화국
을 수립하는 데에 있었다.

2) '조선건국준비위원회' 명칭의 의미

　지금까지 연구에서는 建準을 建盟의 연장이라는 시각에서만 보아왔으므

[22] 「建國의 理想을 發表」, 『解放日報』 19(1945. 11. 28 朴憲永 동무 內外記者團會見)[이정
박헌영전집편집위원회, 『이정 박헌영 전집』2, 역사비평사, 2004, 666~667쪽].

로, '건국준비위원회'라는 명칭 자체가 건국 구도를 나타내었음을 그다지 주목하지 않았다. 사실 '조선'·'건국'·'준비'·'위원회'라는 단어 하나 하나가 매우 중요한 목적의식을 표출하였으므로, 이들 용어들을 잘게 분석할 필요가 있다. 어찌 보면 建準은 이들 용어가 내포하는 일치점에서 출발하여 외연의 상위점으로 해산하였으므로, 이것들이 지니는 의미를 정밀하게 추적해야만 한다. '조선건국준비위원회'라는 명칭 자체가 이미 엄밀한 자기 성격규정을 담았기 때문이다.

建準이 海內外의 모든 한국민을 상대로 자신의 존재를 처음[23] 선포한 날은, 안재홍이 建準의 '準備委員' 자격으로[24] 방송 연설을 행한 8월 16일이었다.[25] 이 방송은 첫머리에서 建準이 출현한 배경을 언급하고, 성격과 사명을

[23] 8월 16일 오후 1시 서울 桂洞의 휘문중학교 운동장에서, 여운형은 약 20분 동안 "새로운 희망과 흥분에 싸인 五천여 군중 압헤서 해방의 제일성을 힘잇게 웨친다." 앞의 「民族解放의獅子吼」, 『每日新報』, 1945년 8월 17일. 이 강연이 建準의 건국 구도와 진로를 처음 밝혔다고 볼 수도 있겠으나, 이는 군중 앞에서 행한 말 그대로 '연설'이었고, 정연하게 정국 구도를 밝힌 政見은 아니었다.

[24] 지금까지 8·15해방 당일 여운형·안재홍이 각각 建準의 正副 위원장으로 활동을 시작하였다고 당연시하였으나, 재고할 여지가 있다고 생각한다. 建準이 1차 조직을 완결하는 8월 17일 이전, 두 사람의 활동을 보도한 『每日新報』, 1945년 8월 17일을 보면, 여운형이 휘문중학교에서 연설을 할 때 그를 建準의 '수반'으로, 안재홍이 8월 16일 방송 연설할 때 '準備委員'으로 소개하였다. 8월 15일 당일 建準이 여운형·안재홍의 투톱 체제로 출발하였지만 아직 조직의 형태도 갖추지 못한 상태였다. 설사 建準의 부서 체계와 人選 등 중앙 조직을 완성하기 위한 임무를 부여하기 위해, 8월 15일 建準 결성식에서 두 사람을 正副 위원장으로 합의해서 추대하였더라도, 아직 조직 체계도 갖추지 못한 상태에서 정부 위원장부터 공개하지는 않았으리라 보인다. 8월 17일에 "朝鮮建國準備委員會는 桂洞에 자리를 잡고 委員長呂運亨 副委員長安在鴻兩氏를 中心으로 各界各層을 網羅하야 … 努力하는中이다."라는 보도로 建準의 정부 위원장이 세상에 공개되었다. 「委員長에呂運亨氏 / 建國準備委員會活動」, 『每日新報』, 1945년 8월 17일. 그렇다면 建準은 正副 위원장을 비롯해서 5개 부서의 체계를 갖춘 제1차 조직을 완성하기까지는 준비위원들을 구성하여 활동하였다.

[25] 「(放送)海內·海外의 三千萬 同胞에게 告함」(1945. 8. 16 서울中央放送), 『選集』 2, 10~12쪽. 『每日新報』의 보도에 따르면, "朝鮮建國準備委員會는 우리 同胞의 熱烈한

밝힌 뒤 실행할 임무를 구체화하면서 자기규정을 명확히 하였다.

(자료 2)

지금 海内 海外 三千萬 우리 同胞에게 告합니다. 오늘날 國際情勢는 急激
히 變動하고 있고 특히 朝鮮을 핵심으로 하는 동서의 정세가 급박하게 변동
되는 이때에, 우리 朝鮮民族으로서 對處해야 일이 긴급 중대하기 때문에,
우리들 各界를 대표하는[26] 동지들은 여기에 朝鮮建國準備委員會를 결성하
고 新生朝鮮의 再建設 문제에 관하여 가장 구체적이고 실제적인 準備工作
을 시작하게 되었습니다.[27]

위의 (자료 2)에 따르면, 建準이 출현한 배경과 타당성은 급변하는 국제정
세, 특히 동아시아의 정세에서 조선민족이 대처할 방침을 마련해서 실천해야
하는 긴급함에 있었다. '대표' 뒤의 말을 현재형이냐 미래형이냐, 어떻게 표현
할까 고심한 흔적이 보이지만 '대표'라는 말은 유지하였다. 아마 양자의 의미
가 다 함축되었다고 생각한다. 8월 15일 당일 '각계'를 모두 다 '대표'할 수도
없는 일이었으므로, 출발 당시의 한계를 보강해서 미래에는 명실상부한 대표

聲援과 期待속에 十六日에는 京城中央放送局을 通하야 準備委員의 資格으로 安在鴻
氏가 午後 三時十分부터 約二十分 동안 『마이크』를 通하야 解放된 우리 同胞에게
第一聲을 보내엇다." 「互愛의精神으로結合 우리 光明의날맛자 / 安在鴻氏放送」, 『每
日新報』, 1945년 8월 17일. 방송 내용은 위의 기사에 全文이 실려 있다. 그런데 『選集』
과 『每日新報』에 게재된 방송 내용이 큰 차이는 없어도, 단어와 문장이 다르게 표현된
부분이 많다. 이를테면 (자료 2)에서 인용한 '同胞'는 『每日新報』에는 '民族'으로, '동
서'는 '全東亞'로 되어 있는데, 여기서 보듯이 『每日新報』가 더 명확한 경우도 있다.
아마 본래 작성한 원고를 방송 도중 읽으면서, 좀 더 분명하고 쉬운 표현으로 바꾸었
다고 보인다. 『選集』과 『每日新報』에서 차이가 나는 부분은 비교·검토하여 원의에
더 가까운 쪽을 택하도록 하겠다.

26) 『每日新報』에는 '代表할'로 되어 있다.

27) 『每日新報』에는 "準備工作을進行키로 합니다."로 되어 있다.

성을 확립하겠다는 의미를 담아, 建準을 조선민족의 각계를 대표하는 구심체·지도체로 성격 규정하였다. 안재홍은 '통일전선'이라는 말 대신에 '협동전선'이라는 말을 즐겨 사용하였으나, 당시의 시대어로 표현하면 建準이 全민족통일전선체를 지향한다는 뜻을 지녔다. 다음은 '조선건국준비위원회'에 대한 사명·임무를 정의하였는데, 바로 "新生朝鮮의 再建設問題에 關하여 가장 具體的 實際的인 準備工作을 進行"하는 일이었다.

그럼 '조선건국준비위원회'라는 명칭을 하나씩 살펴본다. 여기서 '조선'은 앞으로 새롭게 세울 나라의 국호가 아니라, '신생조선' 즉 앞으로 새로 태어날 한민족·한국민의 나라로서 조선을 뜻하였다. '조선'은 '신생조선'인데 이를 '再建設'함은 논리상의 모순이다. 이후 안재홍은 '建國'을 '祖國再建'이라고도 표현하였는데, '건국'은 '신생조선의 건설' = '조국재건'을 가리켰고, 이것의 내용을 단적으로 말하면 '민주독립'이었다.[28] 다시 말하면, '건국'은 조국을 새롭게 재건설함을 가리켰고, 이때 '新生朝鮮'은 민주주의독립국가로서 조선을 지향하였다. '준비'는 이러한 목표를 달성하기 위한 "가장 具體的 實際的인 準備"를, '위원회'는 이러한 '준비공작'을 진행하는 기관임을 가리켰다.

이처럼 '건국'은 말 그대로 국가(= 나라)를 건설하는(= 세우는) 단계를 뜻하였다. 건국의 완결태가 연합군도 철수하여 '완전독립'한 주권국가로서 민주공화국을 수립하는 데 있다는 역사의식은, 혁명적 인민공화국을 목적한 재건파 조선공산당 계열을 제외한다면, 국내외의 모든 정치세력이 도달한

---

[28] 안재홍은 建準이 실패한 이유를 지적하면서, "八·一五 즉시 建國準備委員會의 성립과 함께 民·共對立은 建國, 즉 祖國再建의 意圖와 함께 발생 출발한 것이요 … "라고 말하였는데, 여기서 '건국'의 의미를 알 수 있다. 또 이 구절 앞에 "三八 分斷占領과 美蘇 兩國의 對立激化와 그 사이에 있어 朝鮮人의 허다한 過失조차 있어, 民主獨立의 再建 祖國은 완성되지 못하였다."고 말하였는데, 건국의 목표를 '민주독립' 즉 민주주의 독립국가로 설정하였음을 본다. 앞의 「民政長官을 辭任하고」, 『選集』 2, 259·258쪽.

합일점이었다.[29] 建準이 人共으로 선회하는 9월 6일 전국인민대표자대회에서 국호를 선정할 때, 建盟에서는 '朝鮮共和國'을 제출하였으나, 席上의 다수 의결로 '조선인민공화국'으로 개정하였다.[30] 이는 급조된 人共 안에 재건파 조선공산당의 세력이 여운형의 建盟을 넘어섰음을 뜻하지만, 여운형의 노선을 다시 확인하게 된다.

통상 건국에 이르는 역사상의 전례는, 제헌의회에서 헌법을 제정하여 국호·국체를 정하고 입법·사법·행정을 갖춘 정식정부를 수립·선포하여 주권국가의 체제를 완성하는 단계로 진행되었다. 그렇다면 해방정국에서 '건국'이 지칭하는 바도, 한국민이 자국의 통치권을 확보하는 영역으로 진입하는 단계를 뜻하였다. 좀 더 부연하면 일제가 퇴각하는 상황, 더 나아가 일제가 퇴각한 뒤 연합군이 국내에 공동 진주한 상황(아직 미소의 분할점령은 알지 못하였다)까지 상정하여, 한국민이 민족자주성을 확보하고 자신의 주도력으로 주권을 완전히 회복하여 통치의 주체로 정립되는 과정을 뜻하였다. 8월 16일 안재홍의 방송에서 확인하겠지만, 建準은 행정기관 등을 접수하면서 행정권을 비롯하여 일제의 권력 기관을 점차 인수하려 하였다. 여기서 자주성 -> 주도권 -> 행정권(통치권의 일부를 실행)을 확보해 나아가려는 건국 구도를 볼 수 있다.

다음 建國을 위한 '준비공작'이 무엇인지를 규명해야 하는데, 이는 사실상의 건국 구도에 해당하므로 좀더 상세한 설명이 필요하다. 순서를 건너뛰어 먼저 '위원회'의 의미부터 검토하고, 건국준비 공작의 실제 내용은 장을 바꾸

29) 다 아는 바와 같이, 조선독립동맹 강령의 첫째 항은 "독립·자유의 조선민주공화국을 건립함을 목적"으로 한다고 명시하였고, 대한민국임시정부의 임시헌장 제1장 總綱 제1조도 "大韓民國은 民主共和國임"이라고 선언하였다.
30) 李萬珪, 『呂運亨先生 鬪爭史』, 民主文化社, 1946, 260쪽.

어 서술하기로 한다.

안재홍은 건국준비를 실행하는 기관의 명칭을 '위원회'라고 명명하고, 여운형은 이에 동의하였다. '위원회'라는 명칭은 建準의 성격을 곧바로 드러내준다. '위원회'로써 '건국 준비'의 실행사항을 '進行', 즉 집행하는 권력체의 의미를 표현하였지만 아직 '정부'를 표방하지는 않았다. '건국준비위원회'라는 명칭에는 당시 흔히 사용하던 임시정부·과도정권·과도정부 등과 마찬가지로 현단계를 '과도기'로 인식·규정하는 의미가 담겨 있지만, 아직 과도정권(과도정부)을 자처하지는 않았다. 이 점에서 '건국 준비'는 '건국'과도 구별되는 수위의 '준비공작'을 집행하겠다는 건국 구도를 표현하였다.

안재홍 자신이 건국공작을 집행하는 지도체의 결성 형태를 '위원회'로 명명한 이유를 설명하지 않았지만, 역사상의 전례를 보면 추정이 가능하다. 2차세계대전 전후 유럽의 피점령국들의 사례와 비교해 보더라도, '건국 준비'의 기관을 '위원회'로 명명함은 국가를 재건하는 과정의 일반성을 표현한 점에서 일치한다.31) 또 프랑스를 예로 보더라도, '~임시정부' 이전의 '~위원회'는 정부를 칭하지는 않았지만 일정한 권력체로서 기능을 행사하였다. 따라서 현단계를 '건국 준비'의 단계로 인식하였으므로, 이를 실행하는 기관은 '위원회'가 적합하였다.

임시정부가 일반민의 투표·선거를 실시하여 제헌의회를 구성하고, 이어 제헌헌법에 따라 정식정부를 구성하는 건국의 단계와 달리, 아직 전민족 총의로 임시정부32)도 구성하지 못한 '건국 준비' 단계에서 지도력의 구심체는

---

31) 제3공화정까지 경험한 프랑스를 예로 들면, 프랑스 국민해방위원회(CFLN: Comité Français de Libération Nationale)가 프랑스 공화국 임시정부(GPRF: Gouvernement Provisoire de la République Française)로 발전하고, 프랑스 시민들의 투표로 제헌의회를 구성한 뒤 정식정부인 제4공화국을 수립·선포하였다.

32) 여운형·안재홍은 建準 활동기에는 중경임정의 문제를 표면으로 끌어올려 언급하지

위원회의 형태가 정상한 건국 도정의 진로였다. 건국 준비 공작을 완수하여 임시정부를 구성하는 과제야말로 위원회의 목표였다.

그렇다면 建準이 자신의 위상을 명확히 규정·공포하지 않았으나, '건국준비위원회'는 임시정부(= 과도정권, = 과도정부)의 전 단계를 상정하였으리라 생각한다. 조직의 명칭을 '동맹'이 아니라 '위원회'로 상향시켜 명명한 이유는, 건국 준비 사업의 구심점이 되어 이를 집행할 지도력과 결행력을 보유한 기관임을 표방하는 의지가 들어간 용어였다. 그러나 '건국위원회'가 아니라 다시 '준비'라는 전제와 제한성을 규정함으로써, 정식정부를 산출하는 임시정부(과도정부)의 전 단계로서 위상을 표현하였다. 안재홍이 이러한 구상을 가졌다면, 위원회 -> 임시정부(과도정부) -> 정식정부(제1공화국)로 나아가는 건국의 단계를 구상했으리라 추측한다.[33]

建準은 일제의 무조건 항복이 기정사실이 된 뒤 출발하였으므로, 일제를 무력으로 타도하여 해방을 쟁취하는 기관을 뜻하는 '해방위원회'를 칭하지 않았다. 일제가 무조건 항복 = 패망한 이후의 권력 공백기에, 한민족이 주체가 되어, 정식정부 수립을 최종 목표로 삼는 건국을 준비하는 과도기의 위원회를 뜻하였다.

않았다. 이는 김인식, 앞의 책, 63~65쪽을 참조.

[33] 필자는 "안재홍은 건국준비위원회를, 해외의 독립운동 세력 그리고 '해외정권'으로서 중경임시정부가 귀국하기 전, 나아가 독립정부가 수립되기 전까지 과도기의 기구로 성격 규정하였다. 그러나 그는 건국준비위원회로써 중경임시정부가 귀국하기 전 또는 독립정부가 수립되기 이전의 과도정권으로 삼으려 하였음이 분명하다."고 단정하였다. 김인식, 앞의 책, 62쪽. 위의 서술은 안재홍이 建準을 '과도적 기구'로 성격 규정하였다는 점을 말하려는 의도였으나 큰 오류를 범하였다. 우선 '과도정권'이라는 용어도 엄밀하고 일관되게 이해하지 못한 개념상의 혼란을 일으켰으며, '건준'의 명칭을 '위원회'로 명명한 이유도 깊이 있게 고려하지 못하였으므로, 建準의 성격을 서술하는 여러 곳에서 착오를 반복하였다. 이러한 해석상의 오류를 인정하고, 안재홍이 建準으로써 과도정권을 지향하였다는 잘못된 서술을 바로잡고자 한다.

8월 16일 안재홍의 방송을 들은 한국민들 대부분의 반응은 마치 신정부 수립의 정견 발표와 같은 인상을 받는 등[34] 고무되는 분위기였고, 방송 내용에 대한 비난과 비판은 찾기 어려웠다. 建準이 이미 상당한 수준으로 세력화하였다고 판단하면서, 주도권을 빼앗겼다고 위기감을 느낀 일부 민족주의 우파 세력들(뒤에 한국민주당을 조직한)이 있었으나, 이들도 방송의 전체 구도를 문제 삼아 공박하지는 않았다. 이들은 자신들에게 매우 중요한 전술이었던 중경임정 추대를 방송에서 거론하지 않은 사실을 힐난하였다.[35] 안재홍의 방송 내용은 건국사업의 방향성과 내용에서 거의 '전민족'이라 할 만한 수준의 합일점·일치점을 지녔다고 할 수 있다.

3. 건국사업의 구도

지금까지 '건국준비위원회'라는 명칭에, 현단계를 '건국 준비'의 단계로 규정하는 여운형·안재홍의 건국 구도가 반영되었음을 설명하였다. 그럼 '신생조선'을 건설하기 위한 '실제적·구체적 준비공작'은 무엇을 뜻하는가. 그것의 범위와 수위는 어디까지인가. 앞에서 미루어 두었던 문제를 살펴본다.

建準은 「대한민국 건국강령」처럼 건국의 단계를 세분화하여 체계 있게 제시하지는 못하였지만, 여운형·안재홍의 개인 명의 또는 建準의 명의로 여러 차례에 걸쳐 건국 구도에 해당하는 '준비공작'을 대중들 앞에 공개하여 밝혔

34) 森田芳夫, 앞의 책, 80~81쪽.
35) 안재홍이 8월 16일의 방송에서 "全民族의 自重을 간절히 要請"하면서도, 왜 "三·一運動 이래의 歷史와 重慶臨政의 존재를 宣布"하지 않았느냐고 비난하는 사람들도 있었다. 그는 이에 대하여 "그것은 無情之責이란 것이다. 그 때 그 말을 내어 걸 수 없었다."는 말로 자신을 변명하였다. 「八·一五 당시의 우리 政界」, 『選集』 2, 475쪽.

다. 이를 차례로 검토함으로써 建準의 건국 구도를 확인해 본다.[36]

1) 여운형의 건국 구도

앞서도 언급한 바 있는 8월 16일 여운형의 휘문중학교 연설은, 정무총감 遠藤과 교섭한 내용을 설명하면서 5개 항의 요구 사항을 최초로 공개하였다. 이 연설은 이론 체계를 갖추지 않은 구어체로 간결한 내용을 담았지만, 건국 준비를 위한 긴급한 당면과제와 이를 집행할 주도력 등을 포함하여 최초로 건국 구도를 제시하였다. 여기에는 정무총감과 회견한 내용을 비롯하여, 建準의 임무 즉 성격규정, 여운형의 정세인식과 건국 구도가 담겼다.[37] 이 가운데 여운형이 遠藤을 만나 관철시킨 5가지 사항은 여운형·안재홍이 정무총감과 협상할 요구 사항으로 구상한 최초의 건국 구도였다.[38] 이렇게 건국사업의 큰 밑그림이 대중들에게 강한 호소로 공개되었지만, 이 연설은 여운형·안재홍의 건국 구도에서 일치점과 상위점이 동시에 드러나는 첫 지점이었다.

여운형은 이 연설에서, 15일 아침에 政務總監을 만나 "오해로 서로피를 흘린다든지 불상사가 이러나지 안토록 민중을 잘 지도하여 달라"는 요청을 받았고, 자신이 5가지 요구를 '제출'하여 "즉석에서 무조건 응락"을 받았다고 강조하면서 요구 사항을 공개하였다. 5가지 요구 사항은 다음과 같다.

---

36) 지금까지 연구들에서는 여운형·안재홍의 연설·방송·담화 등을 언급하면서 원의를 오독하는 경우가 많았다. 이들 원자료를 정확하게 인용하여 해독할 필요가 있다.

37) 연설의 내용은 앞의 「民族解放의獅子吼」, 『每日新報』(1945. 8. 17)을 참조.

38) 民主主義民族戰線 編輯, 『朝鮮解放年譜』, 文友印書館, 1946, 80쪽에서는 "朝鮮建國準備委員會는 于先以上 다섯가지應急問題를遂行키爲하야 八月十七日에結成되엿다."고 서술하였다. 이러한 지적은 建準이 목표하는 바를 너무 축소시켜 표현하였지만, 이 5개 사항은 建準이 당면문제를 제시한 최초의 건국 구도였다.

(자료 3)

一. 전조선 각지에 구속되어 있는 정치 경제범을 즉시 석방하라.[39]

二. 집단생활인만치 식량이 제일문제이니 八, 九, 十의 三개월간 식량을 확보 명도하여 달라.

三. 치안유지와 건설사업에 있어서 아무 구속과 간섭을 하지 말라.

四. 조선안에 있어서 민족해방의 모든 추진력이 되는 학생훈련과 청년조직에 대하여 간섭을 말라.

五. 전조선 각사업장에 있는 노동자를 우리들의 건설사업에 협력시키며 아무 괴로움을 주지 말라.[40]

16일 여운형의 연설 내용을 보면, 조선총독부 측은 치안유지를 부탁했는데, 여운형은 이 수위를 넘어가는 5가지를 요구하여 '무조건 응락'을 얻어냈다. 5가지 요구 사항의 제3항에서 보듯이, 여운형은 치안유지를 넘어서 '건설사업'도 추진할 의지를 분명히 밝혔다.

위의 5가지 요구 사항 가운데, 제1·2항은 패망하였지만 아직도 현재의 권력으로 존속하는 조선총독부의 협력·협조가 절대 요청되는 일들이었고,

---

[39] 정치사상범 석방이 첫 번째 요구조건이었다. 16일 안재홍의 방송 연설에서도 언급되었지만, 이는 여운형·안재홍이 일제의 수뇌부와 회견할 적마다 일관되게 요구하였던 사항이었다.

[40] 이 5가지 조건은 李萬珪, 앞의 책, 188쪽; 앞의 『朝鮮解放年譜』, 80쪽에도 실려 있는데, 『每日新報』의 보도와 표현이 다소 다르다. 5가지 요구 사항의 순서는 위의 자료들이 동일하나, 단어에는 차이가 있다. 呂運弘, 앞의 책, 137~138쪽에는 1~4항의 문구가 『呂運亨先生 鬪爭史』와 거의 같은데, 5항은 "조선내 각 사업장에 있는 일본 노무자들은 우리의 건설사업에 협력을 하라."로 되어 있어 전혀 다르다. 한편 森田芳夫, 앞의 책, 70쪽에는 여운형의 5가지 요구 사항을 기술하는 대신, 요구 조건을 문답식으로 기술하였다. 여운형이 식량문제를 질문하자, 배석하였던 警務局長 西廣忠雄은 10월까지는 튼튼하다고 답하였고, 치안유지법으로 구속된 사람들을 석방하고, 집회를 금지하지 말라고 요구하자, 석방과 집회의 자유를 약속하였다.

조선총독부가 집행해 주어야 할 當面問題였다. 제3·4·5항의 세 가지 사항
은, 조선총독부가 향후 한국민의 자주성과 주도력을 인정하여 간섭하지 말라
는 요청으로서, 일제의 식민지통치가 이미 끝났음을 확약 받는 요구 조건들
이었다. 이는 사실상 한국민이 주체가 되어 건국준비 사업에 착수하겠다는
통고였다. 따라서 제3항에서는 치안유지에 이어 당연히 '건설사업'을 언급하
면서 이의 구도를 4·5항에서 밝혔다.

위의 5가지 요구 사항 가운데, 정치경제범 석방과 식량 확보의 두 가지
문제는 너무나 당연하여 문제될 바가 전혀 없으며, 치안유지를 넘어서는 건
설 사업도 안재홍의 건국 구도와 일치하였다. 청년·학생을 운동의 주력부대
로 삼고, 여기에 노동자를 보조 세력으로 협동케 하여 추진력을 삼겠다는
방식은 이미 建盟 때부터 여운형이 지니고 있던 구도였지만, 안재홍과는 다소
차이가 있었다. 이러한 내용은 안재홍의 16일 방송 연설에는 보이지 않는다.

아직 38도선 분할점령이 공개되지 않은 때였으므로 "머지안어 각국군대가
입성하게될것"이라는 말은 아마 미국·소련·영국 등 연합군이 공동진주하
리라 예상하였음을 추측케 하는 대목이다. "그들이 들어오면 우리민족의 모
양을그대로 보게될터이니 우리들의 태도는 조금도 부끄럽지 안케하여야한
다. 세계각국은 우리들을 주목할것이다."라고 강조하면서, '일사불란의 단결'
을 당부하는 원칙론도 피력하였다. 여기서 연합군이 입국하기 전 건국의 途
程을 정비하고, 建準이 이들과 교섭할 주체로 나서겠다는 의도가 엿보인다.
또 퇴각하는 일본에 '우리들의 아량'을 보이자고 촉구하였다. 끝으로 "이제
곳여러곳으로부터 훌륭한지도자가 오게될터이니 그들이올째까지 우리는 힘
은적으나마 서로협력하지안흐면 안될것이다."라는 말에서, 해외의 독립운동
세력이 입국하기 전까지, 建準이 건국을 준비하는 과도기의 소임을 담당하겠
다는 의지도 에돌아 표명하였다.

여운형의 16일 연설을 자세히 살펴보면, 建準이 단순히 치안을 유지하는 기관이 아님을 이미 선언하였다. 제3항부터는 한국민이 주체가 되어 실행할 사항들이었다. 이와 관련하여, 1945년 12월 6일 여운형이 조선인민당 당수의 자격으로 기자들과 문답한 내용을 주목해야 한다. 그는 이 날 기자회견에서, 8월 15일 당일 정무총감 遠藤과 회담한 내용을 언급하면서 다음과 같이 말하였다.

(자료 4)

日本이 正式으로 降服을 發表하던 八月 十五日 前날 당시의 政務總監이었던 遠藤隆作이가 우리는 이제 모든 것을 喪失하였으므로 行政權도 없다. 그러므로 여러분이 우리의 行政權을 받아 가시어 治安을 維持시키고 朝鮮 日本 民衆 사이의 쓸 데 없는 流血劇을 되도록 避해 주시오 하는 懇請을 나는 應諾하였다. 그런데 最近에 어찌해서 그 請을 들었는가 그 請을 들었으므로 몸는 親日派요 民族反逆者라고 攻擊 惡罵하는 一部 政治人의 소리가 있다.

그러나 지금 當時의 情勢를 回顧해 볼 때 遠藤에게서 行政權을 戰取해 받으려고 한 것이 果然 잘못이었던가. 우리는 過去 오랫동안 總督政治를 打倒하려고 많은 同志들이 地下에서 싸워왔고 나 自身은 建國同盟員들과 함께 싸워왔으므로 日本이 敗走하는 그 瞬間에 行政權을 完全히 戰取해 보려고 했던 것은 잘못이 아니라고 생각한다. 그러기 때문에 나와 安在鴻은 첫째로 思想犯들의 卽時 釋放을 强要하여 十五日에 全國에서 七八四 名이 監獄門을 나서게 된 것이다.[41]

41) 『自由新聞』, 1945년 12월 8일(國史編纂委員會 編, 『資料大韓民國史』 1, 探求堂, 1968, 535~536쪽).

위의 자료를 보면, 여운형이 遠藤과 회담할 때 요구한 5가지 사항은, 안재홍과 이미 상의하여 합의한 내용들이었고, 이의 목표는 '행정권을 완전히 전취'하는 데 있었다.[42] 여운형은 행정권을 '받아 가라'는 遠藤의 '간청'을 '응락'한 사실을 '戰取해 받을려고 한 것'이라고 표현하였다. 여기에는 자신이 조직한 建盟員을 비롯해 많은 민족운동가들이 일제에 대항해 싸웠으므로, 행정권을 전취함은 지극히 합당한 권한을 행사한 시국대책이었다는 인식이 담겨 있다.

(자료 4)에서 여운형은 建準의 사명·목적이 일제에게서 '행정권을 완전히 전취'하는 데 있었음을 매우 강조하였다. 그가 '移讓'이라는 통상의 단어가 아니라, '완전히'라는 목표점까지 제시하면서 굳이 '전취'라는 강한 표현을 구사한 의도는 자신의 단호한 의지를 표명하려는 데 있었다.[43] 여기에는 일제가 완전히 철수할 때까지 행정권을 순순히 넘기지 않고 완강히 버티며 방해 책동을 하리라는 예측, 아니면 실지 그러했던 상황을 결과론으로 반영하였겠지만, 어느 쪽이든 한국민이 건국의 과정에서 자주성을 갖고 주도력을 발휘해야 한다는 의지의 표현은 분명하였다. 이렇게 建準은 국내의 행정권을 점차 완전히 장악하여 건국사업을 실행하려는 목적에서 출발하였다. 여운형·안재홍은 건국사업을 주도하는 데에서 의당 행정권을 전제하였다.

8월 18일 여운형은 建準의 '위원장' 자격으로 建準의 성격과 사명에 대하여 담화를 발표하였다.[44] 이로써 16일 안재홍의 방송 연설에 이어 建準의 건국

---

42) 위의 (자료 4)에는 '行政權'이 4차례, '戰取'가 2차례 나온다.
43) 앞서 보았듯이, 8월 16일 여운형의 휘문중학교 연설에서는 '행정권'이라는 말은 물론, '전취'라는 표현도 나오지 않았다. 시간이 흐른 뒤에, 여운형이 '행정권 전취' 문제를 강하게 거론하는 이유는, (자료 4)에서 보듯이, 자신을 '친일파'로 매도하는 일부 정치 세력들을 반박하려는 의도도 있었다.
44) 「朝鮮建國準備委員會呂運亨委員長談」, 『每日新報』, 1945년 8월 18일.

구도가 한국민에게 정연한 형태로 공개되었다.[45] 여운형은 담화의 첫 부분에서 建準의 성격을 규정하고, 건국준비 공작의 구체한 부분까지 하나씩 언급하였다.

> (자료 5)
> 조선에는 지금묵은정권(政權)이 물러가려하고 잇는데 새정권은 아즉서잇지 안코 쪼급작이 설수도 업습니다. ㉠그러나정권이 물러나고 대중이헤매는 이쌔 가장걱정되는 것은 대중이형편업시날쮜는 것이고 가장필요한것은 대중을 잘잇 그러가면서 그역량(力量)을 살리고 잘육성하여나가는 일입니다. 이사명을 쯰고나온것이『조선건국준비위원회』입니다. ㉡그리고이건국준비에 가장필요한것은 첫재치안을 유지함이오 둘재는 모든 건국의요소(要素)되는 힘과자재와 기구(機具)등을 잘보관하고 육성하여 새로 탄생되는 국가를 되도록건전하게 건설하자는 것입니다. (원문자와 밑줄은 인용자)

여운형은 현단계를 일제의 식민지정권과 한국민의 새 정권이 교체되는 과도기로 인식하면서, 이 혼란기에 대중을 지도하여 그들의 역량을 육성하는데 建準의 사명이 있음을 지적하였다. 그리고 建準의 임무 즉 '건국준비'의 급무는 치안유지와 건국 요소가 되는 힘·자재·기구를 온전히 보관·육성하여 새 정권에 인계하는 데 있음을 밝혔다.

여운형은 이렇게 현재의 긴급한 과제와 建準의 사명을 말한 뒤, 建準이 착수할 사업들에 대해서 하나씩 언급하였는데, 이는 안재홍이 16일 방송에서 제시한 '준비공작'들의 순서·내용과도 거의 일치하였다. 우선 '치안유지'에

---

[45] 8월 17일자『每日新報』의 1면에는 안재홍의 16일자 방송 연설에 이어, 여운형의 휘문중학 연설이, 2면에는 17일자 안재홍의 경고 방송이 실려 있어, 신문의 독자들은 建準의 건국 구도를 주의 깊게 파악할 수 있었다.

대하여는, 治安隊와 武衛隊를 차례로 조직하여 사용하는 한편, 기존의 町里組織도 활용하겠다고 방침을 밝혔다. 이어 대중의 식량 확보에 최대한 노력하고 있으며, 일반 생활필수품의 원활한 공급을 위해서 모든 물품은 현지에서 보관하는 방침을 진행하는 중이라고 설명하였다. 또 교통통신·금융기관문제에 대하여도 대책을 강구하는 중이므로 반드시 난관을 뚫고 나가겠다는 강한 의지를 피력하였다. 나아가 16·17일 사이에 소련군이 경성 시내에 진주했다는 등의 낭설이 유언비어로 유포된 혼란[46]을 지적하면서, 建準은 "그러한경솔한 지휘를 한일은 업섯습니다."고 단언하였다. 끝으로 건국사업의 열기가 산만하게 분산되었음을 지적하면서, 대중 조직을 "모다 일원적(一元的)으로 통일할 방침"임을 천명하면서 협력을 요청하였다.

이상에서 치안유지와 식량 대책은 建準이 사회의 안정을 위하여 긴급하게 대처한 사항들이었으며, 나머지 교통통신·금융기관의 문제도 建準이 행정권을 장악해야만 실행할 수 있는 사항들이었다. 그러나 이러한 실행력을 갖추는 방안에서 內閣을 구성하는 '정부' 형태를 구상하지는 않았다. 앞서도 말하였듯이, 이것이 '위원회'라는 명칭을 붙인 이유였다. 8월 25일 여운형은 建準의 집행위원들 앞에서 이를 분명하게 밝혔다. 그는 "지금 우리가 할 일이 政府組織이 아니고 또 어떠한 旣成勢力을 形成하려는것도 아니니 물론 무슨 政權의 爭奪도 아닙니다. 다만 新政權이 樹立될 때까지의 準備를 爲한것과 治安을 確保하는 것뿐입니다. 寡言黙行이 오직 이 實行에 있습니다."고 강조하였다.[47] 여운형의 이 말은 (자료 5-ⓛ)의 구도를 그대로 유지하였다.

46) 「市井에써도는 浪說듯지말라」, 『每日新報』, 1945년 8월 17일.
47) 李萬珪, 앞의 책, 216쪽.

2) 안재홍의 건국 구도

建準의 존재와 위상을 밝히면서, 建準의 명의를 실어 건국 구도를 처음으로 국내외에 천명한 메시지는 8월 16일 안재홍이 행한 방송 연설이었다. 이는 정연한 체계를 갖추어 준비한 사전 원고를 통하여, '건국준비 공작'의 내용을 구체화시켜 적시하면서, 건국 구도는 물론 건국의 이상까지 해내외에 천명한 선언이었다.

안재홍은 (자료 2)의 뒤를 이어서, 해방을 맞은 지금을 "낡은 政治와 새로운 政治가 바야흐로 교체하는 때",[48] "새로운 중대한 危境", "民族의 成敗가 걸린 비상한 시기"로 표현하면서, "최대의 光明 가운데서도 도리어 최악의 過誤를 범"하지 않도록 "지금 정신을 차려서 一步一步 견실하게 전진"하자고 촉구하였다. 그는 "잘못하면 大衆은 去就를 정하지 못하고 進退를 그르칠 수" 있음을 가장 염려하였으므로, "성실 과감하고 총명 주밀한 指導로써 人民을 잘 파악 통제"해야 함을 강조하면서, 다음과 같이 '당면 긴급 문제'를 언급하였다.

(자료 6)

최대문제인 근본적 정치운용에 대하여서는 금후 적당한 시기에 차차 발표하겠거니와, 당면 긴급 문제는 올바르게 大衆을 파악하고 局面을 수습하는 것입니다.[49] 그것으로써, 먼저 民族大衆 자체의 生命 財産의 安全을 도모하고, 또 朝鮮 日本 양민족이 自主互讓의 태도를 견지하여 조금도 마찰을 없이하는, 즉 일본인 주민의 生命 財産을 보장하는 것입니다.

---

48) 이는 8월 18일 여운형 담화의 첫 대목과 비슷하다.
49) 『每日新報』에는 "우선 當面緊急한 問題는 大衆의 把握과 局面收拾으로서"로 되어 있다.

　　안재홍은 '근본적인 정치운용'을 '최대문제'로 염두에 두면서, '당면 긴급문제'로서 "大衆의把握과 局面收拾"를 제시하였고, 이 가운데 다시 최대의 긴급 문제로 한일 양민족 사이의 마찰방지(= 유혈방지)를 제시하였다. 기존 연구들에서는 建準의 출현과 관련시켜, 유혈방지의 임무를 그다지 강조하지 않았으나, 안재홍에게 이는 建準을 결성한 최대의 목적이자 건국사업 가운데 가장 긴급한 문제였다.

　　안재홍이 판단하기에, 해방된 한민족이 건국의 도정에 들어설 때, 이의 출발점은 무엇보다도 한국민의 희생이 없도록 하는 일이었다. 위의 (자료 6)에 마찰방지·유혈방지라는 말은 없지만, '생명 재산의 안전'을 촉구하는 데에서 그런 의미가 이미 강하게 들어갔다. 일제가 항복하였다고는 하지만, 아직 그들의 무장력이 국내에 엄존하는 현실에서, 건국사업은 한일간의 유혈 충돌을 방지하는 데 최우선점이 있었다. 이는 국내의 한국민을 보호하는 동시에, 재일 동포의 무사 귀환까지 보장하는 중대사였다.

　　안재홍의 이러한 시국 인식은 일제 패망이 확실해진 식민지시기 끝 무렵까지 거슬러 올라간다. 미군이 사이판 섬을 점령(1944. 6)하였다는 소식이 국내에 전해진 뒤인 1944년 7월 무렵, 안재홍은 일제의 패망을 확신하고 송진우를 찾아가 시국대책을 협의하였다.[50] 이때 안재홍은 송진우에게 "日帝의 崩壞는 이미 時期問題인데 그 즈음 朝鮮人의 輕擧로써 武器를 쥐고 있는 日帝軍隊의 斷末魔的 暴虐을 자아내어 無用한 流血慘劇이 생길 것을 방지할 필요 있음"을 강조하면서, 이를 수습할 민족의 지도체를 결성하자고 제안하였다.[51]

----

50) 이는 김인식, 『앞의 책』, 45~49쪽을 참조.
51) 앞의 「民政長官을 辭任하고」, 『選集』 2, 261쪽. 여기에 '斷末魔的'라는 말이 나오는데, 안재홍이 다른 회고에서 일제 퇴각을 언급할 때도 이 단어를 여러 차례 사용하였다.

　식민지시기 끝 무렵 안재홍은 조선총독부와 일제 군경의 수뇌부가 요청함에 따라 그들과 회견할 때마다, 무엇보다도 유혈방지를 강조하였다. 그가 가장 우려한 바는, 일제가 퇴각하면서 한국민에게 자행할 '大量虐殺'이었다. 그는 임진왜란 때의 일을 비롯해서 한일 간의 역사상 경험을 미루어, 패전한 일본 군경이 보복 행위를 일삼을 수 있음을 경계하였고, 이를 예방하는 데 최대 역점을 두었다. 이에 1944년 12월 상순부터는 일제가 패망한 이후의 건국 구도를 구상하면서, 일제 측에 民族自主·互讓協力·摩擦防止의 3원칙을 제시하는 '對日折衷'을 시도하였다.[52]

　안재홍이 "流血防止 一款만이라도 나는 一貫 力說(일제 측에: 인용자)하였고, 그것이 建國準備委員會의 출현된 주요한 과제인 一項目이었었다."[53]고 강조하여 술회한 데에는, 이러한 배경이 있었다. 이는 안재홍 자신이 建準에 합류·참여한 가장 중요한 동기였고, 그의 시각에서는 建準이 마주한 첫 번째 당면과제였다.

　안재홍은 16일 방송의 끝부분에서 '國民各位 男女老幼'에게 "言語動靜을 각별히 주의하여, 日本人 住民의 心事感情을 刺戟하는 일이 없도록 하지 않으면 안되겠습니다."고 환기시키면서, 다음과 같이 연설을 끝맺었다. "日本에 있는 五百萬 우리 同胞가 日本 국민과 같이 受難의 생활을 하고 있는 것을 생각할 때, 朝鮮在住 百 몇十萬밖에 안되는 日本住民 제군의 生命財産의 안전확보가 필요하다는 것을, 총명한 국민 제군이 十分 이해할 것을 의심하지 않습니다. 各位의 심대한 注意를 요청하여 마지않습니다." 한국민에게 '안정'을 간곡하게 촉구하는 목적이 어디에 있는지를 짐작케 하는 절실한 호소였다.

그의 경계심이 깊게 반영되어 있음을 본다.
[52] 「八·一五 당시의 우리 政界」, 『選集』 2, 467~470쪽.
[53] 위의 글, 472쪽.

建準은 출범한 이후 수차례에 걸쳐, 한국민에게 '경거망동'을 삼가라고 요청하였다. 앞서 보았듯이, 8월 16일 建準 명의로 서울 시내에 살포한 傳單은 "絶對의 自重과 安靜을 要請한다."는 내용이었다. 8월 18일 여운형의 담화는 (자료 -㉠)에서 보듯이, "가장걱정되는 것"을 언급하면서 다소 격하고 노골스런 표현을 사용하여 대중들에게 주의를 당부하였는데, 그만큼 이에 대한 긴장감이 컸음을 반영한다.

안재홍은 16일 방송에 이어, 17일 오전 7시 지나서 建準의 '부위원장' 자격으로 일반 민중에게 질서를 지키고 안정하라는 경고방송을 하였다.[54] 이 방송 내용은 일제 군경 수뇌부의 경고방송 뒤에 이어졌고, 비록 게재된 면은 달랐지만 같은 날짜의 신문 지상에 함께 보도되어, 해방의 감격에 들떠 있는 민중들의 열기를 억제하는 느낌마저 들게 하였다. 안재홍이 이를 몰랐을 리 없겠지만, 그의 경고방송은 상당히 세심한 부분까지 거론하며 대중들의 자제를 촉구하였다.

물론 경고방송의 초점은 무엇보다도 한국민에게 "자기의할일만을 힘써하여야합니다."고 당부하는 데 있었다. 그는 건국사업에서 대중들의 일거수일투족이 중요함을 강조하려 하였다. 첫 번째로 "쓸데업시 거리에나와 몰려다니지말것입니다. … 여러분 지금에잇서 시위운동은 아모의미도업고 도리혀 대국을 그릇치는 단서가될쑨입니다."고 말하면서, 시위를 자제하라고 촉구하였다. 이어 두 번째로 "조선일본두민족을 이간붓치거나 감정이서로납쌔질 운동을 절대로금지합니다."고 호소하였다. 나아가 "써들고싸우고하는일을절

---

[54] 「大民族은沈着하고自重한다 / 委員會서 警告放送」, 『每日新報』, 1945년 8월 17일. 안재홍의 이 방송에 앞서 조선군관구 발표, 경기도경찰부장 담화방송이 있었다. 「輕擧妄動을삼가라 / (軍警告) 朝鮮軍管區發表」, 『每日新報』, 1947년 8월 17일; 「示威運動一切不許 / 岡警察部長警告」, 『每日新報』, 1947년 8월 17일.

대로금지합니다.", "전차한번타고 다니는데도 일층자중하여야합니다."고 세심하게 호소하였다. 연합국의 입성과 관련된 유언비어를 돌리지 말라는 당부도 하였다.

안재홍이 이렇게 시시콜콜 대중을 억제하듯 자중을 촉구한 이유가 바로 끝 부분에 있었다. 그는 "여러분조선안에는 지금도백만대군이 남어잇스니 여러분은현실을쪽바로보아야합니다."고 지적하면서, "조선건국준비위원회(朝鮮建國準備委員會)의 포고에 싸라서절대로안정하게 행동하면서 곱게이 시국을너머 나아가야됩니다."고 호소하였다. 여기서 '백만대군' 운운은 여운형의 연설이나 담화에서는 볼 수 없는 대목으로, 일제가 국내에서 완전히 퇴각하는 순간까지 안재홍이 무엇을 가장 염려했으며, 따라서 建準을 통하여 무엇을 가장 긴급하게 추구했는지를 이해하는 단서가 된다. 안재홍이 가장 경계한 바는 한일 양주민들 사이의 충돌, 이것이 일제의 군경을 자극하여 대량학살로 이어질 유혈사태였다.

여운형도 강조하였듯이, 치안유지(질서유지)는 건국사업의 진전을 위해서도 절대 요청되는 최우선의 당면과제였다. (자료 6)의 바로 뒤에, 안재홍이 언급한 일순위도 바로 치안유지 문제였다. 안재홍은 한일 양민족의 안전을 위해, "警備隊를 결성하여 一般秩序를 정리"하겠다고 밝히면서, 학생과 청년들로 구성된 建準 소속의 警衛隊로써 일반질서를 잡고, 더 나아가 "武警隊 즉 正規兵의 軍隊를 편성하여 國家秩序를 도모"[55]하겠다는 계획도 공개했다.

여기서 武警隊가 무엇인지 잠깐 생각할 필요가 있다. 여운형의 18일자 담화에는, 치안유지를 위해 治安隊와 武衛隊를 조직하겠다고 하였는데, 무위대에 정규병이라는 설명을 붙이지는 않았다. 여기서 '정규병'·'군대'라는 말 때

---

[55] 『每日新報』에는 '武警隊'가 '武衛隊'로 되어 있다.

문에 오해가 생길 여지가 있다. 建準이 아직 정부 형태의 조직도 갖추지 못한 채 '위원회'로 출발했는데, 국가 체제 안에 편제되는 정규군을 편성하겠다는 계획을 벌써 구상하였을 리는 만무하다. 建準 소속의 치안대가 재빨리 구성되어 전국 조직을 갖추도록 확장되어 나갔지만, 이는 질서 유지라는 당면 과제, 즉 당장의 필요에 따라 학생·청년들을 중심으로 무장력도 완비하지 못한 채 구성된 임시방편책이었다. 안재홍이 치안유지에 해당하는 부분을 '일반질서'와 '국가질서'로 나누고, 이를 담당하는 기구를 각각 '경위대'와 '무경대'로 구분하였음도 주의해서 보아야 한다. 그렇다면 국가를 재건하는 과정에서, 일반질서(치안유지)의 범위를 넘어서 국가(국내)질서를 유지하는 차원을 염두에 두고, 상비병력·정규병력으로 편성된 경찰력을 무경대로 지칭하였다.

　실지 建準은 8월 17일 제1차 조직을 완료하면서 이러한 의욕을 드러내었다. 建準의 제1차 조직은 正副 위원장과 함께, 5개 부서(總務部·組織部·宣傳部·武警部·財政部)의 체계를 갖추었는데, 이 가운데 하나가 權泰錫을 책임자로 하는 武警部였다.[56] 이는 무장한 경찰력으로 치안유지뿐만 아니라 국내질서 전반을 확보하려는 建準의 포부를 반영한 조직 체계였다. 안재홍이 말한 '정규병의 군대'로서 武警隊는, 정규군의 소임인 '國防'이 아니라, 국가질서의 유지를 목적으로 무장력을 갖춘 상비병력·정규병력으로서 정규경찰을 뜻하였다. 8월 22일 시행된 建準의 제2차 조직 구성은 12부 1국제로

---

[56] 앞의 『朝鮮解放年譜』, 80쪽; 李錫台 編, 『社會科學大辭典』, 文友印書館, 1948, 598쪽에는 5개 부서 가운데 하나를 각각 武警部·武警으로 기록하였다. 송남헌도 建準의 제1차 부서를 설명하면서, '武警部長 : 權泰錫으로 적었다. 宋南憲 著, 韓國史料研究所 編, 『韓國現代政治史-建國前夜』 第1卷, 成文閣, 1980, 64쪽. 홍인숙은 建準의 중앙조직을 설명하면서 宋南憲의 위의 책을 인용하였는데 "경무부장에 권태석이다"고 서술하였다. 홍인숙, 앞의 논문, 72쪽. 건준의 1차 조직에서 '무경부'를 '경무부'로 읽는 경우는 여러 연구자들에게 반복되었다.

확대 개편되었지만, 총무부·조직부·선전부·재정부를 존치시키면서 무경부를 治安部(崔容達·劉錫鉉·李丙學·張權·李義植)로 개칭하였는데, 여기서도 建準의 본래 의도가 드러난다.[57)]

안재홍의 방송 연설은 여운형의 18일 담화와 같은 순서로, 치안문제에 이어 식량문제를 언급하면서 한국민들을 안심시켰다. 우선 서울 시내의 120만 주민들의 식량을 확보하고, 미곡을 운반할 小運搬통제기관을 장악하여 운반 공급의 준비를 마쳤으며, 각지의 식량배급과 기타의 물자배급도 현상을 유지하면서 진행되고 있음을 보고하였다.

이렇게 여운형·안재홍은 치안유지와 식량문제를 비롯한 최소한의 민생을 확보하여 일상생활의 현상을 유지하는 기반 위에서, 미래로 나아갈 건국사업을 언급하였다. '신생조선'을 건설하려는 建準의 포부는 "경제상의 通貨와 物價政策은 현재로서는 현상을 유지하면서 新政策을 수립 단행할 것입니다."는 선언에서 진전되기 시작하였다. 최소한의 민생을 넘어 통화·물가정책을 비롯해 미곡공출과 농민의 食糧自足의 문제 등에서 일제의 총독정치와는 다른 차원의 '신정책'을 수립하겠다는 선언은 대중들에게, 총독정치를 대신하는 '신정부'의 정책 발표로 어필되었다.

이렇게 建準이 일정한 권력체임을 선언한 방송은, 建準이 출발할 때부터 일관되게 요구한 정치범 석방이 15·16일 양일에 이루어져 이미 1,100명이 즉시 석방되었음을 보고하면서, "行政機關을 接收할 날도 멀지 않을 것이지만"[58)]을 예고하는 데에서 최고조에 달했다. 나아가 이른바 친일파·민족반

---

57) 앞의 『朝鮮解放年譜』, 82쪽. 9월 4일 建準의 3차 조직에서는 食糧部가 糧政部로 개편되었으나, 나머지는 종전의 12부 1국제를 명칭 그대로 존치시켰다. 李萬珪, 앞의 책, 221~222쪽; 宋南憲, 앞의 책, 74~75쪽.
58) 『每日新報』에는 "行政도 一般接收할 날이 멀지아니하거니와"로 되어 있다.

역자의 문제까지 언급하면서, 하급의 실무관리들(前職官吏와 현직의 일반관리)과 '일반협력자'들에게는 "금후 충실한 복무"를 전제로 "일률로 安全한 일상생활을 保障"하는 관대한 조처를 약속하였다. 이는 해방정국에서 친일파·민족반역자 처리문제에 대한 최초의 가이드라인이었다. 이들 관리의 실무경험과 능력이 국가건설에 활용될 소중한 자산이라는 인식은, 이후에도 안재홍이 일관한 현실 방책이었다.

안재홍의 방송에서 가장 눈에 띄는 점은, 한일관계의 개선을 전제로 對日 평화를 촉구하는 대목이었다. 물론 이는 유혈방지와도 관계있는 현실의 문제였지만, 당장의 시급함을 넘어, 새로운 동아시아의 미래를 전망하면서 새로운 대일관계를 정립하려는 비전이었다.

(자료 7)

四十年間의 總督政治는 벌써 過去의 일입니다. 더욱이 朝鮮 日本 양민족의 政治形態가 어떻게 변천하더라도, 아시아 諸民族으로서 맺어진 국제적 조건하에 있어서 自主互讓 각자의 사명을 다해야 할 運命에 있다는 것을, 특히 올바르게 인식하지 않으면 안되겠습니다. 우리들은 서로 共鳴 同感하면서 한 걸음씩 가시밭길을 헤치고 受難의 길을 나아가지 않으면 안되겠습니다.

안재홍은 해방일 바로 그 시점에서 벌써, 한국과 일본 양국이 불행한 과거사를 청산하고 동아시아의 동반자가 되어야 한다는 진전된 역사의식을 보여주었다. 그는 패전한 일본과 해방된 한국이 국가 再建의 공동선에 서 있음을 확인하면서, 각기 '자주호양'의 자세로 미래를 지향하자고 선언하였다. 전후 동아시아에서 일본의 사명을 인정하는 한편, 패전한 일본 국민과 해방된 한

국민이 함께 '수난의 생활' · '수난의 길'을 걷고 있다는 인식은, 그가 식민지민
족의 피해의식을 이미 뛰어넘어 새로운 한일관계를 지향하였음을 보여준다.

3) 선언과 강령에 나타난 건국 구도의 변화

통일전선으로서 建準은 현단계 성격의 인식과 건국 구도가 일치되는 영역
을 출발점으로 삼았다. 이상에서 살펴본 여운형 · 안재홍의 건국 구도가 '건
국준비'의 기관으로서 建準의 소임이자, 건국 준비 공작 즉 실행 사항들이었
다. 그러나 人共을 조직한 방향은 建準의 본래 궤도에서 이탈하였으므로 建
準은 해체되었다. 建準의 방향 선회는 출범 13일 만에 공포한 선언과 강령에
처음 나타났으므로, 이를 분석할 필요가 있다.

建準은 8월 28일 선언 · 강령을 확정하여 전단을 살포하고, 9월 2일 신문
지상에 정식으로 발표함으로써,[59] 향후 建準이 목표하는 바와 자기 성격규
정 등 진로를 명확하게 제시하였다. 선언문의 성격상 명확한 용어 정의보다
는 상징성으로 호소하는 경향이 강하였지만, 이전 여운형 · 안재홍의 연설 ·
담화에 비한다면 논리성을 갖춘 정연함을 보이면서, 建準의 방향성도 나름
명징하게 제시하였다. 문제는 이 명확 · 명징함이 建準이 출범할 당시의 건국
구도에서 벗어나기 시작하였다는 데에 있었다.

이 선언 · 강령에는 앞서 본 8월 25일까지 여운형의 건국 구도와 일치하는
면도 보이지만, 人共을 선포하려는 사전 포석도 깔려 있어, 여운형 · 안재홍

---

[59] 이 선언과 강령은 「强力한獨立國家建設 基礎的準備에 邁進 / 委員會에서宣言發表」,
『每日新報』, 1945년 9월 3일; 李萬珪, 앞의 책, 210~213쪽; 『朝鮮解放年譜』, 83~87쪽에
실려 있다. 이것이 발표된 날짜는 자료에 따라 차이가 있지만, 확정하여 공포한 날은
8월 28일이었다고 생각한다. 김인식, 앞의 책, 81쪽. 아래에서 인용하는 선언과 강령
의 출처는 위의 『每日新報』이다.

의 건국 구도와 배치되는 측면도 혼재되었다. 선언의 초안을 여운형이 수정하였다면, 초안 작성자는 재건파 조선공산당의 노선에서 人共을 추진하려는 계획까지 반영하려 하였고, 여운형은 이를 완화시켰으리라 생각한다. 추측하건대 이 선언에는 여운형의 애초 건국 구도와 재건파 조선공산당의 노선이 중첩되었다.[60] 달리 말하면, 建準의 선언·강령에는 이전의 건국 구도를 유지하면서도, 이에서 이탈하여 人共으로 선회하는 과정이 보인다.

(자료 8)

㉠此際에 우리의 當面任務는 完全한獨立과 眞正한民主主義의 確立을爲하여 努力하는데잇다. … 封建的殘滓를 一掃하고 自由發展의길을 열기爲한 모든 進步的鬪爭은 全國的으로 展開되여잇고 國內의 進步的民主主義的 여러勢力은 統一戰線의結成을 渴望하고잇나니 이러한 社會的要求에依하여 우리의 建國準備委員會는 結成된것이다.

㉡그럼으로 本準備委員會는 우리民族을 眞正한民主主義的 政權에로 再組織하기爲한 새國家建設의 準備機關인同時에 모든 進步的 民主主義的 諸勢力을集結하기爲하여 各層各界에 完全히開放된 統一機關이요 決코混雜된 協同機關은아니다. 웨그런고하면 여기에는 모든 反民主主義的 反動勢力에 對한 大衆的鬪爭이 要請되는까닭이다. …

㉢그리하야 朝鮮全民族의 總意를代表하며 利益을保護할만한 完全한새

60) 李萬珪, 앞의 책, 210쪽에서는, "이 宣言書는 거위 夢陽이 지었다고 할 만치 夢陽이 內容을 大修正한 것이다."고 기술하였다. 그러나 선언을 검토한 李庭植은, 이 선언문이 建準 안의 좌파들이 한국민주당 계열과 안재홍을 공격한 '선전포고와 흡사한 내용'이므로, 여운형의 생각이 반영되지 않았다고 평가하였다. 이정식은 "선언문을 '대수정'하였다고 강조하는 자체가 이 선언문을 채택하는 데 우여곡절이 있었다는 것을 말해 주고 있다."고 지적하였다. 李庭植, 앞의 논문, 60~66쪽. 이러한 논쟁점은 김인식, 앞의 책, 81~82쪽에서 언급하였으나, 선언이 나오기 이전 建準의 건국 구도와 세심하게 비교·검토하지 못하였으므로, 선언의 내용을 잘못 해석한 부분이 있었다.

政權이 나와야하며 이러한새政權이 確立되기까지의 一時的過渡期에잇서서 本委員會는 朝鮮의治安을自主的으로 維持하며 한거름더나아가 朝鮮의完全한 獨立國家組織을 實現하기爲하야 새政權을 樹立하는 한개의 暫定的任務[61]를 다하려는 意圖에서 아래와갓튼綱領을 내세운다.

一. 우리는完全한 獨立國家의 建設을期함

一. 우리는全民族의 政治的 經濟的 社會的 基本要求를實現할수잇는 民主主義政權의 樹立을期함

一. 우리는 一時的 過渡期에잇서서 國內秩序를 自主的으로維持하며 大衆生活의確保를期함

위의 자료에서, 建準의 궁극목표(최종목표)는 '진정한 민주주의'를 확립·실현하는 정권을 세우는 데 있었다.[62] 建準이 당면한 사명·임무는 "새 정권을 수립하는 한 개의 잠정적 임무"이며, 이로써 建準은 '새 국가건설의 준비기관'으로 성격 규정되었다. 이처럼 선언은 용어 사용에서는 좀 더 정제되고 개념화된 표현으로 진전되었지만, 초점이 '새 정권' 수립의 임무로 옮겨가면서, 建準의 건국 구도에 변화가 생겼다.

그런데 (자료 8-ⓛ)에서 '同時에'로 다시 시작되는 자기 성격규정은 이전의 건국 구도를 벗어났다. 이에 따르면, 建準은 진보적 민주주의 세력의 통일전선으로서 기능을 수행한다. (자료 8-ⓛ)에서 보듯이, '반동적 반민주주의적 세력'과 '진보적 민주주의 세력'을 대립시켜 전자와 투쟁하기 위한 후자의 집결체로서 통일전선체임을 강조함은 선언의 중요한 특징이다. 즉 建準은 '반

---

[61] 李萬珪, 앞의 책과 『朝鮮解放年譜』에서는 '産婆的 使命'으로 되어 있다.

[62] 선언에는 '진정한 민주주의'라는 용어가 3회 나타난다. '진보적'·'진정한'이라는 선행어 없이 '민주주의'라는 말이 강령까지 포함하여 모두 3회 나오는데, 강령의 제1항에는 '민주주의정권의 실현'을 목표로 제시하였다. 여기서 '진정한'의 의미가 "전민족의 정치적 경제적 사회적 기본요구를 실현"한다는 뜻임을 알 수 있다.

동적 반민주주의적 세력'과 투쟁하여 진정한 민주주의 정권을 세우기 위하여 조직된 통일전선체임을 규정하면서, 이것이 建準이 결성된 동기이자, 또한 建準의 '잠정적 임무'임을 강조하였다.

이러한 논리는 선언에서 몇 차례 되풀이되는데,[63] 이전 여운형·안재홍의 건국 구도에서는 보이지 않았던 특징이다. (자료 8-ⓒ)은 선언의 마지막 문장인데, 建準의 당면임무였던 치안유지는 끝 부분에서 짧게 언급되었고, 강조점이 '반동적 반민주주의적 세력'과 투쟁하는 데로 옮겨갔음이 확연하게 눈에 띈다. '반동적·반민주주의적'과 '진보적'을 대립시키는 논리는 선언의 전체에 걸쳐 있다.

선언은 목표로서 민주주의를 지칭('실현'·'확립'·'정권' 등)할 때에는 '진정한 민주주의'라 했고, 이를 추진할 세력을 가리킬 때는 '진보적 민주주의 세력'이라고 표현하는 논리의 일관성을 보였다. '진정한'이 '전민족의 정치적·경제적·사회적 기본요구를 실현'한다는 뜻이라면, '진보적'은 '반동적'·'반민주주의적'의 반대 개념으로서 '봉건적'이며 일제에 협력한 세력들을 가리켰다. 선언에서 建準이 '혼잡된 협동기관'임을 부정하고, '통일기관' 또 '통일전선'임을 명시한 데에는, 이 통일전선체가 투쟁할 적대세력을 설정하였기 때문이다. '협동'과 '통일'을 분리·구분하여 대비시키는 논리는, 建準이 '반동적 반민주주의적 세력'과 '진보적 투쟁'을 행하는 '진보적 민주주의 세력'의 통일전선체임을 강조하는 논리상의 치밀함이었다.

---

[63] 선언에는 '진보적 민주주의 세력'이라는 말이 2회인데 비해, '반동적 반민주주의적 세력'이란 용어가 3회 나와 전자보다 오히려 많다. 그만큼 이들과 투쟁함을 주요 과제로 내세웠다는 뜻이다.

(자료 9)

이러한 反動勢力 卽反民主主義的 勢力과싸와 이것을 克服排除하고 眞正한 民主主義의 實現을 爲하여 强力한民主主義政權을 樹立하여야할것이다. 이政權은 全國的人民代表會議에서選出된 人民委員으로서 戰取될 것이며 그동안海外에서 朝鮮解放運動에 獻身하여온 革命戰士와그集結體에 對하여서는 適當한方法에依하야 全心的으로 마지하여야할것은 勿論이다.

(자료 9)는 (자료 8-ⓒ)의 앞에 배치된 구절인데, 여기서 人共化의 전조가 보인다. '全國的人民代表會議 운운함은 9월 6일의 人共 선포를 예고하는 듯하다. 8월 28일에 선언과 강령을 전단으로 살포했는데, 9월 2일 오후 3시에 서기국에서 이를 다시 발표한 의도도 그렇게 보인다.[64] 선언과 강령이 '일시적 과도기'를 강조하면서, 建準을 '준비기관'·'통일기관' 등 아직까지 '기관'으로 자처하면서 '위원회'라는 자기 성격규정을 벗어나지 않았지만, 위의 (자료 9)에는 '일시적 과도기'를 곧 벗어나겠다는 의도가 묻어난다.

(자료 9)의 뒷부분을 꼼꼼히 읽어보면, 강력한 민주주의정권은 중경임정을 비롯한 해외의 독립운동 세력이 귀국하기 전에 구성되며, 이 정권이 주체가 되어 이들을 '전심적으로 마지'한다는 뜻으로 풀이된다. 해외의 독립운동 세력을 '적당한 방법'·'전심적으로 마지'할 주어가 명확하지 않다는 점에서, 이러한 해석이 가능하다. 해외의 혁명 세력들에 대하여 모호한 말로 표현하였지만, 중경임정을 임시정부로 인정하지 않았으며, 이 또한 '새 정권'[65]에 포용되어야 할 상대였다.

....

[64] 『每日新報』는 선언과 강령의 전문을 게재하면서, 앞부분에 "二日에는 다시 다음과가튼 宣言綱領을 制定發佈하얏다. ≪書記局發表≫ (九月二日午後三時)"라고 보도하였다.
[65] (자료 8-ⓒ)의 끝 부분 마지막 문장에서 '새 정권'이라는 말을 3회씩이나 반복 사용했다. 선언은 建準의 사명이 '새 정권'을 창출하는 데 있음을 새삼 강조하였다.

위의 (자료 9)는 인민의 총의를 모은 인민대표회의에서 새 정부를 구성하기까지, 建準이 이를 창출하는 '잠정적 임무'를 자임하는 선언으로 읽힐 여지가 있다.[66] 만약 그렇다면, 여운형은 25일까지 구상하였던 건국 구도에서 크게 벗어나기 시작하였다. 설사 그렇지 않았더라도 建準의 사명을 '진보적 투쟁'으로 설정하였으므로, 이미 안재홍과 합의하였던 건국 구도에서 이탈하였다.

建準의 선언·강령에 따르면, 建準은 '치안유지'의 협동기관이 아니었다. 建準의 당면목표도 '진보적 민주주의 세력'들로 구성된 '새 정권'을 창출하는, '일시적 과도기'의 '잠정적 임무'로 전환되었다. 이러한 建準의 방향 선회는 안재홍이 의도하는 건국 구도와 이미 크게 달랐다. 안재홍이 建準을 탈퇴한 이유였고, 建準이 人共으로 해소되면서 좌익연합으로 축소된 主因이었다. 建準이 해체된 원인은 본래의 '잠정적 임무'를 벗어나, 과도정권의 차원도 넘어선 정식정부로서 '조선인민공화국'을 급조하여 선포한 데 있었다.

4. 맺음말

8월 10일 일제가 「포츠담 선언」을 수락하여 연합국에 항복하자 2차 세계대전은 완전히 끝났고, 한민족에게 해방은 닷새가 지나서 8월 15일에 왔다. 일반 한국민은 이 날 정오 日王이 항복 詔書를 발표하는 방송을 듣고서야 해방의 감격에 빠져들었지만, 닷새 동안 물밑에서는 여운형·안재홍·정백

---

[66] 강령을 보면, 제3항이 사실상 建準의 당면과제인데, 建準뿐 아니라 모든 정치세력의 최종목표에 해당하는 제1·2항을 3항에 선행시킴도, 이후 결성되는 人共을 합리화하려는 의도로 읽힌다. 제1·2항은 새로운 국가건설의 최종목표로서, 누구나 동의할 지향점이었다. 그러나 이는 정식정부, 적어도 임시정부가 수립된 뒤 실천할 사항이었지, 建準이 당면한 긴급문제는 아니었다.

을 비롯한 민족지도자들이 신속하게 '건국'을 '준비'하고 있었다. 긴박한 움직임은 해방의 환희가 분출되는 8월 15일 당일 建準으로 모습을 나타내었고, 이를 중심으로 한민족은 새로운 국가를 건설하는 사업에 착수하였다.

8월 15일 이후 해방의 감격을 표현하는 한국민들의 열기는 연일 뜨거웠지만 결코 혼란스럽지 않았다. 북한과 남한에 소련군과 미군이 각각 진주하기 이전에 한국의 치안 상태를 비롯한 모든 질서는, 1944년 8월 해방된 파리의 모습에 비하더라도 대조될 만큼 훨씬 안정되었다. 해방의 열기가 폭력으로 흐르지 않은 자제와 절제력은 建準의 첫 번째 공로였다. 역사에 비약이 없다면, 이러한 성숙한 모습은 한국민이 끊임없이 해방을 준비해 왔음을 증명한다. 建準은 한국민에게 잠재되었던 역량을 국가건설의 동력으로 충분히 추동하고 있었다. 치안과 民生을 비롯하여 국내질서를 유지하면서, 한국민의 역량을 신국가 건설에 총동원함은 建準이 출발한 목적으로서 '건국 준비'의 최대 동력이 되었다.

建準은 출범한 이후 조직 내에서 큰 마찰 없이 건국사업을 추진하였고, 2차 조직 개편 때까지 巡航하다가 이후 파열음이 일기 시작하였다. 이유는 두 가지였다. 하나는 미군이 남한에 진주한다는 확실한 소식, 더 정확하게 말하면 38도선을 계선으로 남한과 북한이 미군과 소련군에게 각각 분할점령된다는 사실이었다. 국외의 정세가 변하였다기보다는, 지금까지 한국민에게 드러나지 않았던 38도선 분할점령의 계획이 실행 단계에 들어가는 정세였다. 여기에는 한국민의 의사와 의지가 개입할 여지가 전혀 없었다.

建準이 분열하는 또 하나의 원인은 내부의 주도권 다툼이었다. 建準이 출범한 이후 민족주의 세력과 사회(공산)주의 세력들 사이의 주도권 다툼은 점차 표면화하였으며, 마침내 정면 충돌하여 建準은 해체되기에 이르렀다. 국제관계상의 조건과 달리, 建準 내부의 파열음은 한국민 스스로 조율해서 극복해야 할 몫이었다. 안재홍은 민족주의 세력을 대거 참여시켜 建準의 외연을 확대하고, 이로써 建準이 전민족의 대표성을 확보하도록 노력하였다. 그러나 여운형과 建盟 세력은 공산주의 세력 쪽으로 경사하여 연대하였고 人共을 수립하는 방향으로 선회하였다. 이러한 건국 구도의 마찰은 마침내 建準의 와해를 가져오는 요인으로 작용하였다.

이상의 객관·주관의 정황이 맞물려 建準은 人共으로 좌편향하여 좌익 연합으로 축소되었고, 통일전선체로서 建準은 자신의 성격을 상실한 채 와해되어 버렸다. 이후 해방정국은 '단결'의 구호만 요란한 채, 통일전선의 구심점을 형성하지 못하고 정당의 결성을 통한 세 대결의 정치로 나아갔다. 아직 미군이 국내에 진주하기 전에 발생한 국내 정치세력의 주도권 다툼은 오로지 한국민의 의지와 의사가 반영된 결과였다. 人共은 미군 진주에 대비하여 군정과 협상력의 수위를 높이려는 의도에서 출발하였겠지만, 전민족통일전선체를 완성하지 못한 남한의 정치세력은 미군정의 상대역으로 건국을 주도할 구심력도 없이 미군을 맞았다.

참고문헌

夢陽呂運亨先生全集發刊委員會 編, 『夢陽呂運亨全集』 2, 한울, 1993.

安在鴻選集刊行委員會 編, 『民世安在鴻選集』 2, 知識産業社, 1983.

呂運弘, 『夢陽 呂運亨』, 靑廈閣, 1967.

李萬珪, 『呂運亨先生 鬪爭史』, 民主文化社, 1946.

森田芳夫, 『朝鮮終戰の記錄』, 巖南堂書店, 1964.

김인식, 『안재홍의 신국가건설운동(1944~1948)』, 선인, 2005.

전남일보 광주전남현대사 기획위원회, 『광주전남현대사』 1, 실천문학사, 1991.

정병준, 『몽양 여운형 평전』, 한울, 1995.

金光殖, 「해방직후 呂運亨의 정치활동과 '建準' '人共'의 형성과정」, 최장집 편, 『한국현대사(1945~1950)』, 열음사, 1985.

金大商, 「8·15 直後의 政治現象–建國準備委員會에 대한 再照明」, 『創作과 批評』 통권 46호, 創作과 批評社, 1977.

김동만, 「제주지방 건국준비위원회 인민위원회의 조직과 활동」, 『역사비평』 통권 14호, 역사문제연구소, 1991.

김인식, 「해방 후 安在鴻의 民共協同運動–건국준비위원회와 국민당 활동을 중심으로」, 『근현대사강좌』 통권 제10호, 한국현대사연구회, 1998.

남광규, 「건국준비위원회 중앙조직의 약화과정과 요인」, 『韓國政治外交史論叢』 제28집 제1호, 한국정치외교사학회, 2006.

박명수, 「평안남도 건국준비위원회와 조만식」, 『한국기독교와 역사』 제41호, 한국기독교역사연구소, 2014.

朴思明, 「朝鮮建國準備委員會의 政治路線」, 韓國政治外交史學會 編, 『解放의 政治史的 認識』, 大旺社, 1990.

安種徹, 「朝鮮建國準備委員會의 성격에 관한 연구–中央과 地方組織을 中心으로」, 서울大學校 大學院 政治學科 碩士學位論文, 1985.

안종철, 『광주·전남 지방 현대사연구–건준 및 인민위원회를 중심으로』, 한울, 1991.

윤덕영, 「8·15 직후 조선건국준비위원회의 조직적 한계와 좌·우 분립의 배경」, 『사학연구』 100, 한국사학회, 2010.

李圭泰, 「해방 직후 건국준비위원회의 활동과 통일국가의 모색」, 『한국근현대사연구』 제36집, 한국근현대사학회, 2006.

李東華, 「8·15를 전후한 呂運亨의 정치활동」, 宋建鎬 外著, 『解放前後史의 認識』, 한 길사, 1979.

李庭植, 「呂運亨과 建國準備委員會」, 『歷史學報』 第134·135合輯, 歷史學會, 1992.

李炫熙, 「'建準' 硏究」, 『白山朴成壽敎授華甲紀念論叢－韓國獨立運動史의 認識』, 白山 朴成壽敎授華甲紀念論叢 刊行委員會, 1991.

洪仁淑, 「건국준비위원회의 조직과 활동」, 강만길 외 저, 『해방전후사의 인식』 2, 한길 사, 1985.

민세 안재홍의 중도정치 담론
그레고리 헨더슨의 소용돌이
정치이론과의 접점을 중심으로

김정기 (한국외국어대학교 명예교수)

민세 안재홍의 중도정치 담론

그레고리 헨더슨의 소용돌이
정치이론과의 접점을 중심으로

김정기 (한국외국어대학교 명예교수)

1. 헨더슨의 한국정치담론과 안재홍의 중도정치

필자가 이 글에서 천착하려는 주제는 해방공간에서 큰 족적을 남긴 경세가이자 정치이론 실천가인 민세 안재홍이 입론한 좌우합작론 또는 중도정치론이다. 그런데 안재홍의 중도정치론은 그레고리 헨더슨(Gregory Henderson)이라는 한 외국학자가 한국정치에 관해 구성한 이론과 접점이 맞닿아 있다는 점이다. 이 점은 안재홍 연구자들 사이에도 의외로 잘 알려져 있지 않다. 더 나아가 필자는 민세의 중도정치론은 헨더슨이 구성한 한국정치발전론과도 연관을 갖는다고 생각한다.

물론 정치발전론은 정보화 시대 한복판에 서게 된 한국사회에는 해묵은 고전이 되고 말았다. 그러나 한편 안재홍의 중도정치론은 해방정국에서 좌우가 갈라지고 남북이 대치하는 상황에서는 말할 나위도 없고, 남북 협력과 화해가 절실한 숙제로 다가온 지금 중도정치론의 가치는 중요한 정치자산임을 놓쳐서는 안 된다고 필자는 생각한다.

그레고리 헨더슨의 정치담론과 안재홍의 중도정치론의 접점을 살피기 전 먼저 헨더슨이 구성한 한국정치담론이란 무엇인가? 그가 구성한 한국 '정치담론'(political discourse)은 그의 유명한 『회오리의 한국정치』(Korea: The Politics of the Vortex, 1968)의 주제이다. 그것은 한마디로 해방 뒤 한국정치가 왜 실패로 끝나고 말았는가라는 의문에 대해 그가 현실에 바탕을 두어 성찰하고 그 해법을 진지하게 모색한 이론구성이다. 헨더슨에 의하면 한국정치가 실패한 데에는 두 가지 큰 요인이 자리 잡고 있는데, 하나는 미국의 대한정책의 난맥상이고, 다른 하나는 한국사회의 원자성에 그 책임을 돌릴 수 있다는 것이다. 여기서는 후자에 관해 민세가 제시한 다사리 이념과 관련지어 필자가 그 접점을 모색해 보고자 한다.

2. 헨더슨은 누구인가?

먼저 그레고리 헨더슨(Gregory Henderson, 1922~1988)은 누구인가? (이 부분은 최근 필자가 펴낸 『국회프락치사건의 재발견』(2008) 제1권 31~37쪽 참조) 그는 널리 알려진 대로 한국정치학의 고전적 텍스트인 유명한 『회오리의 한국정치』의 저자이다. 이 책은 이미 한국정치학의 세계적인 고전이 되었지만, 책에 연관되어 널리 알려진 그의 이름 못지않게 헨더슨은 한국의 문화, 역사, 정치와 깊고 폭넓은 인연을 쌓은 사람이다. 그는 자신의 이름을 한국어로 한대선(韓大善)이라 부르면서 차가운 지성으로 한국의 정치와 문화를 분석하고 뜨거운 가슴으로 한국을 천착(穿鑿)한다.

그는 일찍이 패신(Herbert Passin, 1963)이 말한 '르네상스 맨'에 속한다고 말할 수 있다. 그는 무엇보다도 언어능력이 탁월한 사람이다. 한국어는 물론 일본어를 통달했으며, 영어, 독일어, 프랑스어를 입말로 구사할 수 있었다. 뿐만 아니라 라틴어와 그리스어 고전을 읽을 수 있는 보기 드문 언어 능력자이다. 이런 탁월한 언어능력에서 그는 무엇보다도 한국정치의 황무지에서 풍요한 정치언어를 심으려 했다고 필자는 생각해 본다. 그가 1963년 국무부를 떠난 뒤 한국정치연구에 몰두하면서 한국전쟁 이래 한국의 정치지형에서 중간지대가 사라진 황무지를 보았고 그 자리에 중간지대의 정치언어를 심으려 한 것이다. 그러나 척박한 정치토양에서 그 정치언어가 뿌리 내리기란 힘들었다.

헨더슨은 다양한 전문경력으로 인생을 맹렬하게 그리고 다채롭게 살다가 꽤 이른 나이 66세에 세상을 떠났다. 2차 대전 중 미 해병대 일본어 통역장교로 참전한 뒤 외교관, 교수, 정치학자, 칼럼니스트, 도자기 수집가 겸하여 미술사학자, 무엇보다도 한반도 전문가로서 이름을 남겼다. 헨더슨은 일찍이 조선도자기의 아름다움에 심취하여 수장하기 시작했는데, 그의 정제된 심미안은 남달랐다. 어쩌면 그보다 먼저 조선도자기에 심취한 일본인 야나기 무네요시(柳宗悅)의 심미안에 버금간다고 말할 수 있겠다.

그는 1958년 주한 미 대사관 문정관으로 부임한 뒤, 그 해 11월 멀고 먼 강진 땅 산자락을 밟고는 별무리처럼 뿌려진 고려청자 파편을 발견하고 감격하기도 했다. 옛 절터 만덕사(萬德寺) 근처 추수한 조 밭에 질펀하게 뿌려진 고려청자 파편들은 그에게는 가을밤 하늘에 보석처럼 반짝이는 별무리의 아름다움이었다. 그 감격을 "검은 계곡의 이야기"로 삭였다(위 책, 제5장 3절 "도자기사건에 휘말린 헨더슨" 참조).

헨더슨은 미국의 양반동네라고 부를 수 있는 동부지역 보스턴에서 태어나고, 자라고 그곳 명문 하버드 대학에서 교육받은 전형적인 미국 엘리트이다.

그러나 그는 서민의 소탈한 성격을 닮은 사람이다. 1948년 7월 중순 주한미국 대사관 부영사로 부임한 뒤 항상 열린 마음에서 한국인 각계각층과 사귄 서민적인 '마당발'이기도 했다. 그는 엘리트 미국인 청년이면서도 대사관의 다른 미국인과는 사뭇 다르게 한국인과 마음을 트고 사귀기를 좋아했다. 당시 주한 미 대사관의 김우식(金禹植)이란 한국인 직원이 옆에서 그를 보고 평가한 대목을 눈여겨보자. 그는 1948~1950년 헨더슨과 함께 주한 미 대사관 정치과 소속으로 국회를 담당했던 인물이다. 헨더슨과 친구처럼 지낸 그는 헨더슨의 의뢰로 프락치사건 재판을 참관하고 재판심리를 기록한 두 명의 한국인 직원 중 한 사람이다. 그는 미발표 영문자서전[1]에서 그가 본 헨더슨에 관해서 다음과 같이 말한다.

　　정치과에서 나는 그레고리 헨더슨이라는 이름의 외교관과 좋은 친구가 되었다. 그와의 우정은 내 생각에 커다란 영향을 주었다 … 그는 키가 훌쩍 크고 체격이 균형 잡힌 몸집으로 나와는 동갑 네기다. 우리는 체격이 너무 닮아 그가 내게 준 한 벌의 옷이 T처럼 잘 맞았다. 그는 정력적인 에너지의 사나이며, 외향적인 활동가며, 사교적인 사람이었다. 그는 항상 다른 사람들이 정치적으로 무엇을 생각하는지 알려고 하는 자세를 지녔는데, 그의 관료적 상사들이 싫어한다는 부담을 무릅쓰면서 각계각층 사람들과 섞이기를

---

[1] 김우식은 그가 영문으로 쓴 미발표 자서전 *The Autobiography of Kim Woo-sik* 중 "The Case of Communist Fraction in the National Assembly"은 헨더슨과의 우정을 기록해 놓고 있을 뿐만 아니라 1949년 10월부터 국회프락치사건을 담당하게 되었다면서, 이 사건의 재판을 참관한 그의 체험을 말하고 있다. 또한 이 회고록은 1942년 12월 8일 태평양전쟁이 터지기 2일 전 그가 독립운동 관련 사상범으로 일경에 체포되어 1945년 8월 15일 해방과 함께 풀려날 때 까지 투옥생활도 다루고 있다. 그는 투옥생활 중 알게 된 공산주의자인 한 사람과 친하게 된 인연으로 해방 뒤 우연히 만나 그와 접촉하게 되었는데, 그 때문에 그는 6·25전쟁 직전 경찰에 체포되고 만다. 그 이야기는 이 책 제2권 제9장 3절 "김우식이 공산당 프락치?"에서 자세히 다루고 있다.

좋아했다. 이들은 정부각료로부터, 대학교수, 논농사 짓는 농부에 이르는 광범한 계층의 사람들이었다. 그는 대사관의 다른 미국 사람들이 끼리끼리만 모이는 격리된 작은 폐쇄집단의 벽 안에 갇힌 생활을 몹시 싫어했다. 그는 칵테일파티 보다는 막걸리와 김치와 함께 찌든 농부들과 어울리기를 좋아했다 …

언어선택에 대단히 신경을 쓰면서도 자신에 찬 타입이었으며, 뒤에 번복하는 사람이 아니었다. 나는 항상 그가 느릿하면서도 정제된 말을 할 때 듣기를 즐겼으며, 바리톤 같은 굵은 목소리는 듣는 이의 상상력을 북돋았고, 그의 눈길로부터 오는 강렬한 성실성은 그가 한 말의 정곡을 찔렀다. 나는 그의 세련되고 정제된 논리에 깊게 감명을 받게 된 나머지 나를 아는 누구라도 내가 말하는 영어에서 쉽게 그의 발음과 문체의 영향을 알아 챌 정도였다.

헨더슨은 대학생 시절 하버드 대학에서 고전과 역사를 익힘과 함께 일본어를 배움으로써 한반도가 있는 동아시아에 다가온다. 일본의 진주만 기습공격으로 태평양 전쟁이 터졌을 때 그는 일본어 통역장교로서 참전하지만, 1947년 국무부에 들어간 뒤 일본보다는 한국을 그의 전문분야로 택하게 된다. 그런데 그는 여느 외교관과는 달리 한국학에 관해 전문적인 관심을 갖게 되는데, 여기에는 그가 국무부의 주선으로 1947~1948년 캘리포니아 버클리대학의 조지 맥큔(George M. McCune) 교수로부터 한국어와 한국역사를 배운 것이 커다란 영향을 끼쳤다고 생각된다. 헨더슨은 1963년 말 국무부를 나온 뒤 한국학을 두루 섭렵하여 그 자신이 일가(一家)를 이룬 한반도문제 전문가가 되었다.

헨더슨이 맺은 한국과의 본격적인 인연은 그가 1948년 7월 중순 26세의 젊은 나이로 미 대사관 부영사로 서울에 오면서부터 시작되었다. 부연하면 그는 1948~1950년간, 그리고 1958~1963년간 미 대사관 소속 외교관으로 7년 동안 격동의 한국정치를 현장에서 목격한 드문 증인이 된 것이다. 이 기간 동안 헨더슨은 부영사, 국회연락관, 문정관, 대사특별정치보좌관과 같은 다양한 자리를 거치면서 한국정치 또는 한반도에 중대한 전환을 가져온 사건을 만났던 것이다.

헨더슨이 안재홍을 만난 것도, 국회프락치사건에 연루된 소장파 국회의원들을 만난 것도 이 기간 중이다. 그는 1948년 5월 이 사건이 알려지기 시작하면서 이 사건에 비상한 관심을 보였다. 그는 미 대사관 정치과 소속 국회연락관으로서 이 사건에 관심을 갖는 것은 당연하지만, 그의 관심은 뒤에서 살펴보듯 남다른 것이었다. 이어 그는 김구 암살이라는 충격적인 뉴스에 접하고 장례식에도 참석한다. 물론 그가 서울에 온지 불과 몇 달도 지나지 않아 여순반란사건 등 남북충돌사건을 겪지만, 이 기간 겪은 최대의 사건은 그가 부산의 부영사로 있을 때 만난 한국전쟁이다.

헨더슨은 1950년 말 한국을 떠나지만 한국과의 인연을 계속된다. 그는 국무부 소속 외교연구원(Foreign Service Institute)에 극동연구실장이 되어 한국어를 강의를 맡는가 하면(1955~1957), 한국데스크를 맡기도 한다. 그러나 그가 한국정치를 현장에서 다시 만나게 된 것은 이 1958년 봄 미 대사관으로 다시 온 뒤였다. 그것은 그가 뒤에 한국정치를 모델화한 회오리의 한국정치 그 자체였다. 부연하면 그는 1960년 4·19학생혁명으로 이승만 정권이 붕괴하는 것을 보고 한국 민주주의의 밝은 희망을 점치지만 장면 정권이 박정희 그룹이 감행한 군사쿠데타로 단명으로 쓰러지는 민주주의의 역전극을 보게 된 것이다. 이러한 격동기 신생 대한민국에서 일어난 중대한 사건들은 그가 뒤에 학계에서 탐구하고 구축한 한국 '회오리' 정치이론을 쌓아가는 벽돌이 되었다고 보인다.

그가 1963년 3월 이른바 '이영희 사건'을 빌미로 서울에서 추방당하는 수모를 겪은 뒤 헨더슨은 국부무가 그의 한국 전문경력을 무시하는 관료적 타성에 실망한 나머지 국무부를 뛰쳐나오게 된다. 그 뒤 그는 1964년 초부터 하버드 대학 국제문제연구소 연구원으로 있으면서 한반도문제 전문가의 길을 성공적으로 개척한다. 그는 유명한 『회오리의 한국정치』(1968, 하버드대학 출판부)를 써내고는 일약 한국문제 일급전문가의 반열에 오르는 데 성공한 것이다.

마지막으로 헨더슨은 1988년 10월 느닷없이 찾아온 저승사자를 만나 꽤 이른 나이인 68세에 세상을 떠나지만 죽기 직전까지 한국에 관한 왕성한 집필을 멈추지 않고 있었다. 가장 안타까운 일은 그가 1979년부터 하버드 대학 출판부와의 계약아래 『한미관계론』(The United States and Korea)을 집필하고 있었다는 사실이다. 만일 이 책이 완성되었더라면 우리는 그가 구상한 한국정치담론의 한 축을 보다 심오하고 선명한 의미로 읽었을 수 있었을 것이다 (위 책, 제7장 "헨더슨의 한국정치담론 Ⅰ: 미국의 대한책임론" 참조). 또한 그는 『한국의 문명: 그 과거와 현재』(Korean Civilization, Past and Present)도 집필하고 있었지만 이것도 그의 죽음과 함께 책의 제목만 남고 말았다.

3. 헨더슨이 주목한 민세 안재홍

헨더슨은 안재홍의 정치사상을 전문적으로 연구한 학자는 아니다. 그러나 우리들은 그의 주저인 『회오리의 한국정치』(1968, 1988) 곳곳에 안재홍을 '온건파'(moderate) 또는 '중도파'(middle-of-the-road)라고 기술하고 있는 대목을 만난다. 특히 1946년 미소공동위 1차 회의가 결렬되면서 시작된 좌우합작운동을 추진한 중도파 정치세력 가운데서도 안재홍 그룹을 '중도 민족주의자'(moderate nationalists)로 분류해 남다른 관심을 표명한 것이 주목을 끈다 (132쪽). 뿐만 아니라 헨더슨은 그가 남긴 많은 주요기록에서 중도파 지도자 민세에 관해 곳곳에서 상당한 관심을 표하고 있다.

예컨대 그가 1981년 9월 8일부터 22일까지 북한을 방문한 뒤 남긴 기록을 보면 안재홍에 대한 관심이 남다르다는 것을 알 수 있다. 헨더슨은 그해 8월 21일 프락치사건에 관련된 13명의 국회의원 중 최태규를 극적으로 만난다. 그는 최대규의 말을 전하면서 프락치사건 관련자들이 1950년 9월 20일 평양에 도착했으며, 그 이틀 뒤, 곧 9월 22일 "안재홍(미군정하 전 민정장관)이 그들과 합류했다. 또한 그들과 함께 김규식(임시정부 전 외무총장 및 1946~1948 남조선과도입법의원 의장)도 있었다"는 기록을 남겼다(헨더슨 프락치 사건 자료, "북한을 생각한다: 어떤 조우에 관한 수상", '조선민주주의 인민공화국 방문, 1981년 9월 8일~22일', 그레고리와 마이어 헨더슨, 34쪽).

민세는 1950년 5·30 총선 때 국회의원으로 당선되지만 그 뒤 한 달도 지나지 않아 터진 6·25 전쟁으로 미처 서울을 탈출 못하고 납북 당하는 신세가 되었음은 잘 알려진 사실이다. 그런데 「민세 안재홍연보」를 쓴 천관우(千寬宇)에 의하면 그는 9월 21일 인민군 정치보위부에 연행되어 9월 26일 북으로 끌려갔다고 되어 있다. 만일 9월 22일 안재홍 일행이 평양에 도착했다면 9월 26일 북으로 끌려갔다는 기록은 수정되어야 할 것이다[2](〈창작과 비평〉, 1978

---

[2] 민세의 부인 김부례(金富禮) 여사가 1989년 한국정부가 안재홍에게 건국훈장 대통령장을 추서한 것을 계기로 쓴 기록(「나의 한, 김부례」, 『민세안재홍선집 4』, 지식산업사, 1992)에 의하면, 민세는 "돈암동 시동생 집에 피신했는데, 1950년 9월 21일 0시에 인민군이 찾아와서" 떠났다고 회고했다. 이 회고를 근거로 천관우는 민세가 9월 21일 정치보위부에 붙잡혀 26일 납북되었다고 민세연보에 쓰고 있다. 그런데 이 납북 날짜는 헨더슨이 평양에서 만난 프락치사건 관련 국회의원의 한 사람인 최태규가 기억한 날짜와 어긋난다. 헨더슨의 북한방문기(1981)에 의하면 최태규 등 프락치관련 국회의원들이 9월 20일 평양을 도착했으며, 그 이틀 뒤, 곧 9월 22일, 안재홍과 함께

겨울호).

또 다른 예로 헨더슨은 1950년 10월 17~19일 이틀 반 동안 수복된 서울을 방문하여 구사일생으로 살아난 하경덕 박사를 인터뷰한 기록을 남겼는데, 여기서 그는 민세에 관한 새로운 정보를 전한다. 그때 헨더슨이 하경덕으로부터 들은 이야기에 의하면, 안재홍 등 '이른바 중도파'(the so-called middle-of-the roaders) 인사들이 서대문 형무소에 갇혔다는 것이다. 부연하면 하경덕은 9월 15일 내무서에 끌려가 '인민의 피를 빨아 먹는 자'로서 구타당하는 등 혹독한 취조를 받은 뒤 서대문 형무소에 투옥되는데, 거기서 그는 이전의 갇혔던 사람의 명단을 들었다는 것이다. 이 명단에는 안재홍, 윤기섭, 장건상 등 '이른바 중도파들'의 이름이 들어 있었다고 전하고 있다. 이는 처음 알려진 사실인데, 하경덕이 구사일생으로 살아남아 그를 찾아온 헨더슨에게 10월 18일 전한 말이니 신빙할만한 증언이라고 보인다.

문제는 하경덕의 전언이 사실이라면 북한 정치보위부가 민세와 같은 중도파 인사들을 어떤 이유에서건 살벌한 서대문형무소에 투옥시켰다는 사실이다. 위의 글에서 헨더슨이 쓰듯 "서대문 형무소에서만 7천 내지 1만 2천 명의 정치범들이 … 서울이 함락되기 2-3일 전 북으로 끌려갔다"든지 또는 "많은 이들은 너무 병약해 멀리 걸을 수 없는 경우 총살당했다"는 것이다. 하경덕의 말이 사실이라면 민세는 서대문 형무소에 갇혀 있다가 북으로 끌려갔다는 말이 된다.3) 더욱 궁금한 것은 그 때 민세가 만일 병약하여 오래 걸을 수

....

김규식이 당도했다고 말하고 있다. 어느 날짜가 맞는지 지금으로서는 확정적으로 알 수 없으나, 최태규가 말한 날짜는 본인 스스로 행적에 관련된 날짜를 기억하고 있었다는 점, 또 1950년 10월 18일 하경덕을 만나 안재홍 등 중도파 인사들이 서대문 형무소에 그에 앞서, 곧 9월 중순 이전에, 갇혔었다는 말을 들었다는 점에서 두 증언 간에 신빙성이 경합된다. 다만 헨더슨이 하경덕을 말을 기록했을 때, 나이 28세의 젊은 기록자라는 점을 염두에 둔다면 후자의 기록이 더 믿을 만하지 않을까?

없었다면 그의 운명은 어떻게 되었을까? 그는 다른 정치범의 경우처럼 총살당하는 운명을 피할 수 있었을지는 모르지만 납북과정에서 겪은 고초를 견딜 수 있었을까?

헨더슨이 안재홍에 대한 관심을 표명한 것 중 가장 흥미를 끄는 점은 그가 신망을 잃은 이승만 정권의 '바람직한' 후계로 '김규식-안재홍' 그룹을 들고 있다는 점이다. 그는 서울 대사관 임무를 마치고 새 임지인 서독으로 떠나기 전 1950년 11월 고향인 마사츄세츠 캠브리지에 머물면서 한국정치에 관해 장문의 정치비망록을 쓰는데, 그는 여기서 이승만 대통령 다음을 잇는 가장 유력한 후계세력으로 '김규식-안재홍 그룹'을 들고 있다(위 책, 제7장 1절 "무대응에서 간섭으로" 참조). 이 비망록은 "한국에서의 미국의 정치목적에 관한 비망록"(A Memorandum Concerning United States Political Objectives in Korea)이라고 제목을 달고 있는데, 모두 58쪽에 이른다(헨더슨문집 상자 1호 '전쟁 중 공식서한과 비망록,' 1950년 11월 30일).

......

3) 민세의 맏아들 안정용(安晸鏞)이 쓴 기록(「아버지와 나」, 『민세안재홍선집 4』)에 의하면 민세는 6월 27일 저녁 한강 다리목까지 이르러 한강을 건너려 했으나 몰려오는 피난민에 밀려 발길을 되돌리지 않을 수 없었으며, 그 뒤 용산 인척 집에 보름 동안 숨어 있다가 공산당원들에 붙잡혀 갔다고 한다. 그러나 민세는 그 며칠 뒤 풀려나 감시 속에 돈암동 자택에 돌아 와 머물고 있었다. 아마도 민세는 8월 말 경 다시 돈암동 자택으로부터 피신하여 인근 친척 집에 숨어 있다가 "눈이 뒤집힌 공산 정치 보위대가 총동원되어 이틀 동안 인근을 샅샅이 뒤져서" 다시 붙잡혔다고 한다. 한성 일보 사장 시절 민세를 모시고 신문사에서 일했다는 엄기형(嚴基衡)이 2003년 남긴 기록("민세 안재홍사장의 납북비화: 6.25당시 현장을 지켜본 기자실화, 미발표)에 의하면, 민세가 인민군 장교에 이끌려 나가는 모습을 그가 마지막으로 본 것이 '8월 말 또는 9월 초'라고 한다. 이들 기록을 총체적으로 보아 지은이가 다소 대범하게 추측하면, 민세는 정치보위부 감시를 피하여 돈암동 인척 집에 숨었다가 9월 초 붙잡혀, 서대문형무소에 정치범으로 갇혔다가 9월 20일경 서울을 떠나 9월 22일 평양에 당도한 것이 아닌가 한다. 엄기형의 증언에 의하면, 민세는 돈암동 자택으로 찾아온 그에게 단파방송 수신기를 건넸으며, '미국의 소리' 방송을 듣고 메모를 적어 그의 아내가 가져 오도록 했다고 한다.

이 비망록은 초기 이승만 정권이 저지른 실정을 낱낱이 분석하면서 미국의 대한정책목표를 달성하기 위해 대사관이 '무대응'(inaction)으로부터 '간섭'으로 나와야 한다고 역설하고 있다. 여기서 우리는 진보적 자유주의 사상을 가진 한 젊은 미국 외교관이 한국정치의 병리를 보는 그의 관점과, 이 병리를 치유하기 위해 미 대사관이 수행해야 할 대한정책의 비전을 읽을 수 있다.

그는 이 정치비망록에서 신망을 잃는 이승만 정권의 후계로 '김규식 - 안재홍의 중도파 리더십을 들고 있다. 이승만 체제 이후를 대비하여야 한다면서, 그는 권력을 계승할 수 있는 후보 그룹으로서 (1)김규식 - 안재홍 그룹, (2)김성수들 중심으로 한 보성그룹, (3)신익희 국회의장을 중심으로 한 그룹을 열거하면서 각각 장단점을 평가한다.

이 중 헨더슨은 김규식 - 안재홍 그룹이 바람직하다면서 이 그룹은 한국 전체를 통해 가장 잘 알려졌고 인기가 높을 뿐만 아니라 그들의 중도적 태도가 통일의 문제를 그르치기 보다는 원만히 처리할 것으로 보인다고 말한다. 그는 김규식과 안재홍에게 북한 측이 강제로 방송케 한 것은 사실이나 그것은 오히려 그들이 겪은 고초에 대해 국민의 동정심을 일으킬 것이라고 덧붙이기까지 한다.[4] 그는 김규식-안재홍 그룹의 지도자들이 '행방불명'(missing)이라면서도, 이 '그룹의 충분한 성원을 모은 다면'이라는 전제를 달고 이런 말을 하고 있는 것으로 보아 이들 중도파 그룹이 모두 1950년 9월 28일 서울이 수복되기 전 납북되었다는 사실은 알았지만 그들의 운명에 관해서 낙관하고 있었던 것 같다.[5]

....

[4] 헨더슨은 김규식과 안재홍이 서울 점령 중 북한당국이 강제로 방송케 했다고 쓰고 있으나 이는 검증해야 할 부분이다. 그러나 김규식의 경우 1950년 7월 말 오세창과 함께 라디오 방송으로 이승만을 규탄했다는 기록이 보인다, *The Origins of The Korean War* Volume Ⅱ, p.671.

[5] 이 정치비망록이 쓰인 시점에서 헨더슨은 중공군이 막 참전하여 한국전쟁의 향방이

헨더슨이 제시한 정치프로그램은 구체적으로 민주정치 시스템과 그 시스템을 구성하는 주요 단위의 작동 매커니즘을 개혁하자는 방안이라고 말할 수 있다. 먼저 그가 마련한 정치프로그램은 남한에서 국민의 기본권이 보장되는 민주정부 수립을 위한 청사진을 제시한다.

마지막으로 필자는 1987년 3월 보스턴 시 교외 웨스트 메드포드에 있는 헨더슨 자택에서 그를 만났을 때 헨더슨이 한 말을 아직 기억하고 있다. 내가 어떤 말끝에 우연히 민세의 손서(孫婿)라고 말하자 헨더슨은 크게 놀라면서 그렇게 반가워할 수가 없었다. 그는 그때 1949년 봄 어느 날 민세가 살던 돈암동 집에 가 '조선조 선비'와 같은 그를 만나보았다고 회고했다. 그는 평양에서 최태규를 만났을 때 안재홍에 관해 관심 있는 대화를 나누었다고 하면서, 최태규에게 민세 무덤의 묘비 사진을 보내달라고 했다는 것이다. 그는 그 사진이 오면 내게 보내 주겠다고 했지만 그 뒤 사진은 오지 않았다.

1) 안재홍의 다사리 이념과 정치의 중간지대

헨더슨은 왜 안재홍에 특히 주목했을까? 나는 그것을 헨더슨이 구성한 한국정치담론의 한 축으로 상정한 중간지대의 정치합작에 가장 적합한 인물로 보았기 때문이라고 생각한다. 물론 헨더슨이 중간지대의 정치합작을 위한 인물로 안재홍만을 주목한 것은 아니다. 여운형과 함께 중도좌파 인물들도 주목했다. 그러나 여운형의 경우 그가 1948년 7월 헨더슨이 서울의 미 '특별대표부' 3등서기관으로 도착하기 벌써 일 년 전 암살당한 중도좌파 지도자였기에 현실적으로 그가 구상한 정치의 중간지대에서 사라진 인물이었다. 헨더

다시 오리무중으로 빠진 상황인식을 하지 못한 전시정보의 제한된 환경에서 유엔군이 북한을 휩쓴 뒤 그는 남북한 총선을 통해 새로운 정부수립을 염두에 둔듯하다.

슨은 안재홍 그룹을 비롯한 해방정국의 중도파 그룹을 다음과 같이 평한다.

> 우파와 좌파는 냉전과 신탁통치 문제에 대해 너무 현격하게 입장이 갈라
> 져 있었기에 독자적인 중도파 입지가 들어 설 수 있는 틈새가 열렸다. 중도
> 파는 미국무부가 1월 29일 내린 지침을 지지하는 쪽으로 모이기 시작했지만
> 유감스럽게도 그들은 그 밖의 모든 다른 행태의 응집력을 결여하고 있었다.
> 1945년 9월 말부터 1946년에 걸쳐 중도파 그룹이 생겨났는데, 그것은 마치
> 작은 개미떼 소굴과 같은 형국이었다. 김규식과 원세훈과 같은 임정요인들,
> 오세창, 이갑성, 권동진 등 3·1독립운동 지도자들, 안재홍과 같은 국내의
> 온건파 민족주의자들은 제각각 그룹을 형성하고 있었다. 한편 좌파 또는
> 공산주의자들의 주도방식과 결별한 그룹, 곧 여운형과 그 지지자들도 자기
> 그룹을 형성했다. 이들 중도파 그룹들은 이합집산을 거듭할 뿐이었다. 그
> 당시 번성했던 신문은 누가 어느 그룹에 참여했다든지, 다투었다든지, 또는
> 갈라섰다든지 와 같은 사소한 문제를 기록하는 것을 주요 일과 중의 하나로
> 삼았다(헨더슨, 1968, 133쪽).

여기서 헨더슨은 중도파 그룹의 형상을 상당히 부정적으로 기술하고 있는
데, 그것은 그의 이론적 관점에 의하면 한국정치발전에 가장 큰 장애가 정치
그룹의 응집력 결여였기 때문이다. 곧 그는 중도파를 부정하고 있는 것이
아니라 이 중도파 그룹의 응집력 결여를 문제 삼고 있는 것이다. 이 문제를
부연해 설명해 보자.

미국무부는 남한 점령 초창기 '우유부단'(indecision)의 늪에서 벗어나
1946년 1월 29일 가서야 구체적 대한 정책지침을 하지 군정에 내렸다. 그것
은 과도정부를 세우기 위한 첫 번째 조치로 중도파의 합작을 진작하라는 것
이었다. 국무부는 점령 초창기 중대한 몇 달을 무위로 허비한 뒤 1946년 7월

에 들어서 중도우파의 김규식과 중도좌파의 여운형을 중심으로 합작하는 작업에 눈을 돌렸다. 실제 이 작업은 당시 하지장군의 정치고문으로 일했던 버취 중위(Leonard Bertsch)에 떨어졌다.

버취는 당시 조선공산당을 분열시키고, 여운형 등 중도좌파 지도자들을 공산당으로부터 떼어놓는다는 정치공작의 임무를 띠고 있었다는 기록이 보이나(Gayn, 1981, 351쪽), 그의 적극적 주선아래 좌우의 중도파 지도자들을 조직의 틀 안으로 끌어들이는데 성공했다. 부연하면 중도우파의 김규식과 중도좌파의 여운형을 합작운동으로 끌어들이는데 성공을 거두어 좌우합작위원회를 구성하고 1946년 10월 초에는 '좌우합작7원칙'을 타결하기에 이르렀다. 그러나 극좌를 대표하는 박헌영 파와 우파정당인 한민당은 이에 반대하였지만 미군정은 계획대로 행정권을 조선인들에게 이양한다는 외양을 갖추게 되었다. 곧, 미군정의 의도대로 김규식과 안재홍은 각각 남조선과도입법의원의 의장, 남조선과도정부의 수장인 민정장관이 되었던 것이다.

그러나 우리 모두가 알듯 좌우합작운동은 결국 실패로 끝나고 말았다. 제2차 미소공위는 결렬되고 말았으며, 게다가 1947년 7월 19일 백주에 여운형이 암살당함으로써 '강력한 중도 리더십에 대한 유일한 희망'(헨더슨, 1968, 134쪽)이 물거품이 되고 말았다. 헨더슨은 중도파의 실패를 다음과 같이 개탄하고 있다.

온건파의 실패는 다시금 대중사회[모래알 사회]를 예고했다. 온건파들은 확고한 조직에 기반을 둔 정치적 다양성을 믿었지만, 그것은 바로 한국이 갖추지 못한 것이었다. 그들은 '관용과 타협에 의해 이런 다양성에 어울리는 사회의 미덕'(the virtues of a society fitted for this diversity by tolerance and compromise, 강조는 필자)을 지향했는데 이는 한국의 정치적 전통에는 맞지

않는 이질적 자질인 것이다. 그들은 중산층의 지지를 필요로 했었고, 아직
1987년 현재 필요로 하지만 한국에는 사실상 계급이 없었고, 그나마 한국의
새로운 중산계급이라고 할 수 있는 층도 공산주의를 두려워 해 우익 쪽으로
기울어지고 말았다. 온건파는 신문도 학교도 후원자도 없었고 의지할 수
있는 조직화된 충성심도 없었다. 재정적 지원도 실패했고 지방의 지지자들
도 없었다(헨더슨, 1988, 『회오리의 한국정치』 수정판 제5장 추고).

여기서 우리는 헨더슨이 안재홍, 여운형, 김규식과 같은 중도파에 주목한
이유를 알게 된다. 헨더슨이 구성한 정치발전론은 '정치조직의 응집력'(political
cohesion)을 핵심으로 하며, 한국의 경우 중간지대의 정치합작이야 말로 중도
파의 정치응집력을 키울 것이라고 그는 믿고 있다. 헨더슨이 1950년 11월
쓴 정치비망록에서 김규식-안재홍 그룹을 이승만의 후계로서 바람직하다고
생각한 것은 이 그룹이야 말로 전쟁으로 중도파가 전멸된 황무지가 된 한국
정치의 척박한 토양에서도 정치응집력을 키울 수 있다고 보았기 때문이다.
부연하면 그는 안재홍의 온건한 합리주의와 관용적 포용주의야말로 그의 정치
발전론의 핵심인 정치조직의 응집력을 키우는 자질이라고 생각한 것이다.
  1946년 10월 좌우합작운동에 참여했던 당시 30대 청년 강원용은 당시 여운
형을 보는 두 '외눈박이' 시각을 비판하면서, 그가 본 안재홍의 리더십을 아울
러 다음과 같이 평한다.

  여운형은 열린 인간이었다. 당시 우리나라 사람들은 두 눈으로 세상을
  보는 것이 아니라 외눈박이가 되어 사람과 세상을 보았다. 빨갱이의 눈 아니
  면 극우파의 눈으로밖에는 보지 못했던 것이다 … 외눈박이 소인배들이 어
  지럽게 설쳐대는 그 시대에서는 지도자가 될 수 없었다. 좌익의 외눈박이들
  도 그를 껄끄러워했고, 우익의 외눈박이들도 그를 불편해했으니까. 하지만

앞으로 우리나라가 남북통일을 하고 세계 속의 한국이 될 경우 과거 인물 속에서 지도자모델을 굳이 찾으려고 한다면 나는 단연코 "여운형이 그 모델 감이다"라고 말할 것이다(강원용, 『역사의 언덕에서』(2003), 제1권, 343쪽).

안재홍 역시 몽양 여운형처럼 열린 사람이었다. 우익이면서도 열린 우익 이었다는 점이 좌익이면서도 열린 좌익이었던 몽양과 닮았다. 여운형, 조만 식, 홍명희, 송진우 등과 함께 일제가 지목한 최후까지 '남아 있는 비협력 지도 인물'이었으며 해방 직전과 직후에는 여운형과 함께 건준 활동을 적극 적으로 하면서 정치에 본격적으로 뛰어들게 되었다.

해방정국에서 전개된 그 추잡하고 정략, 음모, 중상 속에서 민세는 정략 적으로 대응할 줄 몰랐고, 또 앞뒤를 가리지 않고 꼿꼿한 성격으로 적지 않은 오해도 받았다. 국민들은 도덕적이며 믿을 수 있는 지도자, 전 국민이 신뢰와 사랑을 받을 지도자를 안타깝게 찾고 있었다. 그런 지도자라면 민세 가 가장 합당할 것이다.

그의 다사리 이념 역시 현대에 와서도 하나도 그 빛을 잃지 않고 있으며 오히려 우리의 가장 큰 소망인 통일을 앞당기는 데 적극 활용해야 할 귀중한 자산이라고 할 수 있다(위의 책, 제2권, 105~106쪽).

강원용은 안재홍의 민정장관 시절 개인 보좌역처럼 민세를 자주 만나 정 국에 관해 의견을 나누고, 실제 그의 지시에 따라 일하기도 현대사의 증인이 다. 강원용은 1947년 3월 22일 발생한 전남 부안에서 농민폭동을 당시 안재홍 민정장관의 지시에 따라 조사단원으로 참가해 지방 실정을 조사한 바 있다 고 증언하고 있다. 그가 발견한 사실은 "군정당국이 각 지역의 공출량을 할당 하면서 농촌실정을 도외시한 채 일제 시대 총독부 공출관계 자료만을 근거 로 삼았던 것"이기에 "실제 수확 실적과 배당된 공출량 사이에 커다란 모순이 있을 수밖에 없었다"는 것이다(강원용, 앞의 책, 291~292쪽). 게다가 문제를 더욱 심각하게 한 것은 정실이 개입하여 공출행정이나 경찰에 연결된 사람에게는 적게 배당하고 영세농민에게는 과대하게 부과되니 "농민들의 불만은 폭발할 수밖에 없었다"는 것이다. 공출에 저항하는 농민들에 대해 경찰은 "테러를 일삼는 우익청년단체와 연계해 강제공출에 들어간 것"이며, 게다가 저항하는 농민을 공산당으로 몰아 협박했다는 것이다. 농민들이 산으로 도망쳐 집결하게 되었고 이들이 "조직을 구성해 3월 22일 경찰관서를 습격한 것이 '부안 농민폭동'의 발단이었다고 강원용은 보고했다(294쪽)는 것이다.

강원용의 증언은 안재홍이 당시 민정장관으로서 친일경찰과 우익청년단체에 둘러싸인 미군정의 테두리 안에서 그가 민생문제를 해결하려고 고민했던 모습을 떠오르게 한다.

2) 정치의 중간지대란?

헨더슨은 한국전쟁의 비극은 정치의 중간지대의 상실이라고 말한다. 그는 전쟁이 터지기 전의 한국의 정치지형에는 중간지대가 있었으나 전쟁이 끝난 뒤 사라졌다고 다음과 같이 비유적으로 말한다.

민간인과 군인을 가르는 선이 지금처럼 분명하지 않았다. 나는 한국 국방경비대 또는 한국군의 고위 장교들을 내 놀이친구로 여겼다. 우리들은 같은 연배이며 '같은 전쟁의 졸업생'(graduates of the same war)이었다. 우리들이 우연히 다른 편에 있었다는 사실이 그렇게 중요치 않았다. 그 당시 한국군 장교들은 자신들이 훌륭한 일본군 장교였고 일본에 복무한 모든 장교들 중 그 나라에 불충한 사람은 한 사람도 없다는 사실을 내심 자랑하고 있었다.

(나 역시 사이판 전투에서 일본인과 한국인들의 생명을 구했다는 사실을 자랑한다.) 그것은 난감함을 동반하는 해학이었으나 우리들은 이에 익숙해 있었다. 이런 유의 정신 같은 것이 다른 편 쪽 사람들에 대한 그들의 견해에도 영향을 주었다. **북쪽에 기울어진 사람과 남쪽에 복무하는 사람 간에 일종의 친근함이 배어있었지만 지금은 사라졌다**(강조는 필자). 사람들이 갑자기 공산주의자 또는 반공주의자로 변한 것이다. 그전에는 '**중간지대**'(middle ground, 강조는 필자)가 있었지만 지금은 사라졌다(헨더슨, 1989: 175쪽).

헨더슨은 한국전쟁이 일어나기 전에는 이 중간지대에서 사람들이 숨 쉬고 살았지만 전쟁이 이들을 전멸시켰다고 일깨운다. "서울에는 알렉산더플랏츠(Alexanderplatz)도 없고, 그들의 영령을 위해 예술의 집을 지은 화스빈더(Fassbinder)도 없다".[6] 이어 그는 "나치영역의 유태인들처럼 전쟁이 그들을 전멸시킨 것이다"라고 쓰고는 "이들 유태인들이나 한국인이나 '전멸'(extermination)이란 기괴하고도 부당한 운명이며 그들의 땅도 역시 '중간지대를 잃은 나머지'(for the loss of the middle, 따옴표 지은이) 초라한 모습으로 변했다"(같은 글: 176쪽)고 개탄한다.

헨더슨은 1950년 10월 17~19일 이틀 반 동안 수복된 서울을 방문하여 공산치하의 서울에서 남았다가 구사일생으로 살아난 하경덕 박사를 회견한 기록을 남겼음을 인용한바 있다. 그는 이 기록에서 무엇보다도 무고한 한국인들이 죽어갔고 특히 중도파들이 사라진 것을 '서울 비극의 가장 주목을 끄는 부분'(the most absorbing part of the tragedy of Seoul)이라고 말한다.

---

[6] 알렉산더플랏츠는 베르린 중심에 위치한 번화한 유흥가나, 베르린이 동서로 갈라졌을 때에도 '중간지대'를 상징했던 유명한 거리다. 파스빈더(Rainer Werner Fassbinder)는 1929년 소설 『베르린 알렉산더플랏츠』를 번안해 15시간 반짜리 영화로 만든 유명한 감독이다.

서울의 잿더미 속에서 수 천 명이 폭격과 전투에서 죽었다고 한다. 이들은 물론 숫자로 밝힐 수는 없다. 수백 명, 아마도 수천 명이 사살 당했다는 증거가 있다. 학생들은 대규모로 공산군에 징집 당했는데 그들 대부분의 운명을 아무도 모른다. 서대문 형무소에서만 7천 내지 1만 2천 명의 정치범들과 마포 형무소 수백 명 정치범들이 서울이 함락되기 이삼일 전 북으로 끌려갔다는 것이다. 많은 이들은 너무 병약해 멀리 걸을 수 없는 경우 총살당했다고 생각되는데, 미군이 의정부 근처에서 시체 50구를 발견했으며 다시 약 100구를 찾았다고 한다. 양주근처에서 수백 명이 사살되었다는 보고가 있으며 미군장교들은 그들의 시체를 보았다는 것이다. 많은 사람들은 행방을 알 수 없으며, 다른 이들은 이 보다 훨씬 전 7월과 8월 납북되었다고 한다.

그는 이어 사라진 '명사'(prominent men)들의 숫자들에 놀라면서 몇 명의 정치인과 국회의원들의 이름을 거명하고 있다. 곧 김규식, 안재홍, 조소앙, 윤기섭, 원세훈, 조헌영, 엄상섭, 김용무, 백상규와 그의 아들. 정치 중간지대의 절멸은 서울의 비극이요, 그것은 바로 이들 중도파 정치인들이 전쟁의 분진 속으로 사라진 것을 의미한 것이리라. 헨더슨은 서울의 비극을 구사일생으로 살아남은 하경덕(河敬德, 1897~1951) 박사의 이야기를 통해 자세히 적고 있다.[7]

---

7) 하경덕은 전라북도 익산 출생으로, 1913년 전주신흥학교를 거쳐 1915년 평양 숭실중학을 졸업, 이듬해 미국으로 건너갔다. 1925년 하버드대학교 사회학과를 졸업, 1928년 철학박사 학위를 받고, 1929년 귀국했다. 그 뒤 그는 조선기독교청년회 사회조사위원회 총무를 거쳐 1931년 연희전문 교수가 되었다. 그 뒤 흥사단(興士團)에 가입하여 후진양성과 독립운동에 힘쓰다가 8·15광복을 맞아 『코리아타임스』를 창간하여 사장에 취임하고, 서울신문사 및 합동통신사의 사장을 역임했으며, 잡지 『신천지(新天地)』를 창간했다. 1947년 과도정부 입법의원 의원이 되었다. 그는 6·25전쟁이 나자 미처 탈출하지 못하여 인민군에 잡혀 갖은 역경을 거치지만 구사일생으로 살아남는다. 그러나 그는 그 여파로 건강이 악화된 나머지 1951년 죽고 만다.

헨더슨이 이런 명사들과 서울시민들이 대거 서울로부터 빠져나오지 못한데에는 정부가 서울 남쪽으로 옮긴 뒤에도 그 사실을 숨기고 적군이 문 앞에다가 왔는데도 서울에 남아 있으라고 부추긴데 책임이 크다고 비판한다. 적군이 서울 외곽까지 온 27일 오후까지 방송은 의정부를 재탈환했다고 발표했다. 게다가 많은 시민이 서울을 빠져 나가려고 해도 경찰은 서면허가를 받아오라고 했다는 것이다. 결국 헨더슨의 정치담론이란 사라진 정치의 중간지대를 복원하자는 호루라기인 셈이다.

헨더슨이 위에서 형상화한 정치의 중간지대는 그의 표현처럼 "북쪽에 기울어진 사람과 남쪽에 복무하는 사람 간에 일종의 친근함"이라고 묘사하고 있는데, 이는 조직의 울타리에서 사람들 간 맺어진 인간적인 '끈끈한 연대'(viscosity, 사토리, 1976)일 것이다. 이러한 인간들 간의 끈끈한 연대의식이 생겨나지 않는다면 그가 정치발전론에서 강조하는 조직의 '응집력'(cohesion)은 불가능하다. 여기서 우리는 민세의 다사리 이념과 헨더슨이 구상한 정치담론 간의 접합점을 발견하게 된다.

다사리 이념이란 "모두를 다 사리에[말하게 하여] 정치에 참여케 하는" 정치방식으로서 진백(盡白) 가치와 "복지를 증진시켜 모두를 다 살리는" 정치목표로서 진생(盡生)의 가치가 묘합되어 있는 것으로 현대 민주주의가 추가하는 질적 내용을 다 갖추고 있다(정윤재, 2002, 210쪽). 민세는 이를 "모든 사람이 제 말을 하고 모든 사람이 함께 어울려 사는 것[萬民總言大衆共生]"을 순수한 옛 우리말로 "다사리"라고 표현했다고 한다. 이는 헨더슨이 정치이론에서 강조하는 정치적 응집력을 모으는 필수 조건이 되는 것이다. 다시 말하면 정치적 응집력은 다사리 이상향을 이루는 조건 없이는 결코 뿌리를 내릴 수 없는 것이다. 또한 이 정치적 응집력은 극좌나 극우와 같은 혹한의 남극이나 북극의 동토에서는 이룰 수 없고 오로지 온화한 정치의 중간지대에서 만

이룰 수 있다.

4. 민세의 정치이념과 헨더슨의 정치이론

이제 구체적으로 민세의 다사리 이념이 헨더슨이 구상한 한국정치담론과
어떻게 접합하고 있는가를 살펴보자. 우리는 헨더슨의 관점에 따라 해방정
국에서 한국정치가 실패한 원인에는 두 가지 큰 요인이 있음을 언급했다.
하나는 미국의 대한정책의 난맥상이며, 다른 하나는 한국사회의 원자성이라
는 것이다. 후자에서 다사리 이념과 헨더슨의 한국정치담론은 접합한다.

헨더슨은 한국이 정치발전을 위해 반드시 넘어야 할 험준한 산으로, 그것
을 그는 '회오리정치'(vortex politics)[8]에 비유한다. 그것이 미국에서 일어나는
회오리폭풍, 곧 '토네이도'(tornado)에 한국정치를 대입시킨 그의 이론적 모델
이다. 미국 록키 산맥 동부 평야지대에서는 해마다 평균 800회쯤 회오리 폭

---

[8] 헨더슨의 책 제목의 원제 *the politics of the vortex*를 무슨 말로 번역할 것인가? 한국어
번역판은 '소용돌이'로 번역하여 『회오리의 한국정치』로 출판했지만 '회오리정치'라
고 부르는 것이 적절할 것이다. 그는 1988년 수정판 서론에서 이 문제를 구체적으로
언급하면서 "내가 끌어들인 vortex 상(像)은 토네이도(tornado: 미국 중서부에서 흔히
발생하는 큰 회오리 폭풍)에서처럼 거대한 원뿔이 전진하면서 위협적으로 방향을
틀 때 평지의 개체들을 먼지로 빨아들여 공중 높이 진공주위로 맴도는 형상이다.
나는 '소용돌이의 밑으로 빨아들이는 물 회오리'(down-sucking water vortex of the
whirlpool)를 떠올린 것이 아니다."라고 구체적으로 물의 소용돌이가 아니라 회오리
폭풍임을 분명히 하고 있다. 이는 1973년 번역 출간된 일본어판이 〈朝鮮の政治社會〉
라는 제목 밑에 〈渦卷型構造の分析〉라는 부제를 달아 '소용돌이 형'이라고 번역한
것이 잘못되었음을 시사한 것이다. 곧 그는 '渦卷型'이 밑으로 빨아들이는 물 소용돌
이를 연상케 했기 때문에 한국어판에서는 이를 시정하려 했을 것이다. 헨더슨 1987년
수정판 원고 "서론과 이론" 각주 1을 참고. 하지만 이 논문에서는 이미 한국에서 『소
용돌이의 한국정치』(도서출판 한울, 2000)로 출판된 것을 감안하여 혼란을 피하기
위해 '소용돌이'를 그대로 차용한다.

풍이 일어나 엄청난 파괴와 인명 살상을 낸다. 거대한 '토네이도'의 경우, 빠르게 회전하는 원뿔을 만들면서 지상의 모든 개체들[인간판에서 자동차까지]을 원뿔 안의 검은 진공으로 빨아들이고는 산산 조각을 내어 사방으로 뿌린다. 그것은 무서운 파괴의 힘이다.

헨더슨은 한국정치를 토네이도에 대입시키고 있다. 곧 한국정치는 정당이든 개인이든 모든 정치개체들이 원자사회의 모래알이 되어 권력의 정상을 향해 빨려들어 간다는 것이다. 이러한 거대한 흡인력은 이성적인 성찰도, 여야 간의 타협도, 정책을 위한 진지한 토론도 마비시킨다는 것이다. 이런 회오리 정치 상황에서는 정치발전에 필수적인 요건, 곧 정치개체 간의 또는 구성원 간에 조직의 응집력을 배양할 수 없다는 것이다.

1) 헨더슨의 정치발전론

그렇다면 문제는 회오리정치를 어떻게 극복하느냐에 있다. 헨더슨은 회오리 정치의 정형이 '유전병'(a hereditary disease)일 수 있지만 그것은 "사회의 유전병이지 혈통의 유전병은 아니다"(the one of the society, not the blood)라면서, 따라서 "투병을 할 수도, 더욱이 고칠 수도 있다"(헨더슨, 1968, 367쪽)고 진단한다. 그가 내놓은 처방전은 무엇인가? 지은이는 그것을 한마디로 정치 중간지대의 정치합작이라고 생각한다. 이는 남북한 간에, 남한 국내정치의 역학 속에, 또는 지역 정치의 대립각 속에 한국정치가 이루어야 할 영원한 숙제이다. 헨더슨이 먼저 애초 한국은 이승만의 극우파가 지배해서도 안 되고, 김일성의 극좌 전체주의가 휩쓸어서도 안 되는 데도 현실은 극우 또는 극좌의 극한지대로 뜀박질해 가버린 것이 한국정치의 비극이라고 진단한다. 따라서 그의 생각은 어쩌면 아주 단순하고 명쾌하다. 곧 한국은 극한지대의 대결정치로부터 중간지대의 관용정치로 옮겨와야 한다는 것이다.

그것이 헨더슨이 본 한국정치발전의 비전이다. 이 비전은 그가 진지한 학구적인 결실로 처음 발표한 1968년『소용돌이의 한국정치』[이어 그가 1987~1988년 간 쓴 전정 수정판라는 노작에 반어법(反語法)으로 담겨져 있다.

정치발전은 많은 개념요소들이 개재되어 있기 때문에 정의내리기가 쉽지 않다. 그러나 정치발전 이론가들은 주로 정치참여, 정치제도화, 정치경쟁, 경제발전 등을 공통적 개념요소를 보고 있다. 이 중에서 이론가들이 중시하는 공통적인 개념요소는 정치참여와 정치제도화이다(蒲島郁夫, 1988, 54쪽). 이들 이론가들 가운데 헌팅턴(Samuel P. Huntington)은 정치제도화 요소에 무게 중심을 두고 정치참여[민주주의]는 정치제도화 정도에 따라야 한다는 종속적 위치에 두고 있다. 헨더슨은 기본적으로 헌팅턴의 정치발전론을 따르고 있다. 1963 말 국무부를 나온 뒤 헨더슨은 1964~1965년간 하버드 대학 국제문제 연구소 연구원으로 있으면서 하버드-MIT 정치발전 공동연구 세미나에 정기적으로 참여하였다. 그는 당시 하버드 연구소가 관심을 둔 아시아, 아프리카, 중남미 지역의 근대화과정에서 정치변동에 눈을 돌리고 있었다.

따라서 헨더슨은 한국의 사례를 전문적으로 다루면서 당시 하버드 연구소를 이끈 헌팅턴을 비롯한 이들 근대화 이론가들과 연구관점을 공유하게 된 것은 당연한 학습과정이다.9) 그런 점에서 그의 정치발전론과 그가 한국정치

---

9) 이들 근대화 이론가들은 가브리엘 아몬드(Gabriel A. Almond), 루시안 파이(Lucian W. Pie), 대이엘 러너(Daniel Lerner), 제임스 콜맨(James S, Coleman), 죠집 라팔롬바라 (Joseph LaPalombara), 던쿼트 러스토우(Dunkwart Rustow) 등인데, 이들은 포드재단 후원으로 사회과학협의회(Social Science Research Council) 비교정치연구위원회 (Committee on Comparative Politics)가 지원한 1960~1963년간 연구 활동에 적극적으로 참여하여 일련의 연구 성과물을 발표했다. 헌팅턴은 이들 근대화 이론가들과 연구관점을 공유한다. 예컨대 그의 격차가설은 일련의 격차(gaps)를 중심으로 정치제도화와 정치참여 간의 격차가 참가의 폭발이나 내파에 이른다고 주장하고 있는데, 이는

발전의 반명제로 구성한 '회오리 정치' 모델은 논란과 비판의 대상이 된 면이 있다. 헌팅턴이 정치발전의 조건으로 정치조직과 절차의 '정치적 제도화'(political institutionalization)에 무게중심을 두었다면 헨더슨(1968)은 한국 정치발전의 조건으로 사회정치 중간기구의 '응집력'(cohesion)을 중시했다.

헌팅턴은 정치적 제도화 정도를 판별하는 기준으로 적응성, 복잡성, 독자성 그리고 일관성을 들고 있다. 이런 기준에 비추어 우리나라의 정당과 같은 정치기구의 제도화 정도가 얼마나 낮은지 짐작할 수 있다. 헌팅턴이 정치적 제도화를 중시하는 것은 그의 정치발전론이 정치적 안정에 무게 중심을 두고 있기 때문이다. 그는 정치참여가 정치적 제도화를 앞질러 과속하면 그것은 '폭발'(explosion) 또는 '내파'(implosion)에 이르러 '정치퇴행'(political decay)을 가져온다고 주장한다. 이것이 그의 유명한 '격차가설'(Gap Hypothesis)이 구성한 이론적 주제이다.[10] 비슷한 맥락에서 헨더슨은 한국사회는 정치적 응집력을 갖지 못한 '원자사회'로 규정하고 이 원자사회의 특성이 정치발전의 실패를 가져온 중대변인이라고 주장한다. 따라서 헌팅턴에게 정치적 제도화가 그렇듯, 헨더슨에게는 정치적 응집력이 정치발전과 중대한 상관관계를 갖는다.

헨더슨이 구성한 한국정치발전론은 회오리정치 모델을 중심으로 한다. 그

러너가 지적한 포부(aspiration)와 성취(achievement) 간의 격차가 저개발지역에서 '상승기대의 혁명'(revolution of rising expectations)이 '상승좌절의 혁명'(revolution of rising frustrations)이 바뀐다고 설명하고 있는 것과 공통된 맥락을 읽을 수 있다. 러너 (1963), "근대화의 커뮤니케이션 이론을 위해: 일련의 고려 점"(Toward a Communication Theory of Modernization: a Set of Considerations)을 참조.

[10] 헌팅턴과 넬슨(Joan M. Nelson)은 『쉽지 않은 선택: 발전도상국가들의 정치참여』(No Easy Choice: Political Participation in Developing Countries, 1976)에서 포퓰리스트모델과 테크노크라틱모델을 제시하여 정치제도화가 뒤지는 정치참여가 폭발과 내파의 악순환에 이른다고 비교정치적 관점에서 주장하고 있다.

의 이론적 모델은 한국사회가 전통적으로 '원자사회'(atomized society) 또는 '부동(浮動)사회'(fluid society)라는 주장으로부터 출발한다. 한국사회는 유례없는 고도의 '동질성'(homogeneity)을 특징으로 하는데, 그것은 인종적, 언어적, 종교적, 문화적 동질성을 포괄한다. 그런데 자연적인 분열의 결여를 의미하는 동질성은 지속적인 이익집단과 자발적인 단체가 성장하는 것을 막았으며 따라서 '촌락과 제왕'(village and throne) 사이에 지역기반의 중간기구가 없는 것이 특징이다. 헨더슨은 그 부분을 다음과 같이 설명한다.

이런 개념에 속한 몇 가지 유형을 보이는 사회는 드물지 않고 대부분 중앙집권과 독재정치를 지향한다. 중국은 확실히 훨씬 막대한 규모로 된 이런 유형의 사회이다. 또한 1850년 이전의 유럽적 러시아도 어느 정도 그런 유의 사회이며 훨씬 봉건적 성격을 지니고 있었다. 한국사회는 이 점에서 다른 사회와 구분되는데, 그것은 종류에서가 아니라 그런 경향의 극단성에서 이다. 한국은 좁은 국토, 게다가 인종적, 종교적, 언어적, 다른 어떤 기본적 분열의 원천이 없고, 보편적 가치체계가 지배하는 여건에서 집단은 깊이, 지속성, 또는 선명도를 지니지 못한 사회를 낳게 되었다. 자생적 이익, 종교적 분리, 기본적 정책 차이 그리고 피상적인 이데올로기적 차이 이상은 생겨나지 않거나 적어도 내부적으로 발생되지 않는 경향을 보이며, 또한 그런 것이 그렇게 오랜 동안 중시되지 않는 이상, 사회가 형성한 정치유형과는 무관한 부분이 되는 경향을 띠게 된다. 따라서 집단은 기회주의적으로 되며 구성원들을 위해 주로 권력접근에 관심을 갖는다. 따라서 중대한 차이가 없기 때문에 각 집단은 지도자들의 개성과 지도자들과 당대 권력과의 관계에서만 구분할 수 있게 된다. 이 권력과의 관계는 모든 사람이 희구하는 지위를 부여한다. 이런 이유로 집단은 파벌적 성격을 지니며, 파벌로부터 진정한 정당을 형성하는 이슈와 이익이 이 동질적, 권력지향적 사회에는 존재하지 않는다(헨더슨, 1988, 수정판 원고, 「서론과 이론」).

이런 원자사회의 구성원들은 차별화된 이익을 중심으로 한 지역단계의 '응집력'이 없기 때문에 고립되고 '모래알처럼 되어'(atomized) 중앙권력의 정상으로 치닫는 '상승기류'(updraft)에 휩쓸리게 된다. 곧 그는 한국사회가 횡적인 응집력을 결여하고 있고 권력을 향한 수직적인 중앙집중력이 지배하는 특징을 보인다는 것이다. 이것이 회오리 정치를 만든다고 그는 믿고 있다. 이런 유의 회오리정치에서는 정책토론, 이데올로기적인 확신과 가치, '자생적인 기득이익'(vested interests), 또는 종교적인 소속 등 응집력 결집 요인들이 모두 쓸모없게 된다.

헨더슨은 한국의 회오리정치가 조선조의 '평의회 통치'(council rule) 전통이 해방 뒤 지배권력의 반대자들이 '민주주의'라고 착각하여 '질서 있는 국가'(an orderly state) 형성에 걸림돌이 된 것에도 원인이 있다고 지적한다. 헨더슨에 의하면 이런 회오리 정치가 본질적으로 한국의 정치발전을 가로 막고 있다고 진단하면서, 어떤 때는 잠재해 있다가도 다른 때는 격렬하게 작동한다고 말한다. 그것은 정치개체들이 정상 권력을 향해 돌진하게 만들 뿐만 아니라 개혁정신을 마비시키고 협상과 타협의 여지를 없애고 다원주의를 말살한다. 마지막으로 그는 회오리 정치를 완화하고 극복하기 위해서는 '다원사회를 통한 응집력'을 선택하여야 한다고 간명한 처방을 내린다. 이 다원주의 사회를 지향해 응집력을 배양하자는 말은 간명하게 말하면 '중간지대의 정치합작'으로 환원된다. 즉 안재홍이 본 다사리 이념의 핵심인 것이다.

2) 민세의 좌우합작론과 중간지대의 정치합작

민세는 자신이 구상한 신민족주의를 좌우합작운동의 정치노선으로 내세웠는데, 그것은 "극좌편향이나 극우편향을 아울러 배척하고 가장 온건한 중정(中正)한 중앙당적(中央黨的) 임무"라고 주장했다(김인식, 2005, 366쪽). 그는 이어 '극좌'는 계급주의(= 공산주의 = 소련의존 = 프로레타리 독재)를, '극우'는 자유주의(= 보수주의 = 미국의존 = 자본가독재)를 의미한다면서, 중앙당은 현실 속에서 "온건한 사회개혁으로 대중의 건전한 복리"를 실천하는, 즉 '온건중정'(穩健中正)을 지향하는 자유주의와 사회주의의 정치노선을 내세웠다.

민세는 부연하여 "합작이 결코 기계적 절충공작"이 아니며, "미소양국의 세력균형을 감당하는 섭외적인 반사작용"도 아니므로 친미반소, 친소반미하여 일국편향, 일국의존하는 태도는 배격해야 한다고 강조했다. 이는 당시 박헌영 파가 주도하는 조선공산당이 소련에 의존하는 행태와 한민당이 미국에 의존하는 태도를 비판한 대목이다.

민세가 주장한 중앙당적 임무는 바로 헨더슨이 한국정치담론에서 해법으로 제시한 중간지대의 정치합작과 접합하는 정치노선이라고 해석할 수 있다.

3) 중심지향형 정치

중간지대의 정치합작이란 무엇인가. 먼저 정치중간지대란 정치이념 스펙트럼에서 극우와 극좌를 배제한 온건우파와 온건좌파를 아우르는 중간영역이다. 딱히 그 경계선을 긋기가 쉽지는 않지만 의회주의를 경계선으로 그 구획을 지을 수 있을 것이다. 예컨대 전후일본에서 일본공산당은 1949년 1월

총선에서 35석을 얻는 약진을 했으나 1950년 1월 소련공산당 산하의 코민포름의 공격을 받고 이른바 '극좌 모험주의'를 택해 의회주의를 포기했다. 그 뒤 총선에서 유권자의 버림을 받자 다시 1955년 이후 '체제 밖의 반체제 정당'으로부터 '체제안의 반체제 정당'(사토리, 1976, 133쪽)으로 방향을 틀었다. 이는 지은이가 말하는 중간지대에 속하는 정당이다. 따라서 극좌를 대표하는 스탈린의 소련공산당과 극우를 상징하는 히틀러의 나치정당을 배제하고, 의회주의를 넘지 않는 선 안에서 서로 다른 정당세력이 경쟁하고 타협하는 정치공간을 말한다.

정치합작이란 정치성향을 달리하는 정치세력들이 중간지대로 모여 룰에 따라 경쟁하는 정치게임이다. 이 정치게임은 '중심이탈형 경쟁'(centrifugal contest)으로부터 '중심지향형 경쟁'(centripetal contest)에 이르기까지 다양한 종류가 있지만 큰 방향은 전자로부터 후자로 이행하는 경쟁이 정치안정과 발전이 온다.[11] 중간지대로 모인다는 의미는 화학적 반응을 통해 하나로 통합된다는 것도 아니요, 중간지대 밖으로 따로 분리되어 나간다는 뜻도 아니다. 문자 그대로 상이한 정치세력이 중간지대로 '모인다'(converge)는 의미이다. 예컨대 전후 서독의 정당정치에서 기독교민주당(CDU/CSU)과 사회민주당(SPD)는 초창기 독일 재통일문제를 둘러싸고 정반대의 이념 투쟁을 보이는 중심이탈형 경쟁을 벌였다. 그러나 그 뒤 양당은 타협의 길을 모색하여

---

[11] 이는 컬럼비아 대학 지오반니 사토리(Giovanni Sartori) 교수가 구성한 유명한 정치체제 역학 이론이다. 그는 정당이론가이면서 언어학자이자, 게다가 철저한 실증주의적 방법론자이기도 하다. 그의 이론은 정당제를 중심으로 하는데, 정당 간의 분열도(party fragmentation)를 의미하는 이념강도와 정당의 분열도(party segmentation)를 의미하는 이념거리가 어떠한 방정식을 구성하느냐에 달려있다고 보고 있다(사토리, 1976, 296쪽). 곧 정당 간의 정치게임이 중심이탈형 경쟁으로 가느냐 또는 중심지향형으로 가느냐에 달려 있다는 것이다. 한국의 경우 전자로 치달은 반면, 전후 서독이나 일본의 경우 후자로 가 정치안정과 발전을 이루었다(김정기, 1995; 2006).

'동방정책'(Ostpolitik)에서 서로 만났다. 구체적으로 SPD는 1949~1969년 사이에 좌익축에서 우회선으로 옮겨온 반면 CDU/CSU는 1969년부터 1980년대를 통해 우익축에서 좌회선하여 온 과정을 밟아 두 경쟁정당이 동방정책에서 만난 것이다(김정기, 1995, 49~50쪽).

이러한 중간지대에서 정치합작은 남북 간에, 남남 간에, 지역 간에 대결과 경직된 정치구조를 완화하고 타협과 관용의 정치를 지향케 한다. 따라서 이는 남한 국내정치의 안정과 발전을 위한 것일 뿐만 아니라 남북한 간의 대결과 긴장에서 화해와 협력으로 나아가게 한다.

4) 중간매개체

헨더슨이 펼치는 한국정치담론의 어휘 가운데 '중도'(middle-of-the road)라는 말처럼 귀중한 것은 드물다. 그는 중도정치를 대표하는 정치그룹을 '온건파'(moderates)라고 부른다. 이 온건파에 속하는 정치그룹에는 중도좌파와 중도우파가 갈라진다. 그 양쪽 대칭에는 극우와 극좌가 포진해 있다. 그가 창조한 정치언어의 핵은 '중간매개체'(intermediaries)이다. 그는 한국사회가 '촌락과 제왕(village and throne)' 사이에 강력한 기구나 자발적 단체 형성이 결여한 원자사회라는 것이다. 다시 되풀이 하지만 한국사회는 "서양의 성곽도시, 봉건영주와 왕궁, 준 독립적인 상인단체, 도시국가, 길드 그리고 독립적인 지위와 행동의 중심지로서 충분한 응집력을 가진 계층을 거의 모르는 사회"(헨더슨, 1968. 4쪽)라는 것이다. 따라서 그가 보기에는 '촌락과 제왕'이라는 메타포, 곧 권력정상과 밑바탕 민중 간의 응집력 있는 중간매개집단을 키우는 길이 회오리 정치를 치유하는 길이라고 보았다. 곧 그는 엘리트와 대중 간의 간극을 잇는 중간다리를 놓아야 한다는 것이다.

헨더슨이 미군정 3년이 실패로 끝났다고 보는 주요한 이유는 해방정국에서 이 중도세력을 키우지 못하고, 아니 배척하고, 이승만을 내세운 맹목적인 반공극우체제를 세운 것이라고 주장한다. 그는 이 중도세력을 대표하는 인물로 여운형, 김규식, 안재홍 같은 이를 들고 있다. 그러나 그는 여운형은 극우세력에 의해 암살당함으로써, 김규식과 안재홍은 한국전쟁의 분진 속으로 사라짐으로써 한국정치의 비극이 시작되었다고 보고 있다. 곧 그는 중도파의 실패가 한국정치의 실패라고 진단한다.

5. 결론

해방공간의 남한 정치는 우리가 모두 아는 바와 같이 실패로 끝나고 말았다. 여기에는 헨더슨이 본 것처럼 미국의 대한정책의 난맥상에 큰 책임이 있지만 당시 남북한을 통한 정치사회가 모래알처럼 응집력 결여에 본질적인 책임이 있음을 부인하기 어렵다. 헨더슨은 그것을 극복하는 길이 중간지대의 정치합작이라고 처방전을 제시하고 있다. 그것은 민세가 주장한 다사리 정치이념, 곧 "모든 사람이 제 말을 하고 함께 어울려 사는" 중간지대의 응집력을 갖춘 이상향을 말한다. 중간지대의 정치합작을 통하지 아니하고는 정치조직의 응집력을 모을 수 없으며, 정치조직의 응집력을 모을 수 없다면 모래알들의 갈등증폭이 있을 뿐 정치발전은 불가능하다.

헨더슨이 사사한 하버드 대학의 정치이론가인 헌팅턴은 정치발전을 '정치적 제도화'(political institutionalization)로 동일시했지만, 헨더슨은 한국의 경우 '정치적 응집력'이 정치발전에 필수적인 요소라고 보았다. 컬럼비아 대학의 세계적인 정당이론가인 사토리 교수는 그것을 조직의 '점질성'(viscostity)

이라고 불렀다. 좀 더 구체적으로 헨더슨은 그것을 "북쪽에 기울러진 사람과 남쪽에 복무하는 사람 간에 일종의 친근함"라고 표현했다. 이것이 민세가 여운형과 온건좌파와 이루려고 했던 다사리의 정치이상향이라고 생각해 본다. 민세는 좌우합작운동이 실패하면 '제2의 동학란'과 같은 내란과 동란이 터질 것이라고 경고했다. 이는 사토리 교수가 만일 이념거리가 가장 큰 정당들이 중심이탈형 경쟁을 강화해 간다면 이는 내전에 이를 것이라고 경고한 대목을 연상케 한다(사토리, 1976, 292쪽). 말을 바꾸면 모래알 같이 응집력이 결여된 극좌파와 극우파가 극한지대에서 투쟁을 격화시킨다면 우리사회는 내전에 휘몰릴 것이라고 민세가 토로한 경고는 해방공간의 극우파와 극좌파가 대결과 갈등을 심화하는 가운데 현실화되고 말았다. 결국 민세의 다사리 이념은, 헨더슨의 중간지대의 정치합작과 함께, 한국전쟁으로 중간지대가 사라진 모래알 사회에서 그것을 복원하자는 힘찬 호루라기 소리로 되돌아오고 있다.

참고문헌

강원용, 『역사의 언덕에서: 젊은이에게 들려주는 나의 현대사 체험』 1권 및 3권, 한길사, 1976.

김정기, 『국회프락치사건의 재발견』 I, 도서출판 한울, 2008.

김정기, 「전후 분단국가의 언론정책: 독일의 동방정책과 한국의 북방정책 비교 연구」, 한국언론연구원, 1995.

김우식, The Autobiography of Kim Woo-sik 중 "The Case of Communist Fraction in the National Assembly," 필자소장.

김인식, 『안재홍의 신국가건설운동, 1944~1948』, 선인, 2005.

안정용(安晸鏞), 「아버지와 나」, 『민세안재홍선집 4』, 안재홍선집간행위원회, 지식산업사, 1992.

김부례, 「나의 한 김부례」, 『민세안재홍선집 4』, 안재홍선집간행위원회, 지식산업사, 1992.

정윤재, 『民世安在鴻: 다사리공동체를 향하여[민세안재홍 평전]』, 도서출판 한울, 2002.

헨더슨, 그레고리, 박행웅·이종삼 옮김, 『소용돌이의 한국정치』, 한울아카데미, 2000.

헨더슨, 그레고리, 박행웅·이종삼 옮김, 『소용돌이의 한국정치』 완역판[제2수정판], 한울아카데미, 2013.

헨더슨, 그레고리, Tragedy of Seoul, 1950년 10월 26일, 하버드-옌칭도서관 소장.

헨더슨, 그레고리, A Memorandum Concerning United States Political Objectives in Korea, 하버드-옌칭도서관 소장.

グレゴリー·ヘンダーソン, 『朝鮮の政治社会: 渦巻型構造の分析』, サイまル 出版会, 1968.

薄島郁夫, 『政治参加』, 東京大学出版会, 1988.

Cumings, Bruce, The Origins of The Korean War: The Roaring of the Cataract, 1947~1950 Volume II, 역사비평사, 2002.

Gabriel, A. Amond and G. Powell Bingham, Comparative Politics: System, Process, and Policy, 2nd ed., Boston: Little, Brown, 1978.

Henderson, Gregory, *Korea: The Politics of Vortex*, Harvard University Press, 1968.

Huntington, Samuel P., *Political Order in Changing Societies*, Yale University Press, 1968.

Huntington, Samuel P. and Joan M. Nelson, *No Easy Choice: Political Participation in Developing Countries*. Cambridge, Mass.: Harvard University Press, 1976.

Sartori, Gionvanni, *Parties and party systems: A framework for analysis* Volume I, Cambridge, Mass.: Cambridge University Press.

필자소개

▌김명구▐

전 고려대학교 세종캠퍼스 강사

▌윤대식▐

한국외국어대학교 미네르바교양대학 조교수

▌이철주▐

문학평론가

▌이지원▐

대림대학교 교수

▌김인식▐

중앙대학교 다빈치교양대학 교수

▌김정기▐

한국외국어대학교 명예교수